열정의 / 힘

열정의 힘

초판 1쇄 인쇄 2019년 10월 24일
초판 1쇄 발행 2019년 10월 30일

지은이 재클린 최(최경숙)

발행인 백유미 조영석
발행처 (주)라온아시아
주소 서울특별시 서초구 효령로 34길 4, 프린스효령빌딩 5F

등록 2016년 7월 5일 제 2016-000141호
전화 070-7600-8230 **팩스** 070-4754-2473

값 15,000**원**
ISBN 979-11-90233-17-0 (03190)

라온북은 독자 여러분의 소중한 원고를 기다리고 있습니다. (raonbook@raonasia.co.kr)

열정의 힘

The Power of Passion

열정을 삶의 무기로 인생의 판을 바꾸는 6가지 방법

재클린 최 지음

RAON BOOK

진정한 '열정'을 찾아내기 바라며

세상에는 두 부류의 사람들이 있다. '열정이 있는' 사람들과 '열정이 없는' 사람들이다. 또 상처를 입고 웅크린 상태로 세상을 등진 사람들과, 역경을 극복하고 세상 밖으로 용기 내어 나온 사람들이다. 컵에 물이 '반밖에 없다'라고 생각하는 사람들과 '반이나 있다'라고 생각하는 사람들이다. 더 나아가서 일이 안 풀려 포기하려는 사람들과 판을 뒤집는 사람들이다. 당신은 두 부류 중 어떤 쪽이 될 것인가?

나는 피아니스트이자 교육자, 예술경영자, 음악감독, 음악기획자, 평론가, 칼럼니스트, 발행인으로 활동해왔다. 이 다양한 역할 중 가장 많은 시간을 보낸 것은 '교육자'로서의 시간이었다. 30년이 되어가는 긴 시간 동안 대학과 예고, 나의 연구소를 통해 수백 명의 제자들을 만나왔고 그들과 깊은 공감과 유대 관계를 이어왔다.

이 책은 그들과 동고동락(同苦同樂)하며, 함께 예술을 만들어가고 성장해가면서 느낀 '열정의 증거'이자 '열정의 희망'에 대한 이야기다. 또한 결핍된 상처를 열정으로 승화시키고 그 열정을 무기로 역경을 이겨나가려 했던 나의 이야기다. 그 배경에는 본질이 되는 '고전'이 바탕이 되었고 '예술'이 늘 함께했다.

앞으로의 시대는 '예술'이모든 분야와 더욱 융합하는 시대가 올 것임을 확신하는 나는, 4차산업혁명 시대에도 가장 중요한 것은 더불어 사는 사람들 간의 '사랑'임을 이야기하려고 한다. 그리고 예술인의 현실적 한계를 재조명하고자, 해외 패션 마케팅 사업에 뛰어들어 한국 최초의 온라인 퍼스널 쇼퍼가 되었던 이야기도 담았다. 이 모든 것은 남들이 가지 않은 길을 개척하고 판을 뒤집은 '열정'의 힘 덕분이었음을 밝히려 하는 것이다.

열정은 한 사람의 인생을 어떻게 바꾸는가

나는 상처받은 가녀린 소녀였다. 10대에 인생의 '비애'를 느낀 외로운 소녀에게 수호천사가 되어주고 그 상처를 스승으로 만들어준 것은 '열정'의 위대함이었다. 상처를 딛고 스스로 날개를 만들어 고고한 한 떨기 모란이 되기 위해 고군분투한 것 또한 '열정'이 준 선물이었다.

이런 열정을 가질 수 있었던 것은 칠흑같이 어둡고 외로웠던 시절에도 기본이 되어주었던 '고전'의 힘이 있었기 때문이고, 나의 애환을 노래할 수 있었던 '예술'이 동반자가 되어주었기 때문이다. 이렇게 힘이 되어준 열정이 어떻게 삶의 무기가 되며 나의 인생을 바꾸어놓았는지, 또 많은 제자들에게 어떠한 열정의 힘을 가르쳐서 그들의 삶을 구원했는지 이야기하려 한다. 또한 그 열정의 철학과 열정을 만드는 방법을 말하고자 한다.

그리고 나의 경험에서 나온 여러 가지 검증된 노하우들을 비롯해, 모든 분야에서 참고할 수 있는 'Key Action'을 첨부해 독자들에게 도움을 주고자 했다. 이것은 '눈에 보이는' 것을 위한 잠깐의 방법이 아닌, 미래의 성공을 위한 마음의 근육을 만들 수 있는 '훈련 방법'이다.

한편 나는 급속도로 변화하는 문화적 양상에 부응하기 위해, 언론인으로서 클래식 음악 매거진을 발행하고, '뮤지카 프렌즈 커뮤니티'를 운영하며 더 많은 젊은 청춘들과 교류하고 있다. 또한 클래식 음악도들의 진로를 코칭하고 잠재된 능력을 개발해 개개인의 '브랜드'를 창출해주는 일에 주력하고 있다. 이것은 예술과 각 분야의 '융합'이자 '협력'이며 바람직한 미래를 위한 방향이다. 더불어 '고기를 잡아주는 교육'이 아닌, '고기를 잡는 방법을 알려주는' 핵심적 교육 시스템을 개발해 이것을 파급하는 일에도 전력투구하고 있다.

나아가서 많은 사람들이 공감하고 함께 희망을 향해 갈 수 있는 대규모 '꿈의 콘서트'를 기획 중이다. 이는 기존의 방식이 아닌, 최초로 시도하는 '열정으로 판을 뒤집는' 기획이 될 것이다. 많은 사람들이 이를 통해 미래를 열어가는 시발점으로 삼기를 바라는 마음이다.

불황인 요즘, 학교만 졸업하면 '성공'할 줄 알았던 청춘들이 어느새 30세, 40세가 되어 취업, 결혼, 출산 등 또 다른 인생의 문제에 봉착하고, 그것을 극복할 수 있는 이정표를 찾아 스승인 내게 여전히 손을 내민다. 그런 과정에서 청춘들과 에너지를 주고받으며 많은 것을 교감하고 함께하는 소중하고 아름다운 시간을 만들어냈다. 그 시간은 '돈'으로는 절대 살 수 없는 귀한 '삶의 가치'를 발견하는 과정이었으며, '열정'으로 방황과 역경을 극복하고 일어선 그들과 나의 멋진 이야기가 완성되는 여정이었다.

이 책은 결핍된 마음으로 꿈과 진로를 정하지 못하고 있는 10대,

상처와 불안으로 끝없이 방황하며 인생의 '답'을 찾아 헤매는 20대, 자신이 가고 있는 길이 맞는지 끝없는 의구심이 드는, 또한 인생의 방향을 바꾸고 싶은데 너무 늦은 것 같아 두려움이 앞서는 30대, 안정을 원하지만 결코 안정을 찾기 힘든 40대, 급속도로 변화하는 시대를 따라가기 힘겨운 50대, 또 그 누구라도 '열정'으로 자기 인생을 변화시키고 싶은 사람에게 분명 도움이 될 것이다.

당신이 직장인이든 예술을 하는 사람이든 혹은 예술을 '업'으로 하고픈 사람이든 '취미'로 하고 싶은 사람이든 상관없다. 인생을 '한 방향'이 아닌, 다양한 시각으로 바라보고 다른 사람들의 인생과 생각을 통해 작은 불씨라도 다시금 지피고 싶은 사람이라면 그 누구에게도 도움이 될 것이다. 열정으로 판을 뒤집고 싶다면, 이 책은 당신에게 그 답을 찾을 수 있는 계기가 될 것이다.

인생에 정답은 없다. 단지 먼 훗날 돌이켜보았을 때, '후회 없이, 최선을 다해서 살았노라' 하기를 바랄 뿐이다. 하지만 그 방법조차 '열정'이 있는 사람과 '열정'이 없는 사람은 다르다.

한 번뿐인 소중한 인생, 더 늦기 전에 잠재된 당신의 '열정'을 끄집어내라!

'열정'으로 판을 뒤집어라!

진정한 열정으로 당신 안의 혁명을 이루어라!

열정은 이 모든 것을 가능하게 한다. 이 책을 통해 당신이 진정한 '열정'을 찾아내기 바라며, 찾아낸 그 열정으로 인해 당신이 원하는 '자신의 진짜 모습'을 이룰 수 있기를 간절히 바란다.

재클린 최

Contents

Chapter 3 꿈Dream, 기적을 가져오다

Chapter 4 고전Classics, 기본이 되다

Chapter 5 융합Convergence, '예술'은 모든 길로 통한다

Chapter 6 휴머니티Humanity, 마음을 움직이다

Chapter 1

상처Hurt,
찬란한 빛을
보다

The Power of Passion

상처는
나의 힘!

대학과 예고에서 강의를 하고 또 입시 레슨을 해온 지 어언 30년이 되어간다. 그동안 수백 명의 청춘들과 마주하면서 여러 갈등과 상처에 힘들어하는 제자들을 많이 봐왔다. 그중에서도 부모님과의 풀리지 않은 문제로 고통을 호소하는 제자들을 보며, 그들의 아픈 마음을 가슴으로 함께했다. 그들이 접한 상황과 형태는 모두 다르지만, 공통점이 한 가지 있었다. 그것은 세상에서 본인이 제일 힘들고, 자신의 상처가 가장 심각하다고 생각한다는 것이다. 지금 이 글을 읽고 있는 여러분들에게도 묻고 싶다.

"당신에게도 상처가 있나요?"

아마 상처가 하나도 없는 사람은 없을 것이다. 만약 있다면 그것은 결코 '축복'이 아니라 '불행'이라고 말해주고 싶다. 상처는 결국 나 자신을 더 넓고 큰 사람으로 만들어주기 때문이다. 상처는 자신이 원하지 않아도 운명처럼 다가온다. 즉 상처란 원하든 원하지 않든 인간이 생을 살아가는 데 어쩔 수 없이 함께 수반되는 것이라고 할 수 있다. 문제는 이 '상처'라는 불청객이 자신과 언제, 어떤 모습으로 만나는지가 중요하다. 또한 이 상처를 어떻게 받아들이는지 그 태도에 따라, 나아가서 그 상처가 준 '교훈'을 어떻게 승화시키는가에 따라서 한 인간의 미래가 달라지는 것이다.

사랑의 '단절'이 가져온 상처

나 역시도 어릴 적 상처가 깊고 그 상처로 인하여 정말 긴 시간 동안, 아니 평생을 가슴앓이를 해왔다. 나를 잘 모르는 사람들은 내가 '금수저'로 태어나 고생 한번 안 하고 꽃길만 걸어온 줄로만 안다. 혹은 운 좋은 '부잣집 외동딸'쯤으로 보는 이들은, 내 눈동자에 깊이 스며든 슬픔이나 그림자처럼 드리워진 나의 애환을 알지 못한다. 우리는 모두 겉으로 보이는 것과는 달리 각자의 사정이 있고 상처가 있다.

나는 어릴 적 아버지를 무척 따르고 좋아했다. 툭하면 "커서 아빠랑 결혼할 거야!"라고 할 정도였다. 1남 2녀 중 둘째이자 큰딸이었던 나는, 아버지의 사랑을 유난히 많이 받으며 유년 시절을 보냈다. 아버지는 내가 중학생이 된 후까지도 소풍을 가면 아무리 먼 곳이라도 데리러 오셨고, 늦은 밤 퇴근을 하실 때도 내가 먹고 싶다는 것은 절대 잊지 않고 사다주셨다. 심지어 생리대까지도 사다주시는 '큰딸 바보'이셨다.

그러던 어느 날 부모님은 이혼을 하셨고, 내 인생에 '새엄마'라는 분이 등장하게 되었다. 사실 내 깊은 상처의 근원은 부모님의 '이혼'이 아니었다. 아무리 부모님이라고 해도 당신들의 인생이 있는 것이고 내가 알지 못하는 두 분 사이의 문제는 존재한다고 느꼈기에, 부모님의 이혼 자체가 내게 깊은 상처를 주지는 않았다. 또한 상처라는 것은 지극히 개인적인 느낌 아닌가. 남들이 보기에는 매우 힘들어 보여도 본인에게는 아무렇지도 않은 것이 있고, 반대로 별것 아닌 것처럼 보이는데도 본인에게는 죽을 만큼 힘든 것일 수도 있다.

내가 아버지를 유난히 좋아한 데는 어머니의 영향이 컸다. 나의 어머니는 '남아선호사상'이 지나치게 강하셔서 먹던 고기반찬까지 덜어 오빠에게 몽땅 주는 분이셨고, 오빠랑 다투기라도 하는 날엔 '남자'라는 이유로 늘 오빠 편만 드셨다. 또 여자가 공부를 많이 하면 팔자가 세진다며 늦은 밤 시험공부하는 큰딸의 방에 오셔서 불을 아예 꺼버리고 가신 적도 많다. 중학교 때 전교 1등을 한 적이 있는데, 칭찬은커녕 "집안에 여자애가 잘되면 남자가 안 풀리는 법"이라고 하셔서 크게 상처받은 적도 있었다. 하지만 내겐 언제나 내 편을 들어주시고 사랑을 주시는 아빠가 있었기에 견딜 수 있었다. 하지만 그렇게 큰딸 바보이셨던 아버지가 재혼하신 후, 모든 것이 변했다.

내 생애 최초의 깊은 상처는, 아버지에게서 느끼던 사랑의 '단절'

이었다. 세상에서 제일 믿고 의지했던 유일한 사람으로부터의 단절은, 당시 중학생이었던 내게는 너무 가혹했다. 그것은 어린 소녀에게 극도의 이질감과 외로움을 느끼게 했고, 그 소외감을 수반한 고통은 두려움으로 변해갔다. 내가 느끼던 아버지의 사랑은 엄마에게서 결핍된 사랑을 채워주는 것이었고, 내가 외롭다고 느끼지 못할 정도로 따뜻한 것이었다. 하지만 아버지가 재혼하신 후 외로움은 늘 나의 가장 친한 친구였으며, 나 자신이 《콩쥐 팥쥐》에 나오는 '콩쥐'처럼 느껴졌다. 비가 부슬부슬 처마 끝에 떨어지는 소리에 새벽잠을 깰 때면, 가슴이 뻥 뚫린 것처럼 뼛속 깊이 외로움이 느껴졌다. 또 해가 떨어져 모두들 집을 향해 발걸음을 재촉할 때면, 갈 곳을 잃은 새가 되어 어디로 가야 할지 방황했다. 그때부터 밖으로 보이는 나는 '부잣집 딸'이었고 내 마음속의 나는 천생 '고아'였다. 나는 10대인 그때부터 인생의 '비애'를 느끼기 시작했고 처절하게 '홀로 서기'를 필사적으로 하지 않을 수가 없었다.

상처가 없으면 매력도 없다

윌리엄 셰익스피어는 말했다. "다른 사람도 같은 슬픔으로 고통받고 있다고 생각하면 마음의 상처는 위로받지 못할지라도 편안해질 수는 있다"고. 많은 제자들이 '부모'와의 관계로부터 상처받고 힘들어할 때마다 나의 상처를 말해주곤 했다. 우리 몸이 다치면 상처가 아문 뒤에도 흉터가 남는 것처럼, 마음의 상처 또한 좀처럼 쉽게 사라지지 않고 흉터를 남긴다. 상처를 진심으로 공감해주고 같이 아파해주는 것이야말로 최고의 치유가 된다.

청각장애인으로서 카네기홀에서 세계적인 소프라노 조수미와의 콜라보로 뜨거운 박수갈채를 받은 일본계 독일인 피아니스트 후지코 헤밍은 "아무리 훌륭한 사람이라도 마음의 상처가 없는 사람은 매력이 없다. 타인의 고통을 모르기 때문이다"라고 말했다.

그렇다. 상처가 깊은 사람은 남의 상처도 돌아볼 줄 알게 되며, 독단이나 이기심에 빠지지 않는다. 자신의 아픔을 가져본 사람은 남을 배려하게 되며 항상 겸손할 줄 안다. 이처럼 상처는 성장의 발판이 되는 것이다. 운명처럼 자신에게 온 상처로부터 벗어나지 못하고 아파하고 힘들어하는 것은 누구나 할 수 있는 일이다. 그러나 그 상처를 극복하고 상처를 성장의 발판으로 삼는 자만이 특별한 사람이 될 수 있다는 생각에 모두 동의할 것이다. 나는 상처의 아픔으로 힘들어하는 제자들에게 말한다. "자신이 가지고 있는 '상처', 또 그 상처를 받아들일 수밖에 없는 '운명'조차 사랑할 수 있는 '큰마음'을 가진 사람이 되도록 노력하라"고 말이다.

나 역시 힘들었지만 나의 상처를 모두 받아들였고, 나의 '운명'을 사랑하려고 부단히도 노력해왔다. 이제는 처음처럼 아프지 않다. 단지 상처를 마주할 때마다 아련할 뿐. 나는 운명적 '상처' 때문에 마음이 힘들 때마다, 다른 사람의 아픔을 통해 공감과 위로를 받고자 했다.

헬렌 켈러는 1903년에 출간된 자서전《나의 이야기》[한국판 출판 제목은《사흘만 볼 수 있다면》(박에스더 옮김, 사우, 2018)]에서 이렇게 고백한다.

"사흘만 세상을 볼 수 있다면 첫째 날은 사랑하는 이의 얼굴을 보겠다. 둘째 날은 밤이 아침으로 변하는 기적을 보리라. 셋째 날은 사람들이 오가는 평범한 거리를 보고 싶다. 그리고 마지막으로 사흘간 눈을 뜨게 해주신 하나님께 감사의 기도를 드리고 싶다."

나는 이 글을 읽을 때마다 한없이 겸허해짐을 느꼈고, 자신의 힘겨운 '운명'을 받아들이고 승화시킨 그녀의 영혼이 교훈으로 다가왔다. "세상은 비록 고통으로 가득하더라도 그것을 극복하는 힘도 가득하다"라는 헬렌 켈러의 말은 상처받은 마음으로 힘들 때 참으로 위로가 되어주었다.

인생의 진정한 가치는 그저 주어지는 '운명'에 순응하는 데 있는 것이 아니라, 자신에게 주어진 '상처'와 '시련'을 극복하고 이겨나가는 '과정'에 있지 않겠는가.

세 살 상처,
여든까지 간다고?

아서 힐러 감독의 전설적인 영화 〈러브스토리〉의 후속편인 〈올리버스토리〉는 전체적으로 다소 어둡고 관조적으로 올리버의 심경을 그려낸다. 전편 〈러브스토리〉에서 탄생시킨 아름다운 OST와는 달리, 음악도 거의 없이 무미건조하게까지 느껴지는 영화이다.

이 영화의 핵심은 주인공인 올리버의 '변화'인데, 즉 올리버의 '상처'에 대한 이야기를 다루고 있다. 주인공이 그 상처를 어떠한 깨달음을 통해 치유해가는지에 대한 과정을 그리는 영화다. 주인공 올리버는 아버지와 사이가 좋지 않았는데, 그 이유는 어릴 적 그가 느끼던 아버지에 대한 트라우마 때문이다. 올리버는 아버지가 '노동력을 착취해서 부를 이루었다'고 생각했고 그것으로부터 상처를 받는다. 그래서 그는 '부(富)'를 경멸하게 되고 그것을 '정의'와 반대되는 개념으로 받아들이기 시작한다. 결국 그는 인권변호사가 되었고, 아버지와는 등을 지고 살아가게 된다.

어느 날 올리버는 우연히 어릴 적 보던 만화책을 발견한다. 만화책의 내용은 "옛날 옛적에 꼬부라진 달팽이가 살았습니다. 그 꼬부라진 달팽이는 꼬부라진 지팡이를 들고 꼬부라진 골목길을 가다가 꼬부라진 개구리를 만났습니다……"로 이어졌다. 순간 올리버는 자신의 '상처'가 '꼬부라진 자신의 세상을 바라보는 관점'에서 기인한 것은 아닌가 하는 깨달음을 얻게 된다. 그 후 올리버는 아버지를 다른 시각으로 바라보게 되고, 사랑과 부(富)에 대한 자신의 고정관념이 잘못되었음을 깨닫게 된다.

이 영화를 본 사람이라면 한 번쯤은 자신의 상처를 돌아본다. 나 역시 이 영화를 보면서 내 상처를 들여다보게 되었고 내가 세상을, 혹은 나의 상처를 왜곡해서 생각하고 있지는 않았나 생각하는 계기가 되었다.

상처를 마주 볼 용기

《연금술사》(최정수 옮김, 문학동네, 2001)로 세계적인 작가의 반열에 오른 파울로 코엘료는 "상처를 치유하기 위해서는 먼저 그 상처를 마주 보는 용기가 필요하다"고 말했다.

그는 유년기부터 여러 번 정신병원에 입원하며 불행한 청소년기를 보냈고, 그가 만든 잡지가 급진적 성향이라는 이유로 브라질 군사정권에 의해 수감되고 고문까지 당했다. 파울로는 그런 자신의 상처를 가슴에 안고 산티아고 순례 여행을 떠나게 되었다. 그 후 그는 문학의 길로 들어서 나이 40세 즈음에 자아의 연금술을 신비롭게 그려낸《연금술사》로 대성공을 거두게 된다. 그 스스로 말했듯 그가 자신의 상처와 마주 보지 않았다면, 자기 상처의 실체를 들여다보지 못했더라면 지금의 그는 없었을 것이다.

영화나 드라마를 보면 주인공에게는 늘 어린 시절의 '트라우마'가 극의 스토리를 이끄는 원인이 되는 경우가 많다. 평범한 사람들도 크게 다르지 않다. 육체는 이미 중년이나 노년임에도 '어린 시절의 그 상처'를 마주하면 다 잊었다고 생각했던, 그 아팠던 상처가 다시금 살아나서 눈물을 훔치곤 한다. 그만큼 어릴 적 상처는 좀처럼 치유되기 어렵고 평생을 따라다니는 것이다.

나 역시 어릴 적 받았던 상처는 지금도 아프고 웬만해서는 들추고 싶지 않은 기억으로 남아 있다. 그쪽 상처는 평생 모른 척 덮어두고 살고 싶다. 너무 아프기 때문이다. 어릴 적 상처는 대부분 부모나 형제에게서 비롯된 것이 많고, 가족이란 인간의 가장 원초적인 근본을 이루는 것이기에 더욱 영향이 크다.

이처럼 자신이 처한 '상처'를 마주보는 데에는 '용기'가 필요하다. 그런데 자신은 상처를 받았지만, 그 상처의 원인조차 모른 채 또 다른 상처를 대물림하는 사람들이 많다. 나의 아버지 또한 당신의 '부모'로부터 상처가 있었다.

아버지의 상처는 곧 자식의 상처가 된다

6.25 전쟁을 겪은 세대인 나의 아버지는, 태어난 지 얼마 안 되어서 부친을 잃었다. 당시는 모든 사람들이 힘든 시기였지만, 특히나 어린 나이에 아버지라는 하늘 같은 존재를 여윈 아버지가 얼마나 힘들었을지는 짐작이 간다. 나는 자랄 때부터 아버지로부터 당신이 어릴 적 얼마나 가난했었는지, 얼마나 배를 곪주렸었는지에 대해 정말 마르고 닳도록 들었다. 어릴 때는 아버지의 그 넋두리 소리가 너무 듣기 싫었다.

"또 그 얘기야? 한 번만 더 하면 백 번이네."

어린 나는 아버지의 '상처'를 진심으로 이해해주지 못했다.

자주 체하는 체질이었던 나는 어릴 때부터 아파서 골골하는 날이 많았다. 그러면 그때마다 아버지는 버럭 화를 내셨다.

"너는 또 아프냐? 또 체했어? 나는 어릴 때 철도 삼켰어. 없어서 못 먹었지. 배가 불러서들 그래!"

늘 이런 식이었다. 지금 생각해보면, 어린 시절 너무도 가난하고 힘들었던 아버지는 '애정결핍' 따위는 안중에도 없었을 것이다. 단지 당신의 부모로부터 배불리 먹고 입는 보살핌을 제대로 받지 못했기에, 당신께서는 자식들 공부시키고 배불리 먹이는 것이 최고라고 여겼을 것이다. 즉 아버지는 자신이 받은 상처는 절대로 자식들에게 물려주지 않겠다고 생각했겠지만, 정작 자식들이 다른 것으로부터 상처를 받는 것은 인지하지 못했던 것이다. 왜냐하면 당신의 어릴 적 상처로 인해 아버지 자신이 너무 아팠기 때문이다. 아무리 나이가 드셨어도, 당신도 당신의 부모로부터 받은 세 살 어릴 적 상처에서 벗어날 수 없었고, 그래서 당신 딸의 상처까지는 생각할 여력이 없었던 것이다.

세 살 버릇만 여든까지 가는 게 아니다. 세 살 상처도 여든까지 간다. 아니, 죽을 때까지 평생 따라다닌다. 그것을 제대로 받아들이고 치유하고 승화시키지 않는다면 말이다.

꼬부라진 달팽이의 세상에서 살지 말자

어느 날 친한 동료 선생님과 대화 중 깨달음을 얻은 일이 있다.

"제가 어릴 때 아버지께서 매일 태우시던 담뱃대가 있었는데, 그걸 가지고 놀다가 똑 하고 부러뜨렸지 뭡니까. 그때 아버지에게 귀싸대기를 얼마나 맞았는지 몰라요. 하하하."

그분이 들려준 일화에 너무 놀라서 물었다.

"아니, 그걸 부러트렸다고 어떻게 어린아이를 그렇게 때릴 수가 있나요? 선생님은 그때 상처 안 받으셨나요?"

의아한 듯 묻는 내게 그 선생님이 들려주었던 대답은 내게 큰 깨우침을 주었다.

"맞아 죽지 않은 게 다행이지요. 제가 맞을 짓을 했잖아요. 아버지께서 매우 아끼던 물건이었는데, 그것을 망가뜨렸으니 아버지께서 화를 내는 건 당연하지요."

내 깨달음의 큰 줄기는 이것이었다. 무슨 일이든 그것을 '받아들이는 태도'가 중요하다고. 어릴 때부터 부모님과 어떻게 공감대를 형성했고 어떻게 애정을 느꼈는가에 따라 부모의 체벌이나 꾸중을 받아들이는 태도에서 천지 차이가 나는 것이라고.

어쩌면 어릴 적 결핍된 상처 때문에 온통 내가 '서럽고', '아프고', '억울하다'라고 생각하는지도 몰랐다. 마치 올리버가 보았던 만화 속 '꼬부라진 달팽이'처럼 말이다. 또 설사 내가 정말 많은 상처를 받았다손 치더라도, 나 자신이 그렇게 받아들이지 않으면 되는 것이라는 점도 비로소 깨달았다. 평생 상처 속에서 지독히도 가슴앓이를 해왔지만, 어느새 마음의 여유가 생겨나고 내 상처를 들여다보며 부모님을 이해하려는 마음이 생겨나기 시작한 것이다.

내가 누구의 자식으로 태어났건, 그건 운명이다. 세상에서 유일하게 자신이 선택할 수 없는 것이 '부모'다. 또한 가장 가까워서 더욱더 아프게 만드는 것 또한 부모, 자식 간일지도 모른다. 어릴 적 받은 우리의 상처는 여든까지 갈 수도 있지만, 어떻게 그 상처를 받아들이는가에 따라서 인생이 달라진다. 자! 이제 당신도 자신의 상처를 마주 볼 용기를 내보자. 그리고 그 상처가 당신 스스로를 옭아맨 창살 같은 '굴레'는 아니었는지 돌아보자.

잘못 쓰면 독이 되고,
잘 쓰면 약이 되는 것

2017년 골든 글로브상 수상자 메릴 스트립은 수상 소감을 이런 말로 마무리했다.

"부서진 마음을 추스르고 예술로 승화시키세요(Take your broken heart, Make it into Art)."

당시 그녀가 수상 소감을 말했던 시기의 미국은 정치적으로 다양한 변화가 있었지만, 예술을 통해 '상처'를 치유하자는 메릴 스트립의 멋진 연설은 많은 사람들에게 감동을 주었다. 특히 1분도 채 되지 않았던, 마지막 속삭이듯 호소하는 "부서진 마음을 추스르고 예술로 승화시키세요"라는 그 짧은 한 문장의 말은 대중에게 널리 회자되었다. 즉 그녀의 메시지는, 세상 사람들 모두가 살아가면서 만나게 되는 힘든 상처나 역경에 굴복하지 말고 그 상처를 예술이라는 것을 통해 '약'으로 승화시키자는 의미였다. '승화'라는 작업을 통해 '상처를 입기 전'보다 더 멋지고 성장한 자신을 만드는 일이야말로 살아 있는 기쁨 그 자체라는 말이다.

반면 상처를 견디지 못하고 비관하고 자신을 학대하며 세상을 향해 등을 돌리거나 극단적인 행동으로 몰고 가는 것은 결국 상처를 '독'으로밖에 받아들이지 못한 결과다. 상처를 극복하지 못한 사람들은 '자존감'이 낮아지고 그것은 '자신감의 하락'으로 연결되어 자기 본연의 모습을 잃어버리고 점점 '위축'되어간다. 또한 남을 믿지 못하게 되고 타인들을 원망하며 세상을 향해 적대감과 복수심을 형성하기도 한다. 이것이 계속될 때는 '자기비하'로 빠져서 매사에 부정적인 성향으로 변하게 된다. 더 심해지면 극단적인 상황까지도 가는 것이다.

우리나라는 현재 청소년 사망 원인의 1위가 11년째 '자살'이라는 엄혹한 현실 앞에 놓여 있다. 청소년의 자살 원인은 우울증, 학업 스트레스, 학교폭력과 왕따, 어른들과의 교감 부족 등의 집계로 나타나지만, 그 근본의 배경은 역시 '상처' 때문이다. 이런 극단적인 선택을 한 이들은 상처가 있는 사람들이고, 그 상처가 쌓이고 쌓여 더 지탱하기 힘들게 된 사람들이다. '상처'는 이렇게 무서운 것이다. 이런 상처는 정도나 깊이의 차이만 있을 뿐, 누구나 살아가면서 마주하게 된다. 이것을 어떻게 받아들이느냐에 따라 '독'이 될 수도 있고, '약'이 될 수도 있다. 우리가 맞닥뜨린 상처를 '약'으로 만들어서 인간 승리를 느끼며 그 교훈으로 가슴 따뜻한 인생을 살아가야 하지 않겠는가!

세상 밖으로 나온 〈파파로티〉

2013년에 개봉한 한석규(나상진 분), 이제훈(이장호 분) 주연의 영화 〈파파로티〉는 오페라의 아버지 주세페 베르디의 명작 〈리골레토〉의 아리아 〈여자의 마음〉이 흘러나오는 장면으로 시작한다.

한때 잘나가던 성악가였지만 지금은 시골 예고의 음악 선생님으로 있는 나상진과 불우한 환경에서 상처투성이로 자라 건달이 된 이장호가 만나 '스승과 제자'의 따뜻한 사랑을 느껴가는 과정을 그린 이 영화가 더욱 감동을 주었던 것은, 영화의 배경이 내가 15년간 출강하던 지방 예고의 실화였기 때문이다. 시나리오에서 한석규와 이제훈의 연기로 대변되는 실제 인물은, 내가 출강하던 예고의 당시 성악과 과장님과 성악 전공의 학생이었다. 특히 성악 전공의 그 학생은 이미 〈스타킹〉이라는 프로그램을 통해 대중들에게 알려졌었고 그 사연으로 이 영화가 탄생하게 된 것이었다.

영화의 실제 주인공은 초등학교 때 부모가 집을 나가 할머니 밑에서 자랐다. 부모님의 부재는 그에게 커다란 상처였을 것이다. 그 상처는 그를 방황하게 했고, 그는 온몸에 문신을 새기고 교내 폭력서클에 가입할 정도로 문제아였던 중학교 시절을 보내게 된다. 그러던 중 그는 김범수의 〈보고싶다〉 CD를 사러 음반 매장에 갔다가 우연히 푸치니의 오페라 〈투란도트〉의 아리아 〈네순 도르마〉를 듣고는 그 웅장함에 매료되는 경험을 한다. 그 뒤 2008년, 자신을 키워주셨던 할머니마저 대장암으로 세상을 떠나자 그는 할머니의 유언 "하늘에서 지켜볼 테니 똑바로 살아라"는 말씀을 마음에 새기고 성악에 매진하게 된다.

주인공이 방황하고 평생 조폭으로 살아갈 뻔한 것은 그의 '상처' 때문이었다. 부모에게 버림받고 홀로 남겨진 자신의 처지와 불우한 환경이, 한없이 그를 누르고 어두운 세상으로 끌고 가려 했을 것이다. 그 상처로부터 그를 꺼내준 것은, 우연히 듣게 된 성악곡 한 곡이었고 자신을 이끌어준 선생님 덕분이었다. 또 그렇게 살아서는 안 된다는 피 흘리는 교훈을 남겨주시며 떠나신 할머니의 마지막 '말 한마디' 때문이었다. 이렇게 그는 어두운 건달의 세계에서 살아갈 수도 있었지만, 자신의 상처를 '약'으로 사용했다. 주위의 도움이 있었지만 결국 그 상처를 약으로 승화시켜 세상 밖으로 나와 찬란한 빛을 보게 한 것은 결국 주인공 자신, '스스로'였다.

상처를 승화시켜 '약'으로 만들라

'상처'를 떠올리면 음악가 중 '베토벤'이 가장 먼저 떠오른다. 아버지로부터 받은 상처, 사랑을 이루지 못한 채 고독하게 평생을 살며 외로움에서 받았을 상처, 죽기 직전까지 그를 힘들게 했던 조카 '카를'과의 갈등 등 그의 불운한 인생역정은 그것을 대변한다. 하지만 그 무엇보다 음악가로서 '청력을 잃는다'는 것은 너무나 치명적인 상처가 되었을 것이다. 하지만 베토벤은 그 많은 상처에 굴복하지 않고 그것을 승화시켰다. 그 상처의 영광으로 남은 주옥같은 예술 작품은 오늘날 우리에게 귀감이 되고 후대에 길이 남아 그의 정신을 계승시키고 있다. 우리가 아는 〈운명 교향곡〉, 피아노 협주곡 〈황제〉, 〈합창 교향곡〉, 〈열정 소나타〉 등이 모두 그가 청력을 잃은 뒤에 작곡된 곡이다.

그런가 하면 2016년 슈베르트 국제콩쿠르에서 심사위원들을 감동시켜 '특별상'을 수상해 대중들에게 이름을 각인시킨 피아니스트 노조미 이와이는 네 살 때 시력을 잃었다. 이와이는 유치원 때 친구와 장난감을 가지고 놀다가 꼬챙이가 눈에 박히는 사고가 일어나 오른쪽 시력을 상실했고, 왼쪽 눈 또한 난치병을 앓다가 완전히 그 기능을 상실했다. 하지만 그녀는 그 상처를 피아노를 통해, 음악을 통해 극복했다. "눈을 잃었기에 그보다 귀한 음악을 얻었다"라고 말하는 그녀에게서 우리는 가슴 깊은 감동을 받는다. '시각장애'라는 크나큰 상처에서도 그녀는 '긍정'의 힘을 보여주며 상처를 승화시키는 모습으로 대중들에게 깨달음을 준 것이다. 이들은 모두 상처를 '약'으로 승화시켜 우리들에게 보석 같은 교훈을 안겨주고 있다.

'역사'나 '고전'을 보아도 그런 예는 많다. 제2차 세계대전 때 연합군의 대규모 폭격으로 도시 대부분이 불에 타 폐허가 되었던 드레스덴이 주는 의의는 무엇이겠는가? 그들은 전쟁의 아픔과 상처를 예술로 승화시켜 지금은 세계적인 오케스트라의 도시로 우뚝 섰다.

어떤 선택을 할 것인가

누군가는 상처를 견디지 못하고 고통과 우울로 세월을 보내다 세상을 등질 수도 있다. 수렁에 빠져 폐인이 되고 하염없이 헤매고 방황하는 삶에서 도저히 벗어나지 못하는 것이다. 그들은 환경이 자신을 그렇게 만들었고, 자신도 자신이 마음대로 되지 않는다고 한다. 아무리 노력해도 그 깊은 늪에서 나와지지 않는다는 것이다. 이 모든 것은 상처를 그대로 안고 돌보지 않고, 관리하지 않고 방치해 두었기 때문이다. 상처를 받고 힘든 상태 그대로 내버려두면 그 상처는 '독'이 된다. 즉 자신에게 부정적인 영향을 끼치게 되고, 그것이 쌓여 자신도 모르는 사이에 자신감의 결여와 세상을 비관하는 성향으로 변하게 된다.

앞서도 언급했듯이 상처를 받지 않고 사는 사람은 없다. 그 상처를 어떻게 받아들일 것인가가 핵심이다. 같은 상황이라도 받아들이는 태도는 천지 차이다. 상처의 영향으로 일그러진 삶을 살아간다면 그 상처는 그 사람에게 결국 '독'이 된 결과다. 반면 상처를 자신의 주춧돌로 삼아 그것을 밟고 올라서서 진정한 아픈 영광을 이끌어낸 사람들은 상처를 '약'으로 만들어낸 승리의 화신이다. 상처를 '독'으로 만들 것인지, '약'으로 만들 것인지는 오롯이 당신의 선택이다. 당신의 '의지'에 달린 것이다. 당신은 어떤 선택을 할 것인가?

끝의 찬란함을 위하여

머리도 좋고 피아노 테크닉도 뛰어난 제자가 있었다. 그런데 이 친구는 음악을 표현해내는 기법, 즉 자신의 음악성을 표출하는 것에 대해 매우 인색했다. 어느 날 내가 제자에게 "왜 이렇게 표현을 안 해? 일부러 절제하는 거니? 악상 표현이 이게 다야?"라고 하자 그 친구는 이렇게 대답했다.

"제가 어릴 때부터 엄격하신 부모님 밑에서 자라서 표현하는 게 잘 안 돼요. 하고 싶은 말이나 행동을 항상 참고 절제해야 한다고 교육받아서, 그게 몸에 뱄나 봐요."

또 어떤 사람들은 자신의 특별한 습관이나 잘못된 사고가 모두 어릴 때 부모님으로부터 받은 상처 때문이라고 한다. 물론 우리는 어떤 사람을 알아보고자 할 때, 그의 탄생 배경부터 시작해 부모를 꼭 들여다본다. 부모의 울타리에서 영향을 받았을 것이고, 그것으로부터 자유로운 인간은 없기 때문이다. 하지만 모든 것을 '환경'이나 '부모의 영향' 탓으로 돌리기에는 인생이 너무 짧고 아깝다. 우리는 그런 '부모'나 '환경'을 선택할 수 있는 '선택권'이 없이 태어나지 않았는가.

사회적으로 큰 이슈가 되거나 문제가 된 사람들이 등장할 때면 늘 뒤따라오는 것이 있다. 바로 그들의 성장 배경이다. 유년 시절이 어땠는지, 어릴 적 트라우마가 무엇이었는지 하는 이야기가 수면 위로 떠오르고, 이는 곧 심리 상담이나 심리 치료에서 핵심 요소로 다루어진다. 그만큼 어릴 때의 환경과 부모의 역할이 매우 강조되는 것이다.

당신이 만약 세심하고 의식이 있는 부모 밑에서 태어났다면 참으로 행운이지만 그렇지 않은 경우라면 본인 스스로가 자신을 성장시키고 그 상처와 트라우마로부터 벗어나야 한다. 억울해할 필요는 없다. 그것이 노후에는 큰 자산이 될 수 있기 때문이다. 당신이 그 시기만 잘 넘긴다면, 스스로에게 자긍심을 발견하고 대견해하게 될 날도 머지않았다는 것을 명심하라!

'좋은 것'에만 영향을 받아라

우리는 부모로부터 영향을 받지 않을 수가 없다. 왜냐하면 태어나 무방비인 상태였을 때부터 우리는 온전히 그들의 보살핌으로 삶을 생존하고 지탱하기 때문이다. 하지만 부모라고 해서 모든 것에서 '모범'이 되지는 않는다. 부모가 자주 다투는 것을 보고 자란 자녀들의 트라우마나 행동력들은 여러 가지 연구 사례들과 논문들에도 자주 등장한다. 나 또한 '남아선호사상'이 강했던 어머니에 대한 반항심으로 더욱 '독립적'인 여자가 되기를 꿈꾸었다.

매우 엄하고 무뚝뚝하셨던 내 스승님은 애정 결핍으로 인해 항상 따뜻한 '정'으로 소통하고픈 욕구가 있었던 나에게 한없이 먼 존재로만 와 닿았다. 나는 스승님이 곁에 있어도 늘 '외롭다'고 느꼈으며, 그때마다 제자들과 소통하는 다정한 선생님이 되리라고 다짐했다. 그리고 이것이 작은 불씨가 되어 오늘날 제자들과의 관계로 이어졌다.

가끔은 '저런 부모 밑에서 어떻게 저런 아이가 나왔지?' 하며 의아해하는 경우도 목격하게 된다. 내 제자 가운데 부모님이 이혼하고 형제도 없이 홀어머니 아래에서 자란 친구가 있었다. 어머니마저도 넉넉한 인품은 아니어서, 항상 하나뿐인 자식에게 매번 자신의 신세를 한탄하고 힘겨워하는 모습을 보이셨다. 하지만 그 제자는 자신의 환경에 큰 영향을 받지 않으려 무진장 애썼다. 자신의 불우한 처지를 극복하려고 오로지 연습에 몰입할 뿐이었다. 그녀는 내가 가끔 빌려주는 책을 보며 자신의 고귀한 영혼을 지키려 노력했으며, 원만한 대인관계를 유지하고 긍정적인 에너지를 잃지 않았다. 그 결과 그녀는 명문대에 입학했고 지금은 대학 강사가 되었다.

환경은 절대적인 요소가 아니다. 좋지 않은 환경에서도 본인이 노력하여 오로지 '좋은 것'에만 영향받을 수 있다는 것을 안다면, 모든 것을 환경 탓으로 돌리는 이들의 행로는 더 이상 '핑계'가 될 수 없을 것이다.

'리플렉션(reflection)'으로 관계를 재조명하라

심리학 박사이자 임상심리 전문가인 이우경은 《아버지의 딸》(휴, 2015)에서 가깝고도 먼 사이인 아버지와 딸의 관계를 재조명한다. 아버지로 인해 행복하거나 불행한 이 세상의 모든 딸을 향한 메시지인 이 책은, 딸들의 무의식 속에 여러 형태로 자리 잡은 아버지의 영향력을 관계심리학으로 풀어내고 있다. '아버지의 딸(father's daughter)'은 분석심리학자들이 아버지에게 특별한 영향을 받은 딸들을 표현할 때 쓰는 말로, 여기서 아버지의 영향이란 긍정적이기도 하고 부정적이기도 하다.

저자는 긍정적인 영향을 받은 딸은 세상에서 자기 목소리를 내며 자리를 잡아가지만, 부정적인 영향을 받은 딸은 지나치게 애를 쓰거나 벗어나려 하다가 곤경에 처한다고 말한다. 또 이런 딸들은 형제자매 중에서도 어린 시절 아버지의 사랑을 제일 많이 받은 딸이기도 하고, 아버지를 닮지 않으려고 했지만 무의식적으로 아버지를 닮아가는 딸이기도 하다고 저자는 역설한다. 즉 기대와 실망감, 흠모, 배신, 사랑이 엉켜 있는 아버지와의 관계를 재조명함으로써 비로소 딸은 자기 자신의 모습을 제대로 들여다볼 수 있는 것이다. 나는 이 책을 통해 평생 나의 '상처'였던 아버지를 객관적 모습으로 볼 수 있었고 그것을 통해 리플렉션(투영)되는 나의 모습 또한 객관적으로 바라볼 수 있게 되었다.

우리는 자신을 잘 모를 때가 참 많다. 때로는 그냥 보는 것보다 어떤 것을 통해서 자신을 보는 것이 더 쉽게 느껴지고 깨달음을 준다. 자신이 정말 원하고 갈망했던 것이 다른 어떤 것을 통해 '투영'되었을 때, 자신을 알게 되고 진정한 자신을 발견하게 된다. 우리가 받은 상처 또한 그대로 볼 때는 제대로 안 보인다. 너무 아프기 때문에 지극히 주관적으로, 자신이 각색한 시나리오대로 느껴진다. 하지만 다른 관계나 한 걸음 물러서서 다른 어떤 것을 통해 투영된 모습으로 보면, 그 상처는 매우 '명확히' 객관적으로 보인다. 그렇게 해서 재조명된 상처는 자신의 통찰력을 키워주고 자기 자신을 더 '크고 넓은' 사람으로 만들어준다.

한 떨기 모란처럼 피어나리라

나는 어린 시절 부모로부터 받은 상처 때문에 힘들 때마다 김영랑의 시 〈모란이 피기까지는〉을 읊었다. 때로는 아버지나 어머니가 미워서 어린 마음에 '복수심'마저 생길 때도 있었다. 그때마다 부모님을 미워하는 마음이 비뚤어진 자아를 만들까 봐 두려웠고 그렇게 되면 더 억울하겠다는 생각이 들었다. 한마디로, 부모님에게 받은 영향 때문에 나 자신이 흔들리고 싶지 않았다. 아니 더 정확하게 말하자면, 부모님에게 영향을 받고 싶지 않았다.

자식이 얼마나 아픈지, 얼마나 힘든지를 들여다볼 여유가 없는 부모님으로부터 받은 상처 때문에 비행청소년이 된다든지 망가지는 내 모습을 만들고 싶지 않았다. 그래서 철저히 부모님을 원망하거나 미워하게 되는 나의 마음을 차단했고, 좋은 것만 보고 좋은 것에만 영향을 받으려고 노력했다.

그때마다 나를 지켜준 것은 〈모란이 피기까지는〉에 나오는 '모란'이었다. 모란은 많은 꽃 중에서도 화려하고 풍염(豊艶)하여 위엄과 품위를 갖추고 있는 꽃이라고 알려져 있다. '모란'을 떠올리면 아무리 주위에 잡초와 잡목이 많아 수풀이 엉켜 있다손 치더라도, 비바람이 불어 모든 꽃을 꺾고 쓸어가 버릴지라도 '결코 굴하지 않고 한 떨기 꽃으로 고고히 홀로 피어나는' 모습이 떠올랐다. 그것은 내게 '상징적'인 의미였고 역경에 굴복하여 나를 놓아버리거나 포기하고픈 욕구로부터 타협하지 않고, 끝까지 내가 '나'로 살아가게끔 해준 일등공신이었다. 모란이 피기까지 봄을 기다리는 시의 내용처럼, 나는 '때'를 기다리며 나를 지키려고 노력했다. '상처'로부터 자유로워지고 '내 영혼'을 스스로 위로해줄 수 있는 그날을 위해 고고히 피어나는 한 떨기 모란이 되어 그 시절을 버텨냈다. 상처를 겪어내는 일은 힘들지만 그 끝은 찬란했다. 그 결과 나는 지금 모란이 주는 교훈을 내 제자들에게 들려줄 수 있게 되었다.

세상과 '부딪치다'

일본을 대표하는 현대 시인 중 한 명인 '요시노 히로시(1926~2014)'의 시, <동사 '부딪치다'>는 모든 사람들에게 진정한 감동과 삶의 자세를 다시 한 번 일깨워준다. '시 한 편'이 이렇게 세상을 다르게 볼 수 있게끔 하고, '상처'가 주는 의미를 재해석하게 만드는 힘이 있다는 것이 실로 놀랍다. 우리는 사람들과 부딪치고 갈등하는 것이 싫어서 이리저리 피해 다니기 바쁘다. 이런 현대인들 앞에 나타난, '오히려 그 부딪치는 힘'으로 길을 찾아가는 맹인 전화교환원의 실제 이야기는 진한 울림의 메시지를 준다.

아침마다 초만원인 전철로 출퇴근을 하는 그녀에게 부딪침은 세상과 자신을 연결하는 방법이다. 이 부딪침이 그녀에게는 다른 사람과의 교류가 되고 소통이 된다. 부딪침이 있기에 길을 찾고 방향을 정할 수가 있는 그녀에게, 부딪침은 세상이 내미는 '호의'인 셈이다. 이처럼 남들이 보았을 때는 상처이자 단점이자 자신의 치부를 드러내는 치명적인 상황도 어떤 관점으로 받아들이느냐에 따라 자신을 일으켜 세우는 큰 역할을 하는 인생의 교훈이 되기도 하고 인생의 스승이 되기도 하는 것이다.

우리는 살아가면서 원치 않는 상처를 받기도 하고 난관과 장애물을 만나기도 한다. 그렇게 부딪치면서 우리는 성장해가고 깨달음을 얻게 되는 것이다. 하지만 만약 그 부딪치는 것들이 두려워 마냥 피하기만 한다면 이룰 수 있는 것도, 진정한 자유도 얻을 수 없다. 즉 상처가 다가오는 것은 해가 뜨고 지는 것만큼이나, 달이 차서 기우는 것만큼이나 불가피한 것이다. 이 상처를 어떻게 받아들이느냐에 따라 상처받은 자의 가치관이 달라지고 미래가 달라지고 삶이 달라진다.

지구촌을 들썩인 '방탄소년단'의 메시지

방탄소년단(BTS)은 2018년 5월 정규 3집 〈러브 유어셀프 전 티어(LOVE YOURSELF 轉 Tear)〉로 미국 빌보드의 앨범 주요 차트인 '빌보드 200'에서 1위를 기록했다. 이는 빌보드 78년 역사상 한국 가수가 최초로 정상을 차지한 큰 성과였다.

BTS의 성공 비결에는 여러 가지 전략적인 노력이 있겠지만, 그

중에서도 그들이 전하는 노랫말의 메시지에 주목할 필요가 있다. 대부분의 케이팝 그룹들은 그들의 음악을 정치화하거나 논쟁적인 주제를 다루는 데 주저하지만, BTS는 여러 차례 정신건강, 왕따, 자살 같은 '상처' 받은 영혼들을 다루는 비전형적인 접근 방식으로 대중에게 다가갔다. 그래서 결국 그것이 미국에서 인기를 높인 비결이 되었다고 빌보드닷컴은 분석했다.

BTS는 연습생 시절부터 자신들의 이야기를 노래로 풀어내는 훈련을 자주 했다고 하는데, 그 노래들에는 또래의 고민이 있고 사회를 바라보는 시선이 있었다. 편견과 억압을 막아내겠다는 메시지가 있었고 흙수저, 청년 세대를 응원하는 스토리텔링이 있었다. 미국 CNBC는 BTS의 가장 큰 성공 비결을 '진정성 있는 메시지'로 꼽았고 기업들에서조차 '총알을 막는다'는 뜻을 담은 '방탄소년단'의 성공 신화를 연구하고 나섰다. 이들의 성공 요인은 틈새시장 개척 등 많은 배경이 뒷받침되었지만, 그 무엇보다 '상처' 입은 영혼들의 자아 찾기로 지구촌을 움직인 진정한 메시지가 성공의 가장 큰 요인이라 할 수 있다.

이들의 곡 〈작은 것들을 위한 시〉의 가사를 보면 또래 아이돌 스타들의 노래와 확연히 차이가 나는 것을 알 수 있다. 이들은 기존 아이돌들이 부르던 자극적인 가사로 노래하지 않는다. 대신 또래 청춘들의 세계관을 시적으로 풀어내며, 상처를 극복하고 날아가자는 희망의 메시지를 담는다. 또 〈소우주〉에 나오는 가사에서도 어두운 별빛과 칠흑 같던 밤을 비유적으로 표현하며, 끊임없이 꿈과 희망을 불러일으키는 메시지를 소년들에게 던지고 있다.

청춘의 상처와 성장의 아픔 같은, 청춘들이라면 누구나 공감하는 진정성 있는 메시지로 이들은 전 세계의 젊은이들과 소통하는 데 성공했고 이것은 그들을 성공으로 이끄는 핵심 요소가 되었다. 상처를 극복하고 일어서는 것은 만국 공통의 주제이자 소재다. 상처를 극복하고 우뚝 성장하여 그 상처가 자신의 '스승'이었음을 깨닫는 것은 동서고금을 막론하고 모두가 공감하는 인류 공통의 메시지인 것이다.

'톰'에게 고백한 마음의 상처

초등학교 6학년 초였다. 그날도 어머니는 내가 '딸'이라는 이유만으로 오빠와 심한 차별을 하셨다. 먹는 것에서부터 모든 것이 남자인 오빠가 우선이었다. 이미 익숙해진 상태였지만, 그런 현실이 너무 싫었다. 아직도 그 3월의 봄이 기억난다. 나는 설움을 달래려고 집에 굴러다니는 학생용 잡지를 들추었고 우연히 '계몽사' 주최 〈전국 학생 독후감 대회〉를 알리는 공지를 발견했다. 그러고는 무심코 그 대회에 나가기 위해 독후감을 썼다.

주최 측에서 지정한 여러 책 가운데 한 권을 선택해서 독후감을 쓴 뒤 공지에 있는 주소로 부치면 되는 형식이었다. 나는 프랜시스 호지슨 버넷의 《소공자》를 선택해 편지 형식으로 독후감을 썼다. 마치 내 마음속의 상처를 속삭이듯 말이다. "톰, 안녕! 나는 한국에 있는 OO야"처럼 시작했던 것 같다. 그때 상을 타겠다거나 무슨 계획이 있는 것도 아니었고, 단지 너무나 답답한 나의 심정을 누군가에게 말하고 싶었을 뿐이었다. 친구에게조차 털어놓지 못했던 나의 상처는 어린 마음에 이미 쌓일 대로 쌓여 있었다. 내 마음을 '톰'이라는 친구에게 하소연하듯이 편지로 썼고, 그것을 그대로 대회에 보냈다. 얼마 후 계몽사에서 연락이 왔다. 내가 쓴 글이 대회에서 전체 '대상'을 수상했다는 소식이었다. 나는 어리둥절했다. 한국프레스센터에서 상을 받고 계몽사에서 주는 트로피와 영웅 전집을 받아온 기억이 난다.

피아노를 전공한 나는 초등학교 시절부터 리틀엔젤스회관에서의 연주를 비롯해 시립교향악단과 협연을 했고, 많은 콩쿠르에도 도전해 이런저런 큰 상을 많이 받았다. 그래서 중학교 1학년 때는 시에서 주는 '청소년 공로상'을 받기도 했지만, 독후감 상은 내게 매우 각별하게 다가왔다. 내 마음의 상처를 전하기 위해 쓴 글이 상으로 돌아왔기 때문이다.

부모님의 이혼 이후 그토록 좋아했던 아버지와의 갈등 때문에 마음이 힘들었고 새엄마의 등장으로 인한 내 인생의 변화를 감당하기가 무척 버거웠다. 그것에서 벗어나기 위해 유학을 떠나기도 했지만, 그렇게 상처로부터 자유로워지고자 발버둥친 나의 모든 행동들은 지나고 보니 모두 내게 피가 되고 살이 되었다. 결국 상처는 내 인생의 '스승'이었다. 그 상처로 인해 오늘날 이만큼 성장할 수 있었기 때문이다.

상처에 근육을 입히다

야구 천재로 알려진 일본의 야구선수 '오타니 쇼헤이'는 투타 겸업으로 메이저리그를 뒤흔들었다. 미국 언론은 '지구인이 아니다'라는 말로 그들의 체면 지키기에 바빴다. 이런 대단한 선수를 일본이 어떻게 키워냈나 살펴보면, 뒷배경에는 그의 고교 시절 은사인 '사사키 히로시' 감독의 지도력이 돋보인다. 그 감독이 오타니에게 가르친 것은 투구 기술보다는 '생각하는 방법'이었다고 한다. 즉 목표를 설정하고 그 목표를 이루기 위해 무엇을 어떻게 해야 하는지, 자신의 머리로 생각하도록 하는 훈련을 계속하며 '뇌 근육'을 키웠다는 것이다. 어떤 것을 이루기 위해 근육을 단련하는 것은 참으로 중요하다. '마음의 근육'도 결국 그런 맥락이다.

상처를 받았다고 생각했던 소녀 시절, 참으로 힘들었다. 하지만 그 상처들은 근육으로 다져졌고, 오랜 시간 다져져 단단해진 근육은 웬만해선 무너지지 않았다. '상처가 많은 사람들은 쉽게 상처를 받는다'고 한다. 맞는 말인 것 같다. 하지만 상처가 많은 사람들은 오뚝이처럼 다시 잘 일어난다는 것도 아는가? 스스로 말이다. 이렇게 단단해진 '상처 근육'은 내 인생의 큰 '힘'이 되어주었다.

상처를 두려워 말라! 상처도 결국 당신의 의지를 꺾지는 못한다. 상처도 당신 인생의 소중한 한 부분이다. 단지 상처를 '상처 입은 영혼'의 주인공으로만 남게 하지 말고, 그것으로부터 교훈을 얻고 근육을 키워 당신에게 '스승이 되는 힘'으로 만들어라!

Key Action

상처를 극복하는 테크닉

우리 모두 상처를 받고 살고 있지만 그 상처를 어떻게 받아들이느냐에 따라, 또 상처를 치유하지 않고 그냥 방치해두기만 하느냐 아니냐에 따라 상처는 빛나는 태양이 되기도 하고 곪아서 '고름'이 된 형상을 할 수도 있다는 것을 알 수 있다.

앞서 상처에 대해 여러 가지 이야기를 했다. 누구나 상처가 있고 그 상처가 없는 것보다 오히려 있는 것이 더 '축복'이 될 수도 있다는 상처론에 대해 언급했다. 또 그 상처를 어떻게 받아들이느냐에 따라 '상처'가 치유될 수도 있고 여든까지 갈 수도 있다고 했다. 잘못 쓰면 독이 될 수도 있는 상처를 잘 사용하여 '약'으로 만들어야 한다는 것도 역설했고, 상처에서 받는 '영향'에 대해서도 어떤 자세로 임해야 할지 이야기했다. 그래서 상처를 두려워 말고 결국 그 상처가 '스승'이 될 수 있도록 스스로 이끌어가야 한다는 것까지 말했다.

그렇다면 좀 더 구체적으로 상처를 이겨내는 방법에 대해 알아보자! 과연 '상처'를 극복하는 테크닉이 따로 있을까? 상처에는 이성 간의 상처, 부모와 가족에게 받는 상처, 친구나 동료에게 받는 상처 등 다양하고 또 그 관계에 따라 극복 방법도 조금씩 달라진다. 특히 이성 간, 즉 연애에서 오는 상처는 좀 더 다른 각도로 해석해야 하며, 극복 방법도 다소 다르다. 여기서는 일반적인 넓은 범위에서의 상처 극복 방법에 관해서 얘기해보고자 한다.

테크닉의 실전

상처란 피하고 덮어두면 곪아서 큰 멍울로 남아 당신의 삶을 나락으로 몰고 갈 근거가 되며, 물이 한 방울씩 모여 둑이 무너지듯 서서히 당신의 인생을 파멸시킬 수도 있다. 지금 당장은 아프지만 자신의 상처를 용기 내어 마주 보고 객관적인 시각으로 성찰해야 한다. 건드리면 아프다고 붕대를 감아두는 것은 근본적인 치료가 아니다. 상처를 이해하고, 파악하고, 분석하고, 치료하고, 관리해야 한다. 상처를 극복하는 훈련을 해야 한다.

초급 단계 (상처 이해 단계)	1. 상처가 왜 생겼는가(상처의 파악 단계) : 거슬러 올라가 언제, 어디서, 무슨 일 혹은 무슨 말을 들었을 때부터 이 '상처받은 느낌'이 생겨났는지 찾아내야 한다. 2. 상처를 객관적 시각으로 보고 인정하고 받아들이기(상처의 이해 단계) : 자신이 누군가로부터 치명적인 대우를 받았거나 말을 들었다면 객관적으로 그것을 바라본다. 마치 다른 사람의 일처럼. 그리고 그 일이 억울하든 이해가 안 되는 일이든 일단 자신에게 일어난 일을 인정하고 받아들인다. 3. 상처가 내 잘못인가, 운명인가(상처의 종류 인식 단계) : 이것은 큰 차이가 있다. 만약 누구의 잘잘못도 아닌 운명적으로 받은 상처라면, 그것은 신만이 아는 일이다. 이때는 다만 그 일의 교훈을 스스로 찾고 자신을 성장시키려고 하는 것이 최선이다. 하지만 '자신의 잘못'이 원인이 되었거나 자신의 잘못과 연관된 상처라면 매우 세심한 치료와 관리가 필요하다. 그냥 방치해두면 훗날 이 상처가 모든 삶에서 평생 걸림돌이 될 수 있다. 따라서 반드시 관리를 해야 한다. 4. 받은 상처 중 가장 아픈 것은 무엇인가? 무엇 때문에 가장 힘든가(상처의 핵심 파악) : 상처란 그 상황이 뒤얽혀 있고 자신도 뭐가 뭔지 잘 모르거나, 모른다고 생각하고 넘어가고 싶을 때가 많다. 아프고 마주하기 싫기 때문이다. 그러나 이것 역시 그냥 넘어간다면 차후 해결되지 못한 상처에 대한 스스로의 성찰이 부서진 조각처럼 흩어져 있어, 마치 정리되지 않은 서랍장처럼 당신을 혼란스럽게 할 것이며 자신감을 저하시킨다.
중급 단계 (훈련 실행 단계)	1. 상처 때문에 아픈 점, 힘든 점을 있는 그대로 글로 써 본다(상처 들여다보기 단계) : 처음 상처가 발생된 순간, 대상, 느낌 모두 필기한다. 매일 그것을 시각화하고 들여다보며 마음의 변화를 자세히 쓴다. 처음 상처를 느낀 날부터 매일 일주일 동안, 그다음은 한 달에 한 번, 그다음은 1년에 한 번 한다.

2. 자기애로 상처를 꿰매고 자신을 매일 격려하고 칭찬하기(자기애 강화 단계) : 중급 단계에서는 합리화가 될지언정 자기애를 필수로 요한다. 자기비하나 학대는 금물이다. 작은 것에도 자신의 사고와 노고를 격려하고 칭찬해주자.
3. 자신이 받은 상처와 비슷한 사례, 극복한 사례들을 찾아보기(상처의 공감 단계) : 주변을 둘러본다. 나만 그런 상처가 있는 것이 아니라는 동질감이 필요하다.
4. 남에게 자신의 아픈 상처를 솔직하게 말하기(상처를 세상 밖으로 꺼내는 단계) : 창피할 것 같고 아플 것 같지만 꼭 필요한 단계다. 이렇게 자기 입으로 솔직하게 상처를 밖으로 내던지면 이것이야말로 더 이상 '상처가 아니게' 된다.
5. 남의 상처 계속 들어주기(상처의 다양한 유형 이해하기) : 세상에 이렇게 다양한 상처가 있고 개인마다 사연이 있는지 이해할 수 있다. 더불어 자기 상처의 현주소를 깨닫게 되는 중요한 과정이다.
6. 자기 상처가 별것 아니게 느껴질 때까지 계속 말하고, 스스로 반추하고 다른 사람의 상처와 비교 분석해보기(상처의 비교 단계) : 상처를 비교하지 말라고 하는 사람들이 있다. 여기서의 비교는 다양성에 입각한 비교를 하고, 자신과 타인 상처의 차별성을 이해하고, 그들이 어떻게 극복했는지 등의 연구 분석을 통한 치료 목적의 분석 비교다.
7. '내가 그때 그 상처를 안 받았더라면 어떻게 되었을까'라는 생각을 해보며, 상처받기 전과 지금을 비교하여 그 차이(gap)를 승화시킬 것(상처의 승화 단계)
8. 보상의 원리를 이용하기(보상의 단계) : 그 상처가 고마워질 새로운 업적이나 성과를 만든다. 일례로 어떤 상처받은 일이 있고 난 뒤 그것을 보상받기 위해 토익 시험 혹은 어떤 시험(취직)에 도전하고 그것을 이루어낸다. '이런 결과가 있게 된 것은 모두 그 상처 때문이야'라고 생각하게 되며 그 상처가 고맙기까지 하면서 정리된다.

심화 단계 (상처를 치유하고 교훈을 얻는 단계)	1. 뒤집어 생각해본다(역설적 사고 단계) : 그 상황에서 피해자와 가해자를 바꾸어서 설정해본다. 혹은 운명적인 상처라면 불행할 수밖에 없는 상황에서도 희망을 찾는 연습을 한다. 2. 최악의 상황 상상하기(상처를 안심시키는 단계) : 상처가 힘든 것은 아프기 때문이기도 하지만 그 상처로 인해 일어날, 알 수 없는 미래에 대한 두려움 때문이다. '최악의 시나리오'를 미리 상상해둠으로써 일어날 모든 확률을 대비해 마음을 다잡고 불안과 공포로부터 안정을 찾는다. 3. 상처 준 사람과 그 상황을 이해하기(여유의 단계) : 이제 좀 여유가 생겼다면 그 상황을 상대의 입장에서 또 상대가 그럴 수밖에 없었을 상황을 이해해본다. 여유가 생기면 상대의 행동이 이해될 수 있다. 이것은 앞의 모든 단계를 다 이행했을 때 가능하다. 4. 상처받은 자신을 용서하기(자아실현의 단계) : 상처받아서 어쩔 줄 몰라 했고, 돌이켜보니 바보 같고 어리석었던 자신을 이해하고 용서한다. 이 또한 앞의 단계를 성실히 실행했을 때 얻어지는 보너스 단계다. 5. 상처의 근육 단련하기(상처의 치유 발전 단계) : 앞으로도 상처를 받지 말라는 법이 없다. 살아가면서 계속 받을 상처에 대비해, 마음의 근육처럼 상처를 받아도 아프지 않게 단단해지게 훈련하는 과정이다. 6. 본능적인 인간관계를 인정하고 받아들인다(상처를 있는 그대로 받아들이는 단계) : 인류가 존재하는 한 인간은 서로에게 상처를 주고받을 수밖에 없다. 자신도 남에게 상처를 줄 수 있고 주었다는 사실을 깨닫고 인정해야 한다. 즉 모든 인간은 본능적으로 자신도 모르게 상처를 주기도 하고 받기도 한다는 것을 이해한다. 그리고 상처의 두려움으로부터 자유로워진다. 7. 자신의 모습을 지키기(자존감 성장의 단계) : 이 세상 하나뿐인 당신! 상처로 인해 망가지지 않도록 원래의 자기 모습을 잃지 않도록 노력해야 한다. 8. 상처에서 받은 교훈으로 성장하기(자아 성장 단계) : 모든 상처에서는 '교훈'을 얻을 수 있다. 아무리 아프거나 고통스러웠던 상처도 당신에게 '축복'이 될 수 있다. 위의 모든 단계를 성실히 이행했다면 말이다.

이제 모든 상처 극복 테크닉에 대해 알아보았다. 하지만 그 무엇보다 강력한 상처의 치료제는 바로 '사랑'이다. 여기서 말하는 사랑은 가족 간의 사랑. 이성 간의 사랑, 친구 등 모든 관계들과의 사랑을 의미한다. 이것은 공감과 연민의 기초가 되는 유일한 요소다. '사랑하는 것'의 포괄적 의미는 보살핌과 이해를 기반으로 한다. '상처'를 받은 영혼들은 타인의 '보살핌'과 함께 자신을 공감해주고 '이해'해주는 그 무엇인가로부터 치유와 용기를 얻게 되는 것이다.

결론적으로 상처를 극복하는 방법은 위에서 언급한 방법들을 훈련하고 더불어 자기 자신을 사랑하는 '자기애'를 가장 근본에 두어야 하며, 나아가서 주위에 사랑하는 사람들을 만들고 그들에게 솔직하게 자신의 상처를 말하고 도움을 구하는 용기가 필요하다. 상처는 '교훈'을 남기고 당신 삶을 더 풍요롭게 만들어줄 수 있다.

상처의 나의 힘! 이제 상처가 두렵지 않다. 앞으로 나아갈 일만 남았다.

Chapter 2

열정Passion,
인생의
무기가 되다

The Power of Passion

열정은 어떻게 만들어지는가

내게 입시 레슨을 받고 싶은 친구들은 '오디션'을 신청하는데, 이때 몇 가지 준비를 해오라고 한다. 연주할 두 곡 이외에도 피아노를 치면서 힘들었던 점, 즉 테크닉적으로 해결이 안 되는 점은 무엇이며, 그것을 위해 어떤 노력을 했는지 자세히 적어오라고 한다. 또 피아노를 왜 전공하려고 하는지에 대해 솔직하게 적어오길 요구한다. 더불어 지금까지 공부해온 피아노 작품 총 레퍼토리 외에도 자신 성격의 장단점을 적어오게 함으로써, 빠른 시간 안에 오디션에 온 학생을 조금이라도 더 파악하려고 한다. 그 후 오디션 당일 학생을 직접 만나보면, 이쪽 길을 계속 갈 친구인지 아닌지가 대부분 판가름이 난다.

그간 '피아노가 무작정 좋아서' 피아노를 전공하겠다고 나선 학생들을 많이 봐왔다. 취지는 참 좋다. 또 어떤 학생은 '공부는 하기 싫고, 피아노를 치면 좀 더 좋은 대학을 갈 수 있을 것 같아서'라고 답하기도 한다. 하지만 이런 생각을 가지고 있는 친구들은 입시 레슨을 한다고 해도 조금만 깊이 있는 수준으로 들어가면, 얼마 못 가서 이내 포기하고 만다. 자신이 피아노를 너무 만만하게 보았다며 힘들어서 못하겠다고 하는 것이다.

그때마다 그들에게 해주는 말이 있다. "진정한 열정을 가진 자는 그 힘든 과정을 극복하고 지평선을 넘어서야 진짜 프로가 되는 것이고, 잠깐의 열정과 단발성으로 그냥 좋아서 즐기는 것은 취미로 하는 아마추어다"라고 말이다. 그래서 마냥 피아노를 마음 내키는 대로, 재미있게 즐기려고만 하는 이들에게는 그냥 취미로만 치고 전공은 하지 말라고 권한다.

'진정한 열정'이란 조금 좋아하고 잠시 끓어오르는 것이 아니다. '무작정 좋아하는' 감정을 열정이라고 느낀다면, 이는 매우 일차원적인 생각이다. 그렇다면 '진정한 열정'이란 무엇일까? 또 그 진정한 열정은 어디서 어떻게 생겨나며, 어떻게 삶에서 그 역할을 제대로 하는 것일까?

'내가 원하는 나'

나는 어릴 적 부모님으로부터 받은 상처인 '애정의 단절'로 인해,

늘 결핍을 느꼈다. 애정의 결핍일 수도 있겠고 열정의 결핍일 수도 있겠다. 나를 두고 많은 사람들은 '에너지가 넘치는' 사람이라고 한다. 하지만 정작 나는 어릴 때 매우 염세주의자였다. 소싯적부터 생에 대해 별로 애착이 없었다. 초등학교 때 장래 희망을 쓰라고 하면 내 주위 친구들은 '대통령 부인', '국회의원 부인' 이렇게 썼던 기억이 난다. 나는 'OO 부인'이 장래 희망인 것이 도저히 이해가 안 되었다. 심지어 '의사 부인', '교수 부인'도 있었다. '내가 의사나 교수가 되면 되지, 왜 그 부인을 할까'라고 의아해했다. 그때 처음으로 생각해보았다. 나의 장래 희망은 무엇인가? 내가 되고 싶은 사람은 어떤 사람인가? 그것이 시초가 되었던 것 같다. 나는 끊임없이 그 생각을 하게 되었고, 그것이 나의 열정의 시발점이 되었다.

중학교 2학년 때, 노트에 '내가 원하는 나'라는 글을 쓴 적이 있다. 노트에 적힌 나의 꿈은 '매력적인 사람이 되는 것'이었다. 교수, 의사 같은 직업적인 꿈은 나를 한정짓는 것이고, 언제든지 변할 수 있는 것이라고 생각했다. 놀랍게도, 그 어린 나이에 말이다. 중학생이었지만, 나는 원하는 것이 무엇인지 명확히 알고 있었다. 내 노트에는 '매력적인 사람이 되는 것'의 리스트가 쭉 나열되어 있었다. 지적인 여자가 될 것, 스마트한 사람이 될 것, 지혜로운 여자가 될 것, 당당하고 자신감 있는 여자가 될 것, 세상에 빛이 될 수 있는 사람이 될 것, 남을 배려하는 사람이 될 것, 상처받은 사람들 말을 들어줄 수 있는 사람이 될 것 등…… 심지어 섹시한 여자가 될 것도 항목에 있었다.

주목할 것은 이 노트에 무슨 대학에 갈 것이라든가 얼마를 벌 것이라든가 같은 현실적인 단어보다는 주로 정신적인 것들로 채워져 있었다. 당시 언제든지 변할 것 같은 '직업적인 조건'보다는 '문법'과 같은 '어떤' 사람이 될지를 정한다면, 결국 시간이 지나면서 구체적인 직업은 따라올 것이라는 생각을 했던 기억이 난다. 또 인생의 소명감이나 책임감에 대한 의지도 보이며 자신의 인생을 사랑하는 마음도 느껴진다. 지금 중년이 된 내가 봐도 기특한 것은 '나 자신이 마음에 드는 사람이 될 것'이라는 부분과 '대가를 치를 것'이라는 부분이다. '세상이 아름답다고 느끼게 해줄 수 있는 사람이 될 것'이라는 부분은 참으로 대견스럽다. 지금 생각해도 가슴이 먹먹해지는 것은 '불어오는 장풍을 이겨내는 사람'이라는 부분이다.

이것은 설명이 필요하다. 중학생 시절에 한창 중국, 홍콩 영화가 대세였던 때가 있었다. 주인공 이름은 기억이 안 나는데, 백발의 단발을 한 남자가 도복 같은 것을 입고 엄청 센 장풍을 맞으며 넓은 들판으로 나가는 장면이 있었다. 아직도 그 장면이 생생한데, 그 장면을 보면서 알 수 없는 눈물을 흘렸던 기억이 난다. 뭔지는 모르겠는데 그 사람 마음의 고통만큼이나 처절한 '신념' 같은 것을 향해 돌진하는 모습이랄까. 그 이후 그 영화의 장면을 떠올리면서 정말 '강한' 사람이 되는 것이 인생 목표가 되어버렸다. 내가 생각하는 강한 사람은 강자에게 강하고 약자에게 약한 사람이며, 내 신념을 명확히 세우고 초지일관 흔들리지 않는 나의 길을 가는 사람을 의미했다. 이것이 내가 열정을 만들어간 과정이고, 그때가 요즘 세상에서 제일 무섭다는 중2병이 나타난다는 때였다. 그 시절 노트에 적었던 '내가 원하는 나'의 리스트는 결국 내 인생의 '열정'을 만드는 씨앗이 되었다.

나침반과 지도가 되다

그 후 중고등학교 시절, 공부를 하다가 싫증이 나면 '세상에 공짜는 없어. 대가를 치러야 해. 자고 싶다고 자고 놀고 싶다고 놀면 내가 원하는 내가 될 수 없잖아'라고 생각했다. 또 억울한 일을 당하거나 화가 치밀어 올라 미친 듯이 날뛰고 싶을 때도 '내가 되고 싶은 매력적인 여자는 이럴 때도 침착하게 나를 지킬 수 있는 사람이야'라고 생각했다. 당시 '내가 원하는 나'가 되기 위해 끊임없이 노력했다. 진로를 구상할 때도 부모님이나 선생님이 도와주시지 않았기에 나는 '지혜로운 여자', '스마트한 여자'가 되려면 바로 눈앞에 있는 것만 보면 안 된다고 생각했다. 그 누구도 도와주지 않았지만, 장풍을 이겨내는 장면을 머릿속에 떠올리며 내가 갈 길을 나 스스로 찾아야 한다는 처절하기까지 한 '신념'을 마음속으로 되새기곤 했다. 그때 나를 지켜주고 버팀목이 되어준 것은 바로 그 '열정'의 리스트였다.

신기하게도 그 리스트를 떠올리면 하기 싫던 공부도, 열 받아서 흥분하던 내 마음도 어느새 다스려지며 점점 내가 원하는 내가 되어 갈 수 있었다. 당시 그 리스트는 나의 '구세주'이자 '수호신' 같은 것이었다. 그 리스트를 생각하면 알지 못할 힘과 에너지가 불끈불끈

솟아오르며 마치 그런 사람이 된 것처럼 행복했다. 그것은 내 인생에 방향을 제시하는 나침반과 지도 같은 열정을 만들어주었으며, 어느새 나를 고무시키고 나 자신을 사랑하게끔 이끌어주는 무기가 되어갔다.

열정 없이는 아무것도 이루어지지 않는다

열정을 뜻하는 영어 단어 'Passion'은 아픔이라는 의미의 'Passio'를 어원으로 한다. 즉 열정에는 아픔이 따르는 것이다. '진정한 열정'은 하루아침에 잠깐의 열망으로 생기는 것이 아니라, 아주 오랫동안 마음속 깊은 곳에서부터 자신의 영혼과 함께 자신이 갈망하는 그 무언가를 대변하는 마음으로 성장하는 것이다. 미국 광고계의 전설로 알려진 브루스 바턴은 "만약 당신의 아들, 딸에게 단 하나의 재능만을 줄 수 있다면 열정을 주어라"라고 했고, 관념론의 완성자 헤겔은 열정 없이 이루어진 것은 세상에 아무것도 없다고 했다.

열정이 없는 삶은 꿈이 없는 삶이고, 꿈이 없는 삶에는 살아 숨쉬는 '생명력'이 없다. 이렇듯 우리가 꿈과 희망을 품고 성장하기 위해서는 '열정'이라는 조력자의 힘이 필수적이다. 그 힘이 강력할수록 가는 길의 과정도 즐거워지고, 그것의 시너지 효과로 성공이라는 결과에 한 걸음 더 다가가게 된다. 진정한 열정을 만들려면 '내가 되고 싶은 나'의 청사진을 더욱 확고히 하고 때로는 그 일이 힘들고 좌절되더라도 그 열정을 처음 만들었던 동기를 다시금 떠올려보라.

'진정한 프로'가 되는 것이 땀 흘리는 노력 없이는 불가능한 것처럼, '진정한 열정' 또한 그 열정을 지키기 위해 스스로 노력하지 않으면 짧은 한때의 정열로 끝나고 만다. 열정을 잘 끌어낼 수 있는 사람만이 동서고금을 막론하고 시대를 앞서갈 수 있고, 세상을 이끌어갈 힘을 발휘하게 된다. 또한 그 열정의 에너지는 미래를 열어가는 삶의 강력한 무기가 되는 것이다. 당신이 인생의 주도권을 가지고 자기답게, 또 '내가 원하는 나'로 살고 싶다면 '진정한 열정'을 만들어내고 그것을 무기로 사용하라!

열정과 결핍,
동전의 양면

리스트의 <사랑의 꿈>, 나의 스마트폰 벨소리가 어렴풋이 들린다. 본능적으로 벌떡 일어나 시계를 보니 새벽 4시다. 나는 얼른 전화기를 들고 목소리를 가다듬고는 말한다.

“그래, 준비되었니? 에튀드 먼저 치고, 슈만 쳐봐. 전화기 스피커가 천장을 보게 두고.”

12월이나 1월이면 내겐 자주 있는 일상의 모습이다. 입시 레슨을 거의 30년 가까이 해왔다. 살얼음이 돋는 듯한 매서운 바람이 부는 한겨울 날, 손에 핫팩을 거머쥔 학생들은 아직도 어둠이 짙은 새벽의 공기를 마시며 실기 시험장으로 향한다. 집을 나서기 전, 시험을 앞둔 제자의 연주를 전화로 들어준다. 1조에 속한 학생들은 시험

장소에 8시 30분까지 입실해야 하는데, 집이 경기도권이나 지방이라면 6시 혹은 더 일찍 집을 나서야 한다. 집을 나서기 전에 전화로 레슨을 한 시간가량 해주기 때문에 밥 먹고 준비하고 하려면 새벽 4시에 전화 레슨을 해야 하는 것이다.

사람들은 전화로 어떻게 레슨을 하냐고 되묻곤 한다. 나는 상태가 좋지 않은 피아노에서라도, 전화로 어렴풋이만 들어도 그 학생의 상태를 다 파악할 수가 있다.

"지금 네가 오른손 손등을 내리고 있잖아? 거기서 크레센도를 더 임팩트 있게 해주고, 프레이즈를 더 크고 길게 가려면 손등을 올리고 훨씬 더 풍성한 소리가 나게 해야지. 음악을 더 입체감 있게 만들라고 했잖아. 선생님이 주의 준 것, 다시 정리해."

나는 아침잠이 정말 많다. 심사 등이 아니고서는 절대 아침에 일찍 못 일어나는 사람이다. 그런데 입시철이 되면 새벽 4시든 5시든 정말 신기하게도 전화벨 소리만 나면 귀신같이 벌떡 잘 일어난다. 한 사람 일생일대의 중요한 대학교 입학시험을 위한 것이니 내가 새벽 단잠을 깨는 것은 당연한 것이다. 긴 세월 동안 수백 명 제자들을 이렇게 대학에 보냈다. 내가 이렇게까지 할 수 있었던 것은, 내 마음속의 '결핍' 때문이었다.

당신의 결핍은 무엇인가?

주위의 선생님들은 "제자들에게 너무 잘하지 마세요. 그래 봤자 그 아이들이 그거 알아줄 것 같아요? 다 자기가 잘나서 잘된 줄 알아요. 누가 선생님처럼 새벽에 일일이 전화 레슨까지 해줘요? 하루 이틀도 아니고 레슨비를 받는 것도 아닌데…… 참, 선생님도 대단하세요. 하지만 그거 다 헛고생이시니 그럴 시간에 선생님 자식들에게나 투자하세요"라고 한다. 나는 생각해보았다. 내가 봐도 주위에 전화 레슨까지 하는 선생님은 없는 것 같다. 그럼 나는 도대체 왜 이렇게 하게 되었을까?

인간에겐 누구나 상처와 결핍이 있다. 찢어지게 가난했던 어릴 적 결핍이 한 사람을 세계적인 거부로 만드는가 하면, 배움의 결핍이 할머니들을 만학의 길로 접어들게 해 검정고시를 거쳐 수능 시험장으로 이끌기도 한다. 어떤 이들은 외모 콤플렉스 때문에 평생 '성형수술'을 하며 자신의 결핍을 채우기도 한다. 이처럼 인간은 모두가 자신에게 결핍된 부분을 채우려는 강한 욕구를 가지고 있다. 이 결핍은 열정의 원동력이 되고, 우리를 움직이게 하는 힘이 된다. 그렇다면 당신의 결핍은 무엇인가 한번 들여다보라!

교감하는 레슨

내게 결핍은 다른 사람들과는 또 다른 모습으로 다가왔다. 어릴 적 부모님으로부터 기인된 '단절'이라는 상처와 결핍은 내게 오히려 훌륭한 스승으로 살아갈 수 있는 좋은 자양분으로 작용했다. 나는 학생들에게 입시를 위해 피아노를 테크닉적으로만, 즉 기술만 가르쳐주는 선생님이 되고 싶지는 않았다. 나는 입시 합격을 대가로 비싼 과외비를 받는 코디네이터가 아니다. 테크닉을 훈련시키는 입시 트레이너는 더욱이 아니다. 내가 원하는 건 그들의 진정한 '스승'이 되는 것이었다.

피아노 입시 레슨은 스승과 제자가 서로 긴밀히 교감해야 성공적인 결과가 나오는 분야다. 세계적인 바이올리니스트이자 교육자였던 도로시 딜레이는 제자가 무엇을 좋아하는지 물어보고 수영을 좋아한다고 하면 함께 수영까지 하는 스승이었다. 그 학생과의 교감을 위해서다. 나 역시 학생과의 교감 없이는 좋은 작품도, 좋은 결과도 절대 나오지 않는다는 것을 수십 년 동안의 경험으로 터득했다.

입학 실기시험 전날 제자에게 삼계탕을 손수 끓여 먹이기도 했고, 지방 예고 실기시험 때는 전날 학교에 출강해서 새벽 1시까지 레슨을 하다가 늦어서 학교 근처에서 숙박을 하기도 했다. 고속도로에서 차를 세워놓고 한 시간씩 전화로 레슨을 하거나 기차 안 난간에 서서 두 시간씩 레슨을 해준 적도 한두 번이 아니다. 이 모든 것은 나의 가슴속 깊은 곳의 결핍에서 만들어진 열정이다. 세상에 훌륭한 스승들은 너무도 많겠지만, 나 역시 '제자 사랑'만큼은 뒤지지 않는다.

2018년 여름에는, 국제무대에서 활약하는 차세대 피아니스트 정한빈 씨와 마스터 클래스에 교수로 초빙되어 갔는데, 주최 측에서 나를 "수백 명의 제자들을 배출한 우리나라 입시계의 대모"라고 소개했다. 지금의 나를 만든 것은 결핍에서 온 열정이었다. 나의 결펍은 제자들을 향한 깊은 애정과 확고한 책임감, 교감하고자 하는 강한 마음으로 그들과 연결 고리를 만들어주었으며, 결국은 오늘날 '입시계의 대모'라는 타이틀을 얻게 해주었다.

결핍이 가져다준 일인다역

나는 제자들이 좀 더 무대에 설 수 있는 기회를 많이 만들어주고 싶었다. 클래식 전공자가 무대에 서려면, 기획사에 적지 않은 금액을 지불해야 한다. 국제콩쿠르 우승자에 준하는 화려한 경력의 소유자가 아니고서야 '사비'를 들이지 않고는 무대에 서는 것이 매우 힘들다. 그래서 기업의 후원을 받아 제자들이 사비를 전혀 들이지 않고 무대에 설 수 있는 공연들을 기획했다. 바로 청소년 플랫폼 주식회사의 초청 공연이었다.

글로벌 기업의 후원을 받는 절차는 매우 까다로웠다. 클래식을 대중에게 좀 더 가까이 다가서게 하려고 영상과 매우 흥미로운 콘텐츠를 넣어 진행했다(지금은 자주 쓰이는 형식이지만, 당시만 해도 매우 획기적인 발상이었다). 제자들 열일곱 명이 무대에 섰는데, 공연이 끝난 후 즉석에서 '관객들'이 무대로 올라와 연주하는 '피아노 배틀'이 이루어졌다. 이것은 당시 매우 화제가 되어 언론에 보도되기도 했다.

이로써 음악기획자로서 첫발을 내디뎠고, 그 후 금호아트홀 연세 등에서 음악기획자, 음악감독으로서의 다양한 활동을 하는 계기가 되었다. 이와 더불어, 제자들을 포함한 많은 클래식 음악도들의 나아갈 방향을 모색하고 클래식의 대중화에 한 걸음 다가서는 '클래식 매거진'인 《클래식제이》를 발행했다. 클래식 음악 전공자들이 학교를 졸업하고서도, 유학을 다녀와서도 자신의 길을 개척하는 것이 너무 힘든 현실을 오랫동안 보고 겪어왔기 때문이다. 그들의 진로를 이끌어주고 클래식 음악계를 더욱 활성화하기 위해 시도한 나의 행보라 할 수 있다. 한국 최초의 '광고 없는' 클래식 '휴먼라이프 매거진'인 《클래식제이》는 음악인뿐만 아니라 일반인들도 클래식에 더욱 관심을 갖는 계기를 만들고 싶었던 내 의도를 대변하게 되었다. 이 모든 것은 내 마음 깊은 곳에서의 '결핍'이 만들어준 '열정'의 결과였다.

헝그리 정신이 만들다

스티브 잡스가 2005년 스탠퍼드 대학교 졸업식 연설 때 했던 "Stay Hungry, Stay Foolish"는 우리에게 강한 메시지를 준다. 또한 세계적 온라인 판매업체 '알리바바'의 창업주 마윈 사장이나 빈민가에서 주먹 하나로 정상에 우뚝 선 무하마드 알리, 또 우리나라를 대표하는 기업가 고(故) 정주영 씨나 고(故) 이병철 씨 모두가 '헝그리 정신'으로 열정을 만들어낸 전설적인 위인들이다.

당신의 결핍이 무엇이든 간에 그 결핍은 당신에게 열정을 창조해내는 동력이 될 것이 분명하다. 하지만 자칫 그 결핍이 집착이나 잘못된 야망으로 변질되는 어리석음을 범하지는 말기를 바란다. 선한 영향의 긍정적인 열정 에너지가 되기 위해서는 자신의 결핍을 잘 들여다보고 제대로 이해할 수 있어야 한다. 그러면 결국, 그 결핍이 만들어준 열정은 세상에서 빛을 발하게 될 것이다. 즉 결핍은 희망을 향한 가능성이다. 열정과 결핍은 결국 동전의 양면과 같은 것이다. 우리에게 부족하고 결핍된 것을 한탄만 하지 말고 오히려 나의 성장의 도구로 삼는다면, 그 결핍조차 참으로 감사한 것이 될 것으로 믿는다.

열정과 무기력 사이

십수 년 전의 일이다. 한국에서 명문대를 졸업한 제자가 석사 과정을 하기 위해 독일로 유학을 떠난 지 2년이 넘었는데도 계속 입학시험에 떨어져서 어학 비자로 지탱하고 있었다. SNS가 없던 시절이라 국제전화비가 꽤 많이 나왔는데도 제자는 다급한 듯 내게 전화를 걸어와 시험 낙방 소식을 전하며 부모님께도 너무 죄송하고 한국에 그냥 돌아가기도 난감하다면서 울먹였다. 연습도 정말 많이 했고 여러 교수님과 콘탁도 하는 등 최선을 다했는데도 이런 결과가 나오니 그냥 죽고 싶다면서 자신이 너무 무기력해진다고 했다. 모든 일에 의욕이 없고 축 늘어지고 밤에 잠도 잘 안 온다면서 하루하루 지옥 같다고 호소했다. 나는 그 제자를 일단 살려놓고 봐야겠다고 생각했다.

우선 일주일 정도만 피아노를 치지 말라고 했다. 그냥 책을 읽거나 여행을 다녀오라고 했다. 그리고 지나간 것은 다 잊어버리고, 자신이 가지고 있는 것에 감사한 마음을 하루에 한 가지씩만 써보라고 했다. 만약 가지고 있는 것이 아무것도 없다고 생각된다면, 음식을 씹을 수 있는 치아에 감사하고, 아름다운 풍경을 볼 수 있는 눈에 감사하고, 음악을 듣고 느낄 수 있는 청력에 감사하고, 무엇보다 손가락이 있어서 피아노를 칠 수 있음에 감사하는 마음을 매일 한 가지씩만 찾아서 써보라고 조언했다.

꼬박꼬박 한 달을 쓴 후에는 정말 하고 싶은 일을 작은 것부터 또 하루에 한 개씩만 써보라고 했다. 이 역시도 의욕이 없어 하고 싶은 것이 없다면, "입맛이 없다. 오늘 저녁에는 한식을 만들어 먹자" 하는 식으로 아주 작은 것부터 시작하라고 했다. 유럽의 날씨는 정말 변덕스럽고, 특히 독일의 겨울은 사람을 매우 우울하게 만든다. 더불어 제자에게 당분간은 자기 자신의 '기분의 눈치'를 봐야 한다고 조언했다. 자기도 모른 사이 자신의 생각이 꼬리에 꼬리를 물어, 어느새 아주 깊은 늪에 빠져버려서 허우적대고 있을 것이라고 말이다. 빠지기는 쉬운데 다시 거기서부터 나오려면, 인고의 노력을 해야 하고 오래 걸린다. 즉 자기 마음이라고 마음 가는 대로 내버려두면 안 된다고 말이다. 그리고 그동안 혼자서 2년이나 타지에서 버티느라 정말 대견하다고 격려했다. 몇 달 후, 그 제자는 입학이 되었다며 감사의 전화를 걸어왔다.

마지막 불씨를 살려내는 맞춤형 처방전

올해 스승의 날을 기념해 제자들이 마련해준 '사은회'에서 졸업생 대표로 나온 P 박사는 이런 축사를 했다.

"제가 고3 입시생이던 시절이었습니다. 이유도 알 수 없이 슬럼프가 찾아왔어요. 당시에 아무리 노력해도 벗어나지 못했던 무기력함에 어쩔 줄 몰라 했어요. 연습도 하기 싫고 모든 게 하기 싫어서 힘들었어요. 정말 계속 그런 식으로 갔다면 학교는 다 떨어졌을 거예요. 그런데 그때 선생님께서 '선생님만의 특별한 방법'으로 제게 다시 열정의 불씨를 지펴주셨어요. 제가 지금 학생들을 가르치는 입장이 되고 보니, 그때 선생님께서 제게 베풀어주신 은혜가 정말 감사해요. 특히나 항상 필요할 때 적절한 '특단의 조치'를 해주셨던 선생님의 그 지혜와, 학생들을 한눈에 파악하시고 마음을 움직이게 하시는 능력이 정말 존경스럽고 배우고 싶습니다. 그 후 미국에서 석·박사를 할 때도 선생님께서 저를 무기력함에서 꺼내주셨던 그 순간을 떠올리며 열정을 불태우곤 했었답니다."

사실 P 박사에게 나는 매우 엄한 스승이었다. 중학교 3학년 때부터 예고 3년 동안 나를 사사한 그녀는, 매우 낙천적이고 덤벙대는 성격의 밝은 친구였다. 눈물 쏙 빠지게 야단을 치면 효과가 만점인 제자여서 평소에는 주로 칭찬보다는 야단을 선택하는 편이었다. 하지만 그때는 사정이 달랐다. 시험이 몇 달밖에 안 남은 시점이었고, 그녀는 매우 지쳐 있었다. 그녀의 어머니 역시 엄하셨기 때문에 그녀는 마음의 여유가 더 없었는지도 모르겠다.

당시 내가 결정한 '특단의 조치'는 그녀에게는 매우 '의외'였을 것이다. 그녀에게 화를 전혀 내지 않고, 평소와는 너무나 다른 어조로 (매우 상냥하고 친절하게) 창문을 바라보며 말했다.

"우리, 10년 뒤에 선생님이랑 너랑 뉴욕의 브로드웨이에서 안 만날래? 날씨는 푸르름이 진해져가는 6월이야. 거리에는 벌써 아이스크림을 손에 든 젊은 사람들로 가득해. 선생님과 너는 신호등 건널목에서 서로 마주 보고 있는 거야. 너는 아이스크림을 손에 들고 있고, 선생님은 아이스커피를 들고 말이야. '선생님~' 하면서 네가 나를 향해 달려오고 있어. 우리는 거기서 줄리아드로 갔다가 링컨센터에 들러서, 맨해튼에서 노을을 보며 저녁을 먹을 거야."

내 말에 제자의 얼굴에는 화색이 돌았다. "선생님, 생각만 해도 너무 행복해요"라면서 그녀는 웃었다.

"그렇지? 그런데 네가 이번에 대학을 들어가야 유학도 갈 것이고 그래야 우리가 뉴욕에서 만날 것 아니야?"

딱 그렇게만 말했다. 나는 그녀를 너무나 잘 알고 있었다. 무엇을 좋아하고 무엇에 자극을 받는지. 그 후 그녀는 거짓말처럼 슬럼프를 극복했고, 다시 예전처럼 열정을 되찾았다. 물론 이것은 매우 개인적인 예시다. 하지만 여기서 중요한 것은 슬럼프를 극복하는 방법이 개인적인 성향과 상황에 따라서 당연히 다를 수밖에 없고, 다양한 방법으로 접근해야 하고 세심함을 필요로 한다는 것이다.

마지막 1도가 올라야 끓는 물처럼

사람의 마음은 아침저녁으로 열두 번도 더 바뀐다는 옛 속담이 있다. 마음이라는 것이 그렇게 간사한 것이다. 열정이라는 것도 유효기간이 길지 못하다. 아무리 에너지가 많은 사람이거나 그 일을 좋아한다고 해도, 지속해서 그 마음을 유지한다는 것은 쉽지가 않다. 일이 자기 생각대로 되지 않거나 보상이 나타나지 않을 때면 누구나 지칠 수밖에 없다. 그럴 때 나타나는 것이 '무기력감'이다. 즉 슬럼프에 빠졌다고도 할 수 있고 에너지가 방전된 상태라고도 할 수 있다. 가만히 있는데도 열정이 끊임없이 분수처럼 솟구치고 또 그 상태가 계속 유지되는 사람은 없다.

자전거를 처음 배웠을 때를 떠올려보자. 처음부터 자전거에 바로 올라타서 페달을 움직이고 막 달려가는 사람은 없다. 처음에는 균형을 잡느라고 이리저리 헤매다 넘어지기도 하고, 그렇게 여러 번 시행착오를 겪다가 결국은 스스로 균형 찾는 법을 터득해 비로소 자전거와 몸이 하나가 되어 시원한 바람을 맞으며 거리를 누빌 수 있게 되지 않는가. '열정을 유지하는 것' 또한 마찬가지다. '열정적으로 사는 것'이 자신에게 딱 맞는 옷처럼 자리 잡을 때까지는 무수한 방해물과 만난다. 그중 하나가 무기력해지는 것이다. 즉 무기력함, 슬럼프, 나태해짐은 당연히 누구에게나 오기 마련이고 무작정 열정만 가진다고 무기력함이 해결되지는 않는다.

무기력함은 언젠가는 오는 열정의 단절 혹은 열정이 부족해졌을 때 나타나는 현상이다. 그때는 본인의 열정을 돌아볼 필요가 있다. 공기청정기나 에어컨도 매년 필터를 청소해주어야 하는 것처럼 열정도 주기적으로 관리해주어야 한다. 열정에 어떤 문제가 생겨서 현재의 상태가 되었는지, 무엇이 문제인지를 잘 들여다보고 거기에 맞는 특단의 조치를 내려야 한다. 무작정 열정, 열정! 요즘 말로 닥치고 열정! 했다가는 과부화가 걸려서 정말 영원히 열정을 잃어버릴 수도 있다는 것을 명심하라. 물을 끓일 때 99도까지 올라가도 마지막 1도까지 기다리지 않으면 물은 끓지 않는다. '무기력' 역시 열정을 온전히 완성시키는 길목에서 나타나는 일종의 과정인 것이다.

관점의 차이가 인생을 변화시킨다

피아노를 연주할 때는 작품의 이해, 음악성을 나타낼 수 있는 표현력 또 기교적인 어려움을 극복해야 하는 테크닉이 필요하다. 그런데 이 '테크닉'이라는 것이 무작정 연습만 한다고, 또 음악적 표현이 시간만 지난다고 해서 해결되지 않을 때가 많다. 이럴 때는 '사고의 전환', '관점의 변화'가 필요하다. 나는 학생들이 가지고 있는 고정관념을 깨뜨리기 위해 때로는 온몸으로 껑충껑충 뛰기도 하고, 땅따먹기 동작으로 어떤 것을 설명하기도 한다. 어떤 때에는 레슨실 한구석에 있는 탁상시계를 가져와서는 "이 시계의 뒷면이 어떻게 생겼을까?" 하는 느닷없는 질문을 던지기도 한다. 그러면 학생들은 눈만 멀뚱멀뚱 의아한 듯 나를 쳐다보며 답을 쉽게 내놓지 못한다.

왜냐하면 뻔한 답은 아닐 듯하고, 그렇다고 정답은 모르겠으니 어쩔 줄을 모르는 것이다. 그러다가 내가 시계의 뒷면을 보여주면 속된 말로, '헉!' 한다. 앞면은 스테인리스로 된 전형적인 시계 모양이었지만, 뒷면은 벨벳으로 덮인 데다 울퉁불퉁하기까지 한 전혀 상상하지 못했던 모양이기 때문이다. 보이는 곳만 보고 그 뒷면, 즉 '숨어 있는 뜻, 혹은 그 내면의 깊은 메시지는 알려고 하지 않는다'는 깨달음을 주고 싶었던 것인데, 그 학생이 내 의도를 제대로 이해했는지는 모르겠다. 이것은 비단 음악에만 해당되는 것은 아닐 것이다. 우리가 살아가는 모든 것에 직결되는 문제다.

'관점 디자이너'로 알려진 박용후는 관점이 모든 것을 결정한다고 역설한다. 세상을 보는 시각에서 모든 것이 달라지고 결정된다는 것이다. 나 또한 그렇다고 생각한다. 우리가 보고 느끼는 모든 것을 다른 각도, 다양한 관점, 반대의 앵글로 볼 수 있어야 한다. 바꾸어 말하면, 어떤 것에 대한 고정관념과 세상을 바라보는 잣대를 좁은 편견으로 제한해놓고 본다면, 당신은 결코 성장할 수 없을 것이며 더 큰사람이 될 수 없을 것이다. 우리가 열정적으로 삶을 이끌어가기 위해서 필요한 또 하나의 요소는 '관점'이 가지는 가치를 깨우치는 것이다.

내가 만난 신선한 '관점'들

미국 유학 시절, 내가 느낀 문화적 충격은 내게 적잖은 영향을 미쳤다. 시험을 치기 위해 무수한 밤을 새웠던 기억은 있지만 당시 내 머릿속을 채웠던 지식들은 지금 생각조차 제대로 안 난다. 그것보다는 내가 살아가면서 '고정관념'을 깨고 '다른 관점'으로 세상을 바라볼 수 있게 해준, 그래서 내 인생을 열정적으로 이끌어갈 수 있게 해준 '젊은 날의 경험'들이 훨씬 더 기억에 살아 있고 도움이 되었다.

관점 하나

어느 날 시험공부를 하느라 밤을 새우고 늦어서 택시를 탔다. 학교 주소를 알려주며 빨리 좀 가달라고 기사에게 말했는데, 미국인으로 보이는 그 사람은 길을 마구 헤매면서 오히려 내게 길을 알려달라는 게 아닌가. 당시에는 내비게이션이 없던 시절이었지만, 택시 기사가 길을 헤매니 난감했다. 그러자 기사는 내게, 자신이 택시 운전을 시작한 지 이틀밖에 안 되어서 길을 잘 모른다며 미안하다고 했다. 그는 노스웨스턴 대학교 교수였는데, 젊은 시절 로버트 드니로가 나오는 <택시 드라이버> 영화를 보고 언젠가는 꼭 '택시 드라이버'가 되어 세상 구경을 해야겠다고 생각했단다. 그래서 은퇴를 조금 앞당겨 얼마 전에 교수직을 그만두었다고 했다. 세상을 '다양한 관점'으로 보고 싶고, 그러기 위해서 여러 사람들을 만날 수 있는 택시 드라이버가 되기 위해 교수직까지 그만두었다는 그의 말을 믿기가 힘들었다. 나의 고정관념으로는 받아들이기 힘든 일이었기 때문이다. 나중에 가서야 택시 앞쪽에 붙어 있는 사진과 기억해둔 이름을 확인해보고는 그의 말이 사실임을 알 수 있었다.

관점 둘

내가 아는 한국인 교포는 차 세일즈를 했는데, 시카고 대학교를 2학년까지 다니다가 학교를 그만두었다고 했다. 그만둔 이유는 본인이 학업에 별 흥미를 못 느껴서, '돈을 벌고 싶어서'라고 했다. 우리의 사고방식으로는, 아니 당시 나의 사고방식으로는 정말 이해가 안 되는 것이었다. '시카고 대학교가 얼마나 들어가기 힘든 학교인데, 차라리 휴학을 하지……'라는 나의 생각을 알아채기라도 한 듯, 그는 단호한 눈빛으로 내게 말했다.

"대학에 들어가 보니 제가 정말 원하는 것은 공부가 아니라 돈을 버는 것이고 사업체를 키우는 것이라는 것을 알게 되었어요. 제가 원하는 인생을 위해 학교를 그만둔 것이기 때문에 후회도 미련도 없어요."

그는 차 세일즈가 자신에게 딱 맞는 일이라며 좋다고 했고, 나아가 자신이 원하는 미래의 비전을 찾았다며 행복해했다.

관점 셋

항상 옆방에서 흘러나오는 오페라 아리아 소리에, '성악하는 사람이 사나?' 하는 궁금증을 가지고 지낸 지 반년이 넘은 어느 날, 엘리베이터를 타려고 기다리다가 그와 마주쳤다. 서로 처음 대면하지만 "아리아 소리를 자주 들었다","피아노 소리가 들리는 걸 보니 음대 다니시나?" 하며 자연스럽게 대화하게 되었고, 같이 저녁을 먹으러 갔다. 그는 당시 70대 백발의 할아버지였다. 나를 놀라게 한 것은 대화 중 그의 답변 때문이었다.

가족과 함께 사느냐는 나의 질문에 그는 "최근에 이혼하고 혼자 살고 있어요"라고 말했다. 당시에는 요즘 같은 '황혼 이혼'이라는 용어조차 없던 시절이라, 그 나이에 이혼한다는 것 자체가 놀라웠다. 그런데 그분은 "내가 20대일 때 아내를 처음 만났고, 그때 그녀는 나보다 열두 살이 많았어요. 그녀는 나를 만나기 전에 두 번 이혼한지라 아이가 이미 셋 있었어요. 저는 그 아이들을 모두 입양해서 대학교육까지 시켰고, 또 나와의 사이에도 아이를 한 명 더 낳았지요. 멋진 인생이었어요"라고 했다. 그 말에 의아해진 나는 그런데 왜 이혼을 하셨냐고 물었다. 그의 답변은 간단명료했다.

"I don't love her anymore."

20대 초반이었던 내게 그날의 대화는 매우 충격적이었다. 내가 알고 있던 우리의 정서와는 너무 다른 문화적 차이, 자신에게 솔직한 인생의 태도. 그에게서 느낀 '인생의 가치'는 젊은 나이의 내게 많은 점을 시사해주었다.

관점 넷

내가 살던 아파트 빌딩에서 메이드로 일하시는 스페인계 아주머니가 있었다. 어느 일요일, 강아지를 셋이나 데리고 산책을 하는 그녀를 보곤 가볍게 인사를 나누었다. 그녀는 자기 방에서 차 한잔하겠냐고 했고 나는 흔쾌히 따라가게 되었다. 당시 나는 작은 스튜디오에서 살았는데, 그녀는 나보다 훨씬 큰 투 베드룸에 미시간 호수가 한눈에 보이는, 전망 좋은 멋진 방에 살고 있었다(미국은 뷰가 좋을수록 렌트비가 비싸다). 그녀는 사업체를 운영하던 CEO 출신이었는데, 많은 직업 중 메이드 일이 자기 적성에 가장 잘 맞아서 사업을 접고 그 일을 하고 있다고 했다. 이 경험 역시 사람을 '직업'으로 판가름하거나 '선입견'을 가지고 어떤 사람을 대하거나 판단하면 안 된다는 교훈을 내게 가르쳐주었다.

다름과 틀림은 엄연히 '다르다'

이 외에도 동기 일본 여자와 폴란드 남자의 국제결혼을 지척에서 바라보면서 느꼈던 문화적 차이, 바로크음악의 대가로 알려진 학교 교수님이 말로만 듣던 동성애자라는 사실을 알게 되었을 때 내가 느꼈던 감정 등은 내가 '다양한 관점'을 키우고 '다양한 가치 기준'을 인정하게 되는 데 많은 영향을 주었다. 그것은 그때까지 내가 가지고 있었던 고정관념과 통속적인 잣대의 기준이 얼마나 편협한 것이었나를 깨닫게 해주었으며, 나를 더 넓은 시각, 다양한 시각을 가진 사람으로 만들어준 계기가 되었다.

유학을 통하여 많은 것을 얻었겠지만, 내가 그 시기에 배운 관점의 다양성과 관점의 차이야말로 내 인생을 열정으로 이끌어가는 또 다른 무기가 되었으며, 그 후 오늘날에 이르기까지 인생의 변화를 가져오는 데 강력한 힘이 되었다.

어느 날 '다름'과 '틀림'의 차이를 강조하는 광고를 보며, 그 광고의 등장 시점이 너무 늦었다는 생각을 감출 수 없었다. 20대에 내가 느낀 가치 기준이, 몇십 년이 넘어서야 대중들에게 스며드는 사회적 기반이 된 것이 매우 안타까웠다. 이 글을 읽는 당신은 일방적인 혹은 자기만의 기준으로 보는 '세상의 관념'에 갇혀서 귀중한 것을 놓치는 우(愚)를 범하지 말기를 바란다. 눈을 크게 뜨고 귀를 쫑긋하여 '다양한 관점'으로 세상을 바라보자!

내게 가장 잘 맞는 구두를 찾으려면!

대학과 예고에서 학생들을 지도할 때 학생들이 많이 질문해오는 것 중 하나가 '진로 정하기'의 문제다. 이미 대학을 졸업하고 자신의 직업을 정해서 경제적 활동을 해야 하는 제자들 또한 고민이 이만저만이 아니다. 클래식 음악을 전공하는 친구들은 특별히 재능이 있거나 계기가 있어서 어릴 때부터 음악을 시작한 경우들이 많다. 하지만 '별생각 없이' 혹은 '부모님의 권유로' 음악을 하게 되었다는 친구들도 꽤 있다. 그러다 보니 진로를 정하고 대학 입시를 준비할 때가 되면 문제가 발생한다. 고3이 된 시점에 와서 혹은 재수, 삼수를 하면서 "저는 음악에 재능이 없는 것 같아요. 피아노랑 너무 안 맞아요. 다른 것을 해야 할 것 같은데, 이제 와서 무엇을 해야 할지 모르겠어요" 같은 얘기들을 자주 한다.

게다가 이미 음악대학에 진학한 친구조차, 이쪽 길은 자신의 길이 아닌 것 같다며 방황한다. 졸업한 친구들은 프리랜서의 길로 가야 할지 다른 전공으로 대학원을 가야 할지, 앞으로 어떤 직업 쪽으로 나가야 할지를 고민하다가 딜레마에 빠진다. 자신이 평생 해온 음악을 버리자니(그들은 버린다고 생각한다) 아깝고, 계속 가자니 비전이 안 보이는 것 같다. 또 자신만 잘못된 전공을 선택한 것 같고, 다른 전공을 어깨너머로 보면 다 좋아 보인다. 당신은 어떤가?

당신은 어떤 유형인가?

구두를 사러 갈 때 두 가지 유형이 있다. 첫 번째는 백화점에서 대여섯 군데의 매장을 둘러보다가 가격, 디자인 등 모든 면에서 본 것 중 제일 마음에 드는 것을 고르는 유형이다. 이때 처음 어느 백화점으로 갈지는 미리 리서치해두어야 한다. 두 번째는 본인이 정해놓은 '답정너'가 이미 있는 경우다. 이 경우는 '마음에 드는 그것'이 나올 때까지 지구 끝까지 찾거나 기다릴 태세인 쪽이다. 10년이 걸리든 20년이 걸리든 끝까지 전투적으로 기다린다.

나는 두 번째 스타일이었다. 그것이 얼마나 어리석은지 깨닫기 전까지는 말이다. '정말 원하는 것이 있을지도 모르는데, 그냥 대여섯 군데만 돌아보고 정하기는 너무 억울하잖아? 더 좋은 게 나오면 어떡해?' 이런 생각이었던 것이다. 나름 혹은 자칭 '완벽주의자'들이

나 '본인이 파놓은 굴레에 본인이 갇힐 것을 모르는' 사람들의 유형이라고 할 수 있다. 속된 말로 '헛똑똑이' 같은 유형이다(번외로 아예 백화점에 도착하자마자 눈에 띄는 '아무' 구두나 사는 사람이 있는데, 이런 유형은 자격 미달이라 여기서 제외한다).

진로를 정할 때 혹은 직업을 고를 때 우리는 여러 가지 중 자신이 정말 원하는 것이 무엇인지부터 알아야 한다. 그때 그 '원한다'는 것이 본인의 '환상'이거나 막연한 '동경'은 아닌지, 현실적인 시각에서 보고 비전이 있는지를 봐야 한다.

위의 예시 중 첫 번째를 추천한다. 두 번째 것을 선택하기에는 너무 많은 시행착오와 시간이라는 제약에서 밀리기 때문이다. 결정하는 데 언제까지 시간을 투자할 수는 없는 노릇이다. 시간의 지체가 오히려 거시적 안목에서 자신을 퇴보시킬 수도 있다. 성급하게 결정하라는 뜻이 결코 아니다. 자기가 하고 싶은 일, 또 잘할 수 있는 일, 비전이 보이는 일의 리스트를 적어놓고 충분히 생각했으면, 다음으로는 일단 직접 부딪쳐보는 거다!

그것이 나의 환상일 수도 있고 마냥 좋아만 보이는 '그림의 떡'일 수도 있으니 부딪쳐보는 수밖에 없다. '부딪쳐보는' 시기 또한 나이가 어릴수록 좋다고 생각한다. 더 많은 가능성을 열어놓고 실패를 하더라도 새로운 기회를 가지거나 돌아서 가기가 훨씬 유리할 시점이기 때문이다.

그림의 떡도 부딪쳐봐야 알 수 있다

나는 여섯 살 때부터 피아노를 쳤지만, 항상 피아노가 나와 안 맞는다는 생각을 하면서 살았다. 거의 30대 후반까지 말이다. 유학 가서 박사 과정까지 공부했으면서도 피아노와 안 맞는다고 생각했고, 어쩌면 더 잘 맞는 일이 있을지도 모른다는 생각을 늘 마음 한구석에 간직하고 있었다.

하지만 다른 것을 시도해볼 엄두조차 낼 수 있는 분위기가 아니었다. 아버지는 매우 엄하셨고 피아노가 아닌 다른 것을 넘보기라도 했으면, 당장 피아노를 그만두라고 하실 분이셨다. 그래서 이것저것 내 적성에 맞는 것을 체험해볼 기회를 가질 수가 없었다. 그랬기에 더욱 미련이 있었고, 뭔가 내게 더 잘 맞는 전공이 있을지도 모른다는 생각을 계속 했다. 귀국해서 피아니스트로 활동하고 학교에도 출강하고 있었지만, 그 체험해보지 못했던 것에 대한 '미련'은 여전히 없어지지 않았다.

이런 미련 탓에 '국제복장학원'에 등록해서 1년간 패션 디자이너의 꿈을 꿔보기도 했고, 방송국 일에 대한 '로망' 덕분에 잠시 방송 스크립터 일을 하기도 했다. 디자인 일은 기획하고 드로잉할 때 무척 재미있었던 것과는 달리 재봉을 시작하고 시접 분 계산에 들어가자 매우 힘들었고, 스크립터 일은 내가 준비한 자료가 거의 다 삭제되고 아나운서가 고작 몇 줄 읽는 것에 그치자 허무감이 커서 금세 그만두게 되었다.

유학 시절에도 피아노가 나랑 안 맞는다는 생각에 음악치료사를 해보겠다며 전과를 시도하느라 난리 친 적도 있다. 그 시도는 다행스럽게도, 아트 테라피(미술치료사)를 전공하던 선배가 '아트'라고 하기에는 무색한 거의 '의학'에 가까운 전공 서적을 보여주는 바람에 일찌감치 접게 되었다. 또 한때는 미학을 전공하겠다고 나선 적도 있었다. 그때 역시 내가 막연히 생각했던 것과는 그 학문이 다르다는 것을 일찍 알게 되어, 결국 시행착오를 줄일 수 있었다.

자기 구두를 스스로 만들자

이런저런 방황과 시도를 하다 보니 내가 그저 '좋아하는 것'과 '막연한 열정'을 가지고 덤벼보고 싶은 일이 현실적으로 내 적성과 맞는지 아닌지 알 수 있게 되었다. 그러고는 모든 면에서 나와 백 퍼센트 딱 맞는 일은 없다는 것도 깨닫게 되었다. 그것을 느낀 후로는, 내 일이 더 소중하게 느껴졌다.

당신도 마냥 딱 맞는 구두를 찾아 헤매기만 할 것이 아니라 일단 범위를 정하라. 그리고 그 범위 안에서 구두를 찾아라! 구두가 정해지고 나면 더 이상 돌아보지 말고 그 구두를 잘 소화하고 다듬어라. 그래서 그것을 자신에게 편하게 딱 맞는 '맞춤 구두'로 스스로 만들어라. 애정을 가지고!

이 사실을 내가 좀 더 일찍 깨달았다면 아마 나는 지금 내가 하는 일을 더 귀하게 느끼고 더 많은 성과를 냈을지도 모른다. 또 더 행복하게 내 전공을 받아들였을 것이다. 이 글을 읽는 당신도 잘 맞는 구두를 찾되, 자신이 가지고 있는 현재의 구두도 생각보다 잘 맞을 수 있다는 것을 명심하라! 자신에게 잘 맞는 구두를 정확히 잘 찾아낼 수 있는 사람이야말로 열정적으로 삶을 살아갈 장비를 제대로 갖추는 사람이다. 결국, 잘 선택된 그 장비는 당신을 '성공'과 '행복'으로 이끌어가는 핵심 요소가 될 것이다.

차별화가 열정을 완성시킨다

어느 날 케이블 TV에서 모델 선발대회를 우연히 보게 되었다. 요즘 유행하는 미션을 수행하는 형식의 프로그램이었다. 매 회마다 주어지는 경쟁자들은 한 명씩 탈락당하고, 최후에 세 명만 남는 형태의 예능 프로그램이었다. 그날 내가 시선을 멈춘 것은, 심사위원으로 나온 한 전문가의 '심사평' 때문이었다. 모델들은 170센티가 넘는 신장에 미모도 뛰어났다. 한마디로 '여신' 같은 몸매에 누가 봐도 평범하지 않은, 눈길을 끄는 외모를 가진 참가자들이었다. 그런데 그 여신 같은 참가자들은 미션을 제대로 통과하지 못하고 대부분 떨어지고 만다.

내가 가장 인상 깊게 본 부분이 있었다. 그날의 미션은 '화보'를 찍는 것이었다. 조를 짜서 몇 명씩 한 그룹을 이루고, 팀들이 제각기 기획한 장소에서 사진기자와 협업하여 '자신만의 화보'를 촬영해오는 미션이었다. 그런데 정말 늘씬하고 미모가 뛰어난 참가자는 다 떨어지고, 유일하게 키가 제일 작은 한 명이 미션에 통과했다.

그때 심사위원이 "모델은 자신의 장단점을 정확히 알고 있어야 합니다. 자신의 신체 어떤 부분이 강점이고 어떤 부분은 약점인지 말입니다. 또 모델의 직업은 '사진이 찍히는 것'이 기본입니다. 어떤 각도가 '자신의 장점'을 가장 잘 부각시키는지 정도는 기본으로 알고 있어야 하는데, OOO는 뛰어난 외모를 가졌음에도 그것을 제대로 보여주지 못하는 카메라 앵글을 잡았습니다. 그래서 탈락입니다. 반면, OOO는 매우 스마트한 참가자입니다. 키가 작은 자신의 단점을 매우 잘 파악하고 있습니다. 그래서 난간 위에 올라가서 화보를 찍음으로써, 자신의 약점을 잘 커버했습니다. 또한 자신의 가장 큰 강점인 앵글을 보여주었으며, 당당한 표정으로 단점을 오히려 개성으로 극복했습니다"라고 말했다.

나는 이날 이 프로그램이 학생들에게 너무 도움이 될 듯하여, 내 제자들에게 이 프로그램을 보고 자신의 장단점을 적어오라는 과제를 내기도 했다.

'자신의 색깔'을 분명히 나타내기 위한 '강점'을 부각시켜라!

예술에는 '정답'이 없다. 단지 '오답'이 있을 뿐이다. 올림픽 때 김

연아의 스케이팅을 보라. 심사위원들은 예술점수와 기술점수를 나누어주며 그 점수는 관객들에게 공개가 된다. 이때 세계에서 최고의 전문가라고 위촉되는 심사위원들의 점수가 각자 매우 다르다. 보는 관점이나 중요하게 여기는 가치의 기준이 모두 다르기 때문이다. 피아니스트 조성진의 쇼팽 콩쿠르 때에도 2라운드에서 유일하게 'no'로 통과를 거부하고, 파이널에서 10점 만점에 1점을 준 필립 앙트르몽 교수 때문에 크게 논란이 된 사건도 있었다.

나는 입시 레슨을 할 때, 장점을 많이 부각시키고 단점을 '최소화' 혹은 '커버'시키는 전략을 많이 사용한다. 전문가라면 누구나 그렇게 할 것이다. 그렇게 하려면 우선은 '곡의 선정'이 매우 중요하다. 학생의 장점을 가장 잘 나타낼 수 있는 곡, 단점이 부각되지 않을 곡을 선곡해주어야 한다. 또한 대학마다 입시곡이 다른데, 지정곡이 주어지는 학교의 경우는 다르게 접근해야 한다. 일단 그 지정곡이 학생과 잘 맞는지, 얼마나 소화해서 완성도 있게 칠 수 있을지를 미리 판가름할 수 있어야 한다.

근래 우리나라 클래식 음악의 수준은 세계의 중심에 있다. 조성진 못지않은 젊은 연주자들이 우리나라를 대표하고 있고, 성악 부분, 현악 부분도 '퀸 엘리자베스 콩쿠르' 등의 우승을 통해 세계 최고임을 이미 입증했다. 입시도 마찬가지다. 수준이 높은 학교의 경우는, 입시가 아니라 거의 프로처럼 연주하는 학생들도 많다. 그렇기 때문에 점점 '개성'이 중요시되고, '자신의 색깔'을 좀 더 표현 잘하는 사람이 승자가 된다.

이처럼 오늘날 같은 경쟁 시대에서는 '자신의 색깔'을 분명히 나타내는 것이 매우 중요하다. 자신의 개성을 분명히 나타내고 경쟁에서 이기려면, 무엇보다 자신의 장단점을 스스로 잘 파악하고 있어야 한다. '장점'이란 여러 가지 면에서 자신을 돋보이게 해주는 모든 것을 정의하는 것이다. 이것은 '경쟁'의 구도에 있을 때 자신을 유리한 고지로 끌고 갈 힘이 되기도 한다. 자신의 장점을 잘 파악하여 '차별성'으로 발전시킬 수 있어야 진정한 열정을 완성시킬 수 있다. 한편 단점을 제대로 이해하는 것 또한 매우 중요하다.

당신의 '단점'은 생각보다 '단점'이 아니다

예고 2학년 때 내게 배정된 한 제자가 있었다. 이 친구는 키가 매우 작았다. 체구가 작다 보니 손도 매우 작았다. 옥타브가 간신히 되는 학생이었는데 매우 성실하고 열심이었다. 그런데 노력에 비해 '무대 공포증'이 너무 심했다. 많은 연습과 준비를 하고서도 정작 시험 때가 되면, 준비한 것의 반도 못 치고 나오는 일이 한두 번이 아니었다. 자주 그런 일이 생기다 보니 더욱 자신감이 떨어졌다.

어느 날 실기시험을 망치고 레슨 시간에 들어와서는 낙담을 하는 것이었다. "저는 이번 생에서는 불가능한 것 같아요. 다시 태어나고 싶어요. 그때는 손이 엄청 크게 태어나고 싶어요. 키도요" 하면서 울먹였다. 말은 안 했어도 손이 작고 체구가 작은 것에 대해 본인 스스로가 많이 힘들었나 보다.

그런데 중요한 것은 그 제자가 실기시험 때마다 망치는 것은, 손이 작아서가 원인은 아니었다. 단지 스스로가 그렇게 생각하면서 심리적으로 위축되어 연주를 망치는 것뿐이었다. 나는 스승으로서 너무 안타까웠다. 어떻게든 그 친구가 마음을 고쳐먹게 해주고 싶었다. 그래서 이렇게 말했다.

"선생님이 재미있는 얘기 하나 해줄까? 〈금도끼, 은도끼〉 이야기 알지? 비슷한 건데 들어봐. 하루는 네가 호숫가에서 울고 있었어. 산신령이 '펑' 하고 나타나서 'Y야, 왜 울고 있느냐?'라고 했어. 네가 '저는 키가 너무 작아요. 손도 너무 작고요. 제게 큰 키와 큰 손을 주세요' 했어. 산신령이 네게 다시 말하는 거야. '그래, 울지 말거라. 네가 원하는 대로 키는 170센티로 해주겠다. 그리고 손은 아주 단단하고 큰 손으로 만들어주마. 단지 조건이 하나 있다. 왼손 새끼손가락을 반으로 자르겠다'라고 하는 거야. 너는 어떡할래?"

Y는 한참을 아무런 대답이 없었다. 그러더니 마침내 "그냥 이대로 살래요" 했다.

그 대화가 있고 난 뒤 그녀에게서 무대 공포증은 사라졌다. 아마도 큰 깨달음을 얻은 듯하다. 단점이 없는 사람은 없다. 그런데 그 단점이 자신의 '전부'인 양 자신을 온통 드리우고 있는 사람들이 많다. 알고 보면 그 단점보다 더 많은 장점이 있는데도 말이다. 이처럼 자신의 단점을 잘 받아들이는 지혜는 매우 중요하다.

이 장단점의 활용은 기업의 경영 방식에서도 많이 응용되고 있다. 'SWOT 분석'이라는 경제 용어는 이미 많은 분야에서 사용한다. 사전에 찾아보면, SWOT 분석은 기업의 내부 환경과 외부 환경을 분석하여 강점(Strength), 약점(Weakness), 기회(Opportunity), 위협(Threat) 요인을 규정하고 이를 토대로 경영 전략을 수립하는 기법이라고 정의되어 있다. 다시 말해 이 전략은 외부로부터의 기회는 최대한 살리고 위협은 피하는 방향으로, 자신의 강점은 최대한 활용하고 약점은 보완한다는 논리에 기초를 두고 있는 것이다.

우리는 대부분 장단점을 동시에 가지고 있다. 장점만 있거나 단점만 있는 사람은 없다. 하지만 자신의 장단점을 아주 정확하게 객관적으로 알고 있는 사람은 많지 않다. 자신의 강점을 정확히 파악하여 기회를 잡을 수 있고, 약점을 잘 커버해서 미래를 대비하는 것이야말로 모든 분야에서 요구되는 필수 요건이다. 이것은 열정을 완성시키는 또 하나의 과정이 될 것임이 분명하다.

아파시오나토(appassionato)를 떠올려라!

클래식 음악을 하는 사람들은 요행을 바라지 않는다. 바랄 수가 없다. 잘 모르는 사람들은 음악을 하면 자유로운 영혼을 추구하며 마음대로 연주를 한다고 생각한다. 재즈 뮤지션들이 하는 '즉흥연주'도 다 법칙과 룰(rule)이 있어서, 그 범위 내에서 자유를 추구한다. 하물며 클래식 음악을 하는 사람들은 일차적으로 작곡자의 의도를 파악하는 것이 가장 기본이다. 말하자면, '재창조'의 작업인 것이다. '작곡가의 의도를 파악'하여 '재창조'하는 작업은 개인마다 다른 '해석'이 주는 묘미가 있다. 연극을 할 때 똑같은 햄릿 역할을 하더라도 연기자에 따라 다른 해석과 작품이 나온다거나, TV 사극 〈장희빈〉이 시대에 따라, 연기자에 따라 재해석되는 것처럼 말이다.

하지만 이런 고전 작품을 해석할 때는 반드시, '그 곡의 역사나 작곡가의 배경을 정확히 이해해야 함'이 바탕이 되어야 한다. 그 위에 '아름다움'이나 '화려함' 같은 연주의 기교적 테크닉이 수놓아지는 것이다.

다시 말해 연주가란 먼저 '작품의 이해'가 우선이고, 그것을 표현해내는 도구, 즉 테크닉이 요구되는 종합적인 행위를 해야 하는 직업이다. 그런데 이 테크닉은 하루아침에 절대 해결되지 않는, 인고의 노력과 수많은 시행착오와 시간이 요구된다. 나를 포함한 클래식 음악가들이 로또 복권 같은 것에 흥미를 느끼는 것을 주위에서 본 적이 없다. 연주를 할 때 100을 준비할 경우 70 정도를 발휘하면 안도의 숨을 내쉰다. 50을 발휘하면 많이 아쉽지만, 그렇다고 다 망쳤다고 생각은 하지 않는다. 100을 준비하고 100을 바라는 연주자는 단 한 명도 없다. 하물며 100을 준비하고 120, 200 같은 요행은 아예 꿈도 꾸지 않는다. 그만큼 한 땀 한 땀 정말 성실과 노력으로 이루어지는 삶, 그 자체가 클래식 음악가들의 연주하는 삶이다.

요행을 바라지 않는 삶

시카고의 겨울은 지독히도 춥다. 눈이 20센티미터 이상씩 쌓여서 차를 운전하기 여간 힘들지 않다. 사람들은 에스키모인처럼 찬바람을 피하느라 털로 된 머플러로 온 얼굴을 칭칭 동여매 두르고 다닌다.

유학 시절 실기시험을 앞둔 어느 날, 나는 온종일 연습을 하고 있었다. 시간을 절약하느라 핫도그 하나로 끼니를 때우며, 화장실 가는 시간조차 아끼며 온 종일 쉬지 않고 연습을 했다. 아침 6시에 연습실에 와서 새벽 1시까지 연습을 했다.

하루를 온전히 바쳐서 연습한 부분을 처음부터 쭉 확인해보고 집으로 가려는 순간이었다. 그렇게 온 종일 연습을 했는데, 그렇게 공을 들여서 완성했는데, 또 안 되는 것이었다. 몇 번을 반복해서 연습했고, 얼마나 다양한 방법으로 연습을 했으며. 또 얼마나 집중을 했던가. 온 신경이 곤두서고 완성된 연주를 하기 위한 연습에 얼마나 스트레스를 받았는지 모른다. 그럼에도 불구하고 또 안 되는 것이었다. 나는 분명 바보이거나 음악에 재능이 없는 것이다. 나는 발로 피아노를 마구 찼다. 다 부숴버리고 싶었다. 그날 밤, 바람은 또 왜 그리도 더 매서운지. 울면서 집으로 가는 길에 나는 결심한다. '피아노를 그만두겠다고', '피아노는 나랑 너무 맞지 않는다고', '처음부터 단추가 잘못 끼워졌다고'.

밤새 울면서 잠든 나는, 다음 날 아침 퉁퉁 부은 얼굴로 옷을 주섬주섬 챙겨 입고 다시 연습실로 향한다. 그때는 '일단 이번 실기시험만 치고 피아노를 그만둘 거야'라고 생각했다. 이건 나의 경험이지만, 아마도 많은 클래식 전공자들이 공감하는 이야기일 것이다. 클래식 음악 하는 사람들 가운데, 그동안 연습에 투자한 '시간'과 레슨에 투자한 '돈'이 아까워서 '못 그만둔다'는 사람이 제법 많다. 그만큼 연습도 힘들고 작품이 완성되는 과정이 쉽지 않다. 그럼에도 불구하고 그들은 음악을 포기하지 않는다. 그 이유는 무엇일까?

그럼에도 불구하고 또다시!

크리스마스 시즌이 되면 집집마다 트리를 장식하고, 거리에는 캐럴 송이 흘러나온다. 하지만 '입시 선생'인 나는 20년 넘는 기간 동안 크리스마스 때 제대로 쉬어본 적이 없다. 크리스마스는 늘 정시시험 바로 전이라, 시험 준비하느라 오히려 신경이 매우 날카로워져 있다. 추석 때는 항상 수시시험을 준비해야 했고, 설날 때는 한창 정시시험 기간 중이었다.

십수 년 전 어느 크리스마스이브 날이었다. 그때도 입시를 앞두고 레슨을 했다. 그날은 대학로에서 중요한 미팅이 있는 날이어서, 서둘러 레슨을 마치고 지금은 없어진 '오감도'라는 레스토랑으로 갔다. 만나기로 한 분이 조금 늦게 도착하겠다고 연락이 왔고 나는 커피를 한 잔 주문해서 따뜻하게 몸을 녹이고 있었다. 모처럼 여유를 가지고 창밖을 바라보며 거리의 사람들을 응시했다. 그 순간, 갑자기 내 귀를 자극하는 소리가 들렸다. 어디선가 속삭이듯 들려오는 소리가 있었다. 시끌시끌 사람들의 대화 소리에 묻혀 있었지만, 나는 너무나 또렷하게 들을 수 있었다. 베토벤의 <열정(appassionato)> 소나타 3악장이었다. 나는 그때 알 수 있었다. 왜 사람들이 그럼에도 불구하고 클래식 음악을 그만두지 못하는 건지! 그 신비한 '음악의 힘'을.

수많은 입시 레스너가 그렇겠지만, 베토벤의 〈열정〉 소나타 3악장은 정말 '입시 단골곡'이다. 내가 그 곡을 도대체 몇 번을 레슨했겠는가. 수백 번, 수만 번일 것이다. 더군다나 그날 미팅 장소로 가기 전에도 그 곡을 레슨했다. 정말 지긋지긋하지 않겠는가. 나는 입시생이 많다 보니 해마다 특히 많이 선곡하게 되는 입시곡이 있다. 어느 해는 〈메피스토 왈츠〉, 어느 해는 라흐마니노프 소나타 2번, 그해는 〈열정〉 3악장이 그렇게 많았다.

아름다운 음악을 듣는 것이 아니라 입시 레슨이라 함은, 한 마디 한 마디, 한 음 한 음, 소위 음을 '파내는' 혹은 '캐는', 소리를 '만드는' 행위다. 그러다 보니 일반인들이 생각하는 것처럼 아름다운 음악을 하는 것이 아닌, 그 완성도 있는 음악을 만들기 위해 지긋지긋한 고행의 과정을 학생과 함께 씨름하는 작업이다.

그런데 그 '오감도'에서 들려오는 〈열정〉 소나타의 소리가 내 심금을 울리는 것이었다. 그렇게도 지겹던 곡이 너무 아름다웠다. 아니 '역시' 아름다웠다. 가슴이 벅차올랐다. "아…… 역시 베토벤이야, 역시 아파시오나토야" 나는 감탄을 멈출 수가 없었다. 이래서 많은 클래식 전공자들이 음악을 포기하지 못하는 것이다. 이 표현하기 힘든 '음악이 주는 힘' 때문에 말이다.

영원히 꺼지지 않는 열정, 아파시오나토를 떠올려라!

아파시오나토(appassionato)는 음악 용어로서, '정열을 가지고 연주하라'는 뜻이다. 베토벤의 32개 소나타 중 23번인 이 곡은, 베토벤 자신이 붙인 '열정(appassionato)'이라는 부제가 붙어 있다. 베토벤의 인생을 대변하기도 하는 이 <아파시오나토 소나타>를 들을 때면 항상 그날 내가 느낀 감동이 떠올랐고, '아파시오나토'라는 단어는 그 이후 가장 '애정하는' 내 인생 모토가 되었다.

우리는 어떤 일이든, 사물이든, 사람이든 싫증을 느낀다. 인간이기에 충분히 그럴 수 있다. 그것이 본능 아니겠는가. 하지만 그 싫증나는 일을 수천 번, 수만 번 하는 이들도 생각보다 많다. 우리가 생각하는 것보다 정말 열심히 노력하는 사람들이 많다는 것이다. 눈에 보이지 않지만, 그리고 단번에 그 노력이 결과로 보상받지도 못하지만, 그럼에도 불구하고 어리석을 정도로 전력투구해서 '자신의 일'을 하는 사람들이 많다는 것을 당신은 아는가?

당신이 지금 하고 있는 일이 잘 안 된다고 느껴질 때, 노력을 많이 했는데도 결과가 보잘것없다고 생각될 때, 그래서 그것을 포기하고 싶을 때, 혹은 자신이 너무 바보처럼 느껴질 때면 떠올려라! 당신보다 더 많이, 더 힘들게, 더 어리석게 노력하는 사람들도 많다는 것을!

불굴의 의지로 사람들의 마음을 움직인 영원히 꺼지지 않는 열정, 베토벤의 '아파시오나토'를 떠올려라!

한국 최초의 온라인 퍼스널 쇼퍼가 되다!

나는 공부를 마치고 귀국한 후 간간히 연주 활동을 한 것 외에는 거의 입시 레슨에만 주력했다. 당시에는 예고 여러 곳에 출강했기에 항상 입시생이 많아서 하루가 레슨으로 시작해서 레슨으로 끝났다. 그렇게 출강한 지 15년쯤 되었을 때였다. 회사라면 승진이라는 제도가 있고 보상이 주어질 텐데 예고에는 그런 시스템이 없었다. 내가 아무리 최고의 성과를 내도 그뿐이었다. 더군다나 그 즈음 제자에게서 받은 상처로 인해 힘든 시간을 보내고 있었다. 점점 에너지가 고갈되는 느낌이었다. 그쯤 되니 레슨을 하는 것이 의미가 없게 느껴졌다. 나는 제자를 양성하는 것이 '돈을 버는 수단'으로 되는 것은 싫었다. 모든 직업이 다 힘들다고는 하지만 적어도 먹고살기 위한 생계수단으로 레슨을 하게 되면, '스승'이 되기보다는 밥벌이 레슨 트레이너처럼 될 것이다. 즉 내가 원하는 보람 있는 레슨을 하기보다는 학생이나 학부모의 눈치를 살피는 레슨을 할 수밖에 없을 것이라는 생각이 들었다.

그래서 나를 시험해보기로 했다. 피아노 레슨 말고도 먹고살 수 있는 능력이 어디까지 되는지, 교육자로서가 아닌 사업가로서의 능력을 테스트해보고 싶었다. 피아노 레슨 외에 생계 수단으로서의 일을 찾을 수 있다면 적어도 '돈을 벌기 위한 레슨'이 아닌, '제자 양성'을 목적으로 하는 진정한 스승으로서 '교육'을 할 수 있지 않을까 라는 희망을 품었다.

목적은 분명했다. 또 다른 나의 능력을 시험해보는 나 자신과의 싸움이었다. '평생 피아노만 해왔던 내가, PPT 한번 안 만들어봤고 엑셀도 할 줄 모르는 내가, 과연 피아노 이외의 다른 것으로 수입을 창출할 수 있을까? 어디까지 가능할까?'라는 것이 이 일을 하게 된 주된 동기였다. 그리고 이것이 가능하다면 또 다른 나를 발견하게 되는 것이고, 좀 더 내가 원하는 삶으로 가는 길을 찾을 수 있을 것이라는 결론에 도달했다.

패션 마케팅 사업을 하는 피아니스트

내가 할 수 있는 일을 찾기 시작했다. 자본금의 리스크가 크지 않으면서 수입도 괜찮고 내가 좋아하는 쪽의 일을 찾기란 쉽지 않았다. 주위에서는 흔한 치킨점 하나 차리는 데도 억이 넘게 든다며 피아노만 치던 사람이 무슨 사업을 하냐며 돈만 날릴 거라고 모두 말렸다. 나는 단지 '돈'을 벌기 위한 사업을 하려는 것이 아니었다. 태어나서 처음으로 피아노가 아닌 다른 일을 해보는 것이기에, 나 스스로 '자신감'을 갖게 되는 것이 제일 중요했다. '성취감'을 느낄 수 있고 내가 피아노가 아닌 다른 일에서도 '능력'이 있다는 것을 나 자신에게 증명해 보이고 싶었다.

오랜 고민 끝에 리스크가 없는 온라인으로 할 수 있는 사업을 찾았고, 학교 출강이나 레슨을 그만둘 수는 없으니 병행이 가능한 재택근무를 할 수 있는 일을 선택했다. 내가 평소에 좋아하고 관심이 있는 패션 사업, 그중에서도 희소성 있는 해외 브랜드를 소개하고 물건을 유통해주는 '패션마케팅' 사업을 하기로 했다. 회원은 많은데 열심히 하지 않아서 망해가는 해외 구매대행 온라인 편집숍을 하나 헐값에 인수했다. 그리고 해외 패션 브랜드, 해외 구매대행법, 유통 원론, 마케팅 원론, 관세법 등을 공부했다. 처음 내가 인수한 온라인 편집숍은 규모가 작은, 혼자 운영하는 숍이었다. 나는 이 비즈니스에서 나의 능력을 시험해보고 싶었고, 나의 예술적인 '끼'도 접목해보고 싶었다.

이 사업은 '셀렉트' 하는 능력이 제일 중요한 비즈니스였다. 즉 머천다이저(MD)의 역할이 사업의 승패를 가늠한다고 할 수 있다. 그다음은 경쟁력 있는 유통구조다. 처음에는 인수자가 알려준 대로 내가 셀렉트한 옷이나 가방을 온라인 매장에 디스플레이하는 방식

혹은 고객들이 원하는 사이트에서 구매를 대행하는 일이 대부분이었다. 그런데 내가 기껏 밤새 시장조사를 해서 셀렉트를 해놓으면, 경쟁업체에서 내 아이템을 카피해 가격까지 더 낮추어 올리는 것이었다. 그러면 나는 또 그것보다 더 가격을 내려야 했다. 소비자들이야 싸게 구입하니 좋겠지만 이런 식으로는 가격경쟁 때문에 이 사업을 할 수가 없다는 생각이 들었다. 즉 전 인수자의 사업 방식은 너무 '구멍가게' 방식이었다. 나는 전 인수자의 방식을 따라서는 안 되겠다고 판단했고, 나만의 생산적 아이템을 찾기 시작했다.

부가가치가 높은 상품을 개발하기 시작했고, 경쟁업체들이 절대 따라 판매할 수 없는 제품, 즉 경쟁력 있는 아이템을 찾기 시작했다. 그러기 위해서 나는 동종업계 경쟁업체들의 도매처를 다 파악했고, 그들의 구입 경로와 판매, 유통 방식을 모두 공부했다. 그래서 결국 나만의 방법을 찾아냈다.

당시 미국의 판매처는 한국 빌링 주소(카드대금 청구지 주소)의 카드로는 구입이 안 되는 백화점이나 판매처가 많았는데, 나는 미국의 사회보장 번호(Social Security Number)도 살아 있었고 미국 빌링 주소의 신용카드도 있었다. 그래서 처음으로 전임자가 알려준 방식이 아닌, 나만의 방법으로 사업을 시도했다. 바니스 뉴욕(Barneys NewYork), 블루밍데일즈(Boomingdale's), 삭스피프스 에비뉴(Saksfifth avenue) 같은 한국 카드 사용 불가인 곳만 골라서 판매할 옷을 셀렉트했다. 내 생각은 적중해서 다른 경쟁업체에서 판매하지 못하는 상품이 디스플레이되니 사람들은 몰리기 시작했다. 나의 사업은 더 발전해나갔다.

어느 날은 우연히 잡지에서 시에나 밀러가 든 펜디(Fendi) 가방을 보았다. 한국 펜디 매장에서는 수입하지 않은 제품인 것을 확인한 나는, 펜디 본사 직영점인 뉴욕 지사에 전화했다. 총 매니저와 직접 통화를 했고 그로부터 그 가방 서른 개를 확보(hold)받았다. 나는 내 편집숍 고객들에게 공지를 올렸고 가방은 한 시간 만에 모두 품절되었다.

나만의 경쟁력이 나만의 무기다

이후 내 편집숍에는 한국에 없는 것도 구매가 가능하다는 소문이 나기 시작했고, 이것저것 구해달라는 고객들의 요청이 쏟아지기 시작했다. 주로 다른 곳에서는 구매가 불가능한 것이었다. 빌링 주소가 미국에 있어야만 구매 가능한 물건들이 많아서 다른 곳에서는 구매가 불가능하기도 했고, 가끔 미국에서 운영하는 경쟁업체들은 가격이 터무니없이 비쌌다. 또 빌링 주소가 미국으로 된 카드를 가지고 있는 경쟁업체가 있어도, 고객이 원하는 물건이 어디에서 판매되는 것인지를 알 수가 없어서 구매대행을 못 하는 경우가 가장 많았다. 세상에 있는 모든 물건들의 판매처를 다 알 수는 없기 때문이다. 그러나 생각을 해보면 답이 나왔다. 그렇게 찾을 수 없는 물건들은 당연히 온라인에 없으니까 고객이 직접 구매를 못 하는 것이고, 또 다른 경쟁업체에서도 구매해줄 수가 없는 것이지 않은가? 그러니까 접근을 다르게 해보아야 한다는 것이다.

나는 '사고의 전환'을 했다. 즉 방법을 바꿔야 하는 것이었다. 고객들이 내게 물건을 찾아달라고 의뢰를 하면, 나는 그동안 거래를 통해 친하게 지내던 각 백화점의 총 매니저와 통하거나 브랜드 대리점주를 통해 물건들의 판매처를 알 수 있었고, 그것은 나만의 강력한 '경쟁력'이 되었다. 즉 다른 경쟁업체에서 상품을 구해주지 못하는 것에는 이유가 있었다. 그 물건의 판매처를 알 수가 없었던 것이다. 나는 그동안 많은 거래로 친구처럼 지내게 된 바니스 뉴욕의 총 매니저를 통해 온라인에는 없지만 백화점 매장 내에 있는 물건들을 구매할 수 있었고, 그들의 백화점에조차 없을 때는 다른 경로를 통해 그 상품의 판매처를 알아낼 수 있었다.

이 모든 것들은 그간 사업을 하면서 내가 만들어놓은 그들과의 친분 덕분이었으며, 다른 경쟁업체에서는 절대 따라 하지 못하는 나만의 무기가 되었다. 소비자 입장에서는 한국에는 없는 물건을 구매할 수 있어서 좋았고, 가격이 훨씬 저렴하니 나의 편집숍은 경쟁력이 있을 수밖에 없었다. 이런 식으로 찾아달라는 요청이 많아지고 이 사업 방식이 부가가치가 높다고 판단되자, 나는 본격적으로 '퍼스널 쇼퍼 서비스'를 시작하기로 했다. 이것이 '한국 최초의 온라인 퍼스널 쇼퍼 서비스'가 된 것이다.

이 일을 하면서 재미있는 일이 많았다. 우연히 거래를 통해 뉴욕의 유대인 상인과 인연을 맺었던 일도 그중 하나다. 그와는 전화 통화로 거래를 트게 되었는데, 처음 대화를 나누었을 때 그는 우리나라 가수 비(그는 rain이라 칭했다)와 찍은 사진을 내게 보여주었다. 그 사진으로 나는 그가 연예인들과 친분이 깊은 것을 알게 되었다. 당시 유명 스타였던 린제이 로한과 친했던 그는, 샤롯 론슨 패션쇼에서 린제이 로한이 입고 나왔던 레이스 톱을 내 요구에 맞게 사이즈별로 100벌 프리오더로 주문해주었다. 당시 한국에서는 최초로 진행되는 프리오더 방식이었다.

나는 당장의 마진보다는 앞으로 내 사업체를 키울 목적으로 작은 마진으로 진행했다. 그 후 많은 고객들의 좋은 평판과 무엇보다 경쟁이 안 되는 서비스 때문에 업계 최고의 매출과 명성을 얻었다. 처음 인수자의 매출 대비 열 배 이상의 성장률로 사업체를 키웠다.

그 후 나는 '3.1 필립림(Phillip Lim)'에서 런웨이 초청장을 받았고 '알렉산더왕(Alexanderwang)', '오프닝세레모니(Openingceremony)' 등 많은 브랜드에서 거래 제안을 받았다. LA, 뉴욕에 있는 각 브랜드의 직영 대리점들에서는 신제품을 우선적으로 내게만 20~30% 낮은 가격으로 제공했다. 바니스 뉴욕에서는 VIP로 선정되어 프라다 구두를 선물로 받기도 했다.

쉽지 않았던 사업 그러나 극복하다

내가 결과론적인 것만 말해서 좋은 면만 밖으로 드러날 수 있지만, 처음 이 일을 시작할 때만 해도 많은 어려움이 있었다. 처음 한두 달은 매일 너무 힘들어서 도망가고 싶었다. 계산기를 두드리면 가격이 맞지 않았고, 일이 너무 어려워서 운 적도 많았다. 옆에서 보던 가족들은 왜 사서 고생을 하냐며 다 그만두고 레슨이나 하라고 했다. 입시가 힘들면 그냥 취미 레슨이나 하면서 편하게 살지 왜 그러냐며 나를 이해하지 못했다.

그러나 그것은 나의 본질적인 문제가 아니었다. 내가 애초에 이 일을 시작한 것은 피아노 레슨 외에 다른 일을 할 수 있는지에 대한, 나 자신의 능력 테스트였다. 그런데 여기서 그만두게 되면 정말로 나는 레슨 이외에는 아무것도 할 수 없다는 생각에, 결국은 할 수 없이 '돈을 벌기 위한 레슨'만 하면서 주눅이 들 것이다. 그것을 잘 알기에 끝까지 포기하지 않고 해보려니 처음엔 너무 힘이 들어서 여러 번 좌절했다.

몇 퍼센트 계산도 잘 못하는 내가 이런 사업을 하는 것 자체가 너무 힘들고 어설펐다. 그리고 전임자가 인수인계하면서 수거하지 않은 외상값이 있다고 나더러 받으라고 알려준 몇 개의 진행 건이 있었다. 당시 내게는 숙제 같은 것이었다. 시차 때문에 새벽 4시에 일어나 전화를 아무리 해도 안 받고, 또 메일을 보내도 수신 확인도 안 되었다. 그냥 돈을 떼이나 싶다가도 이건 아니다 싶어 마음을 다잡았다. 돈이 문제가 아니라 비즈니스를 난생처음 해보는 나로서는 꼭 해내고 싶었다. 그래서 진드기처럼 끈질기게 전화해서 결국은 그 외상값을 전부 다 받아냈다. 울면서까지 참아낸 이때의 사업 역경 극복 경험은, 훗날 내게 인생의 큰 '데이터'이자 '선물'이 되어주었다.

사업이 준 최대의 수확은 자신감과 미래 비전

이 사업의 승패는 센스 있는 셀렉트와 경쟁력 있는 유통구조에 달려 있었다. 피아노 레슨과는 비교도 안 되게 매출이 컸다. 나는 2년 남짓 이 사업을 하면서 미국을 비롯하여 영국, 이탈리아 등 많은 거래처를 개척하게 되었고, 이 중 많은 곳에서 신상품을 내게 할인된 가격으로 먼저 제공해주었다. 그만큼 거래가 많았기 때문이다. 나는 고가의 상품과 중저가 상품의 회전율을 적절히 배치했다.

또 이 사업의 성공 핵심은, 핫한 셀럽들이 셀렉트한 제품을 발 빠르게 찾아 가장 저렴한 가격으로 유통시키는 것이었다. 트렌드에도 민감해야 하는 작업이며, 문화의 이슈나 해외 동향을 항상 꿰뚫고 있어야 하는 사업이었다. 인수 때 대비 열 배 이상의 매출로 성장시킨 나는 이 일을 익숙하게 잘하게 되었을 때쯤 회의가 들기 시작했다.

돈을 많이 벌어서 좋기는 하지만 밤낮이 매일 바뀌는 것도 힘들었고, 학교도 나가고 있었기에 두 가지를 다 하는 것이 벅찼다. 무엇보다 '보람'이 없었다. 오로지 '돈'만 버는 것이었다. 오랫동안 나는 '돈'만 버는 인생을 살아보지 못했던지라, 나의 정서가 나날이 메말라가는 것처럼 느껴졌다. 2년 가까이 이 일을 하다 보니, 나는 내가 왜 예술을 해야 하며 제자들을 양성하는 삶이 얼마나 보람 있는 삶인지 다시금 느끼게 되는 계기가 되었다. 사람이 사는 데 돈이 다는 아니지 않은가. 내가 피아노 이외에 다른 것을 해서 수입을 창출할 수 있는지에 대한 나의 테스트는 충분했다.

나는 '사막'에 갖다놓아도 살아날 듯했다. 피아노밖에 할 줄 아는 게 없을 줄 알았던 내가, 다른 사업도 할 수 있음을 깨달은 것이다. 계산기도 제대로 못 두드리던 내가 유통을 알고, 고객의 트렌드를 파악하고, 사업에서의 경쟁력은 어떻게 만드는지 직접 경험으로 배우게 된 것이다. 이론적으로 배운 것이 아니라 직접 발로 뛰고 현장 경험을 하며 깨우쳤으며, 엄청난 결과의 매출 성과를 성공적으로 이루어낸 것이다. 나는 당시 아무도 하지 않았던 일, 온라인으로 세계 어떤 물건도 찾아주는, 다른 어떤 업체에서도 못 해주는 일을 하고 있었다.

하루는 특별한 연락이 왔다. 해외 구매대행업을 하는 업체의 사장님으로, 큰 인터넷 카페를 운영하는 분이었다. 그분은 카페 회원들에게 '퍼스널 쇼퍼' 노하우를 알려주는 강의를 해달라고 요청해왔다. 순간, 당시 회의가 들어 갈등하던 나 자신에게 답을 내놓을 수가 있었다. 그 강의 요청이 들어온 순간, 나의 '갈 길'이 갑자기 눈에 번뜩 떠오른 것이다.

내 머릿속에는 갑자기, 이 사업의 경험을 토대로 음악 예술 콘텐츠 사업을 해야겠다는 아이디어가 떠올랐다. 나는 그분의 강의 요청을 정중히 거절했고, 학교로 돌아갔다. 이 사업을 한 경험은 스스로도 몰랐던 나의 잠재된 능력을 깨닫게 해주었으며, 미래의 비전을 제시해주어 내가 앞으로 활동하는 데 강력한 무기가 되어주었다. 이 경험 덕분에 나는 모든 분야가 순수예술과 융합하여 새로운 '창작물'을 만들어낼 수 있으며 그것이 순수예술을 추구하든 현실적인 상업예술이 되든 결국 모든 길은 예술로 통한다는 것을 다시 한 번 깨닫게 되었다. 결국 나의 이 비즈니스 경험은, 내가 현재 하고 있는 음악 콘텐츠 사업, 입시 연구소, 미래음악협회, 매거진 사업, 음악가 브랜딩 사업에 큰 받침대가 되어주었다.

열정의 위대함으로 판을 뒤집어라

컵에 물이 '반밖에 없다'와 '반이나 남았다'의 명제는 흔히 삶을 받아들이는 사람들의 태도를 가늠하는 질문으로 자주 쓰인다. 우리는 마음으로도 머리로도 '긍정적으로 생각해야 해'라고 끊임없이 되뇌며 산다. 하지만 아픔을 한 꺼풀 벗겨내고 수없이 많은 시행착오를 거치면서, 비로소 진정한 '새로운' 시각이 마음에서 우러나오고 보이기 시작한다. 어릴 때 연주했던 곡이 지금에 와서는 얼마나 다르게 와 닿는가. 결국 마음이 변했고 세상을 바라보는 '시각'이 변한 것이다. 영화나 드라마에서도 주인공이 불행에 처해서 시청자들의 안타까움을 자아낼 때, 불현듯 상황이 달라져 판이 뒤집힐 때가 있다. 주인공의 기발한 아이디어로 일을 해결할 때도 있고, 생각지도 못했던 작은 불씨가 기회가 될 때도 있다. 그러면 가슴을 졸이던 시청자들은 판을 뒤집은 주인공에게 환호를 보내며 마치 자기 일인 양 가슴 뿌듯해한다. 그렇다. 판을 뒤집는다는 것은 이런 의미다. 기존에 갖고 있던 선입견, 현재의 상황, 사회적 틀을 깨고 상황을 역전시키거나 유리한 지점으로 바꾸는 것을 말한다.

우리가 처한 모든 현실에서 우리는 판을 뒤집어야 할 시점과 항상 맞닥뜨린다. 판을 바꾼다는 것은, 지금의 직장을 느닷없이 옮긴다거나 지금의 직업을 혁신적으로 바꾼다거나 하는, 극단적으로 현실을 '갑자기' 바꾸라는 것이 아니다. 내가 말하려는 '판을 뒤집는다'의 의미는, 결론적으로 현재 처한 문제를 해결하는 데에 근본적인 생각이나 관점을 뒤집어 접근해보라는 의미다. 기존의 방식으로는 한계가 오는 지점이 있다. 이때가 바로 판을 뒤집어야 할 때다.

하지만 이는 말처럼 쉽지 않다. 진정한 '판 뒤집기'는 용기를 필요로 하며 또한 열정이 있어야 가능하다. 열정이 없으면, 굳이 새로운 것을 시도할 필요가 없지 않은가. 그냥 현재에 안주하며 문제의 해결 또한 그 범주 안에서 풀려고 할 것이다. 하지만 이런 접근은 이내 다시 원점으로 돌아오고 만다. '판을 뒤집는' 것은 새로운 것을 시도해야 하기에 누구나 겁이 나고 두렵다. 하지만 남들이 가지 않은 길을 가고 미래가 불분명한 선구자의 길을 개척하는 일은 그 자체로도 매우 가치가 있고, 내 삶을 한층 업그레이드시켜줄 수 있다. 사회의 편견을 깨고 새로운 역사를 써야 하는 것이기에 벅차고 힘들지만, 열정의 위대함은 그것을 뛰어넘는다.

판을 뒤집은 교육철학, 교육 방법

나는 30년 가까이 '피아노 입시 레슨'을 해왔다. 수많은 학생들을 음대에 입학시키고 그들이 음악인으로서 사회에 발을 내딛고 살아갈 수 있게끔 하는 일을 했다. 처음에는 나 역시도 잘하는 학생, 실력 있는 학생, 기본기가 좋은 학생들을 선호했다. 내가 가르친 학생이 명문대학교에 입학해서 나의 명예를 드높여주기를 바랐다. 그것이 곧 나의 실력을 증명하는 일이므로. 하지만 그것은 인생에서 무엇이 중요한지를 놓고 보았을 때 길게 가지 못한다는 것을 세월이 한참 지난 후 깨달았다. 명문대학에 합격시켜서 나의 '티칭 실력'을 인정받아도, 그 영광은 이내 과거로 묻히고 그 제자들은 본인들이 다 잘나서 그렇게 된 것으로 생각하기 쉽다는 것이다. 그 결과를 내기 위해 선생이 얼마나 힘들었는지, 어떤 희생을 치러야 했는지는 곧 기억에서 사라진다. 나는 나의 교육철학을 '판을 뒤집듯' 바꾸었다.

실력이 좋은 학생보다 오히려 실력이 많이 부족한 학생, 심지어 비전공자를 대상으로 입시를 하기 시작했고 그들이 나의 희생을 알아주기를 바라지 않았다. 또한 명문대에 합격시켜 나의 명예를 높이고 싶은 욕망을 버렸다. 단지 먼 훗날 나를 괜찮은 스승쯤으로 기억해주기를 바라기로 했고, 한 개인의 인생을 변화시켜주는 스승이 되기로 교육철학을 바꾸었다. 즉 바라는 바의 판을 뒤집었다. '티칭 방법' 또한 판을 뒤집었다. 기존의 선생님들이나 내가 어릴 적 배워왔던 방법으로는 실력이 부족한 학생들을 가르쳐 1년이 채 안 되는 시간 안에 음대 입시에서 좋은 성과를 내는 것이 불가능했다. 기초가 너무 부족한 상태였기 때문이다.

나는 어떻게 하면 빠른 시간 안에 현실적인 문제를 해결할 수 있을까를 연구하고, 결과적으로 손이 문제가 되는 '기본기 부족한' 학생들을 가장 빠른 시간 안에 변화시키는 '솔루션'을 개발해내는 데 성공했다. 또한 그것을 수백 명의 학생들을 통해 검증해냈다. 나의 음대 입시를 위한 판 뒤집기는 결국 성공을 한 것이다.

판을 뒤집은 패션마케팅 사업

나는 앞서 내가 음악가이면서 왜 패션마케팅 사업을 하게 되었는지 이야기했다. 하지만 이 일을 할 때도 판을 뒤집어야 했다. 한번도 사업을 해본 적 없을 뿐만 아니라, PPT 한번 해본 적 없는, 평생 피아노만 쳐온 나로서는 모든 것이 불가능했기 때문이다. 클래식 음악인들은 예술가적 창의성을 추구할 것 같지만 아이러니하게도 긴긴 세월동안 익숙해져온, 스승님들이 시키는대로, 즉 레슨해준대로 주입식으로 따라서 묵묵히 연습하고 또 연습하는 사고방식에 길들여 있다. 그것에서부터 탈피하는 것 자체가 이미 힘들다. 평생 그렇게 살아왔기 때문이다.

나는 이런 나의 사고방식으로부터 판을 뒤집어야 했다. 사업을 인수받고 그 사업을 기존에 하던 사람들의 방식으로부터 벗어났고 판을 바꾸었다. 기존의 방식은 너무 '구멍가게'였고, 부가가치가 낮은 창의력 없는 '노동'이었다. 나는 판을 뒤집어 나만의 생산적 아이템을 개발했고, 이것은 큰 성공을 거두었다. 그것은 나를 성공적인 한국 최초의 온라인 퍼스널 쇼퍼로 만들어주었고, 해외 패션 유통 마케터로서 독보적인 고지를 점령하게 만들어주었다. 이 모든 것이 판을 뒤집은 결과다.

판을 뒤집은 피아니스트의 길

한국에는 피아노를 잘 치는 전문 연주자들이 너무 많다. 국내에서만 공부했든 유학을 다녀왔든 상관없이 피아노를 잘 연주하는 것은 매우 어려운 일임에도 불구하고 너무 잘한다. 하지만 또 그럼에도 불구하고 그들의 길은 너무 한정적이고 어렵다. 클래식 연주자들이 연주만으로는 살아갈 수 있는 환경이 되어 있지 않기 때문이다. 여기서도 판을 뒤집어야 한다. 하지만 위에서도 언급했듯이 많은 클래식 음악도들이나 연주자들은 그렇게 오랜 시간 공부하고 공들여온 자신들의 재능이 있음에도 불구하고, 그것을 활용할 수 있는 사회적 방안을 스스로 개척하는 것에 너무 힘들어 한다. 그렇기에 나는 '판을 뒤집는' 용기를 냈다.

그런 음악도들의 잠재적 역량을 꺼내어 개발시켜주고 코칭하여 개개인을 돋보이게 하는 '브랜딩'시키는 작업을 하기 시작했다. 또한 이제는 '고기를 잡아주기'보다, 더 근본적인 '고기를 잡는 방법을 알려주는' 교육 방법을 툴(tool)로 개발했다. 수많은 실력이 부족한 학생들을 가르쳐서 성공적인 결과물을 만들어온 '티칭 방법'을 공식화한 것이고, 이것을 경험이 부족한 레스너들에게 알려주어 그들의 인생 또한 '판을 뒤집을' 수 있게끔 도와주는 일이다.

판을 뒤집은 미래의 융합 사업

나는 정통 클래식 음악 잡지의 편집위원이자 '클래식 휴먼라이프 매거진'의 발행인이다. 이것 또한 판을 뒤집는 행보다. 전자책이 부상하는 요즈음, 나는 사양길이라는 클래식 매거진을 창간했다. 이것은 내가 내다보는 미래의 투자다. 앞으로는 모든 분야가 예술과 융합할 것이라고 생각한다. 기업이든 개인이든 또 어떤 아이템이든, 예술적인 접근이 성공을 가져다주는 세상이 될 것이라 확신한다. 그렇기에 모든 분야는 더 긴밀하게 공감하고 소통할 것이며 융합할 것이다.

나는 이러한 흐름을 미리 예견하고 클래식 음악도들에게, 특히 내 제자들에게 일찌감치 피아노와 다른 분야의 '융합'을 모색한 진로를 코칭해왔다. 나는 많은 문화예술 콘텐츠 사업가들과는 다른 길을 갈 것이다. 클래식 음악인들이 가진 특성을 살리면서도 시대의 흐름을 읽어 대중들과 함께할 수 있는 '판을 뒤집는' 콘서트를 준비 중이다. 이런 모든 '판을 뒤집는' 사고와 실행은 열정이 뒷받침되어야만 가능한 일이다. 이렇듯 열정은 한 인간을 바꾸어놓을 수 있는 위대한 힘을 가지고 있다.

Key Action

열정을 만들어내는 테크닉

"어떻게 하면 계속 '열정적'으로 살 수 있나요?"

다소 황당하고도 어려운 질문을 받을 때면 나는 스스로 물어본다. '열정이 없다고 느껴질 때, 끊임없이 열정을 스스로 만들어내며 나를 고무시키는, 그래서 더욱더 힘차게 목표를 향해 갈 수 있는 방법이 과연 있을까?'라고 말이다.

당신이 삶에 지쳐 있을 때 '인간 승리'의 주인공에 감동하면서 보았던 어느 다큐멘터리의 힐링과 열정을 기억하는가? 우울했던 기분이나 지쳐 있었던 마음에 어느새 서광이 비치며 '그래, 인생은 살 만한 것이야' 하고 혼자 입가에 미소를 띠었던 그 순간을 기억할 것이다. 이처럼 자신도 모르는 사이에 열정은 당신과 가까이에 있었다. 단지 그것을 잘 느끼지 못하고 잘 끄집어내어 활용하지 못했기 때문에, 항상 '열정 고프다'고 생각한다. 앞장에서도 이미 말했듯이 열정은 결핍이나 상처가 원동력이 되어 나타난다. 또 무기력함이 당신을 짓누를 때도 진정한 열정으로 그 무기력함마저 무색하게 만들어야 한다. 그러면 그런 열정을 '스스로 만들어낼 수 있는' 비밀은 무엇일까?

열정의 기술

나는 대체로 긍정적이지 못했다. 어릴 시절, 나는 심한 염세주의자였다. 하지만 우울한 것, 기분이나 몸이 처지는 것, 무기력해지는 것, 이런 것들이 너무 싫었고 거기에 한번 빠지면 헤어나오는 데 많은 시간이 걸린다는 것을 알게 되었다. 그래서 그 후 기분이 조금이라도 우울해질 기세가 보이면, 반사적으로 방어를 하게 되었다. 우울해지는 늪에 빠지면 너무 힘들다는 것을 알았기 때문이다. '우울해지는' 현상은 주기적으로 찾아오곤 했고, 지금도 가끔 만난다. 계속 반복하다 보니 언제부터인가는 그것이 찾아올 때면 주저 없이 돌려보내는 법 또한 스스로 터득하게 되었다.

청소년기에는 주로 책과 영화를 보고 열정을 많이 만들었다. 고등학교 때 읽었던 김병국 외 저자의 《무서운 아이들(한국 유학생 7인이 공동집필한 수기)》(창인사, 1981)은 가슴에 끼고 잠 들어서, 책이 다 해질 정도였다. 그 책을 읽으면서 '희망'을 꿈꾸고 미래를 상상했었던 기억을 회상하면, 지금도 참 행복하다. 그 후에도 홍신자의 《자유를 위한 변명》(정신세계사, 1993), 조안리의 《사랑과 성공은 기다리지 않는다》(문예당, 1995) 같은 책은 나에게 자극이 되었고, 특히 홍정욱의 《7막 7장》(도서출판삼성, 1993)은 삶의 열정을 일으키는 데 많은 영향을 받았다. 헬렌 니어링의 《조화로운 삶》(류시화 옮김, 보리, 2000)은 삶의 지혜를 알려주었고, 레나드 번스타인의 《대답 없는 질문》(박종문 옮김, 주우, 1982)은 '내가 음악을 함'을 더욱 자랑스럽게 만들어주었다. 나는 중년이 된 지금도 우울한 날이면 서점에 간다. 거기서 만나는 '마음의 양식'이야말로 나를 열정으로 일으켜 세우는 가장 강력한 코치다.

특히나 요즘은 너무 좋은 책들이 많이 쏟아져 나온다. 이것도 보고 싶고, 저것도 보고 싶고 다 보고 싶다. 너무 훌륭한 책들이 많지만, 여기서는 주로 내가 젊은 시절에 봤던, 나의 열정 메이커가 되어주었던 오래된 책들 중심으로 언급한 것이다. 내가 방황했던 젊은 날에도, 열정이 고갈되면 서점에 자주 갔다. 키워드 검색창에 열정, 희망, 성장, 긍정, 에너지 같은 단어를 넣어 검색되는 무수한 책들을 들여다보곤 하는 것이 일종의 취미였다. 또 아침부터 저녁까지 하루 평균 열 시간씩 레슨을 했던 나는, 정신적으로나 육체적으로 매우 피곤했다. 밤 10시에 레슨이 끝나고 책을 보기에는 눈이 너무 아팠다. 그러면 영화를 주로 보았다. TV에서 좋은 영화를 만날 때도 있었지만 그 시절, 내가 느끼는 감정에 따라 '나를 변화시킬 색깔의 영화'를 비디오 등을 통해 선택했다.

예를 들어, 내가 지금 좌절감을 느낀다고 생각이 들면, 좌절을 극복하는 영화를 찾아서 보았다. 또 잊고 있었던 상처가 살아나서 힘들면, 상처를 치유하는 영화를 찾아본다. 누구를 자꾸 미워하는 감정이 생기면, 그것을 극복할 수 있는 내용의 영화를 찾아서 보기도 했다. 사람들은 "항상 아름다운 피아노 소리를 들으면서 사니, 참 행복하겠네요"라고 한다. 하지만 정작 나는 평소에 피아노 소리가 '너무' 듣기 싫다. 어느 동네의 아파트 창가를 지나칠 때 들리는 꼬마의 '소나티네'나, 전공을 꿈꾸는 듯한 소녀의 '쇼팽 에튀드' 소리가 들릴 때면 귀를 막고 싶다. 그 음악이 '음악'으로 들리지 않기 때문이다. 자꾸 분석이 되고 평가가 되고, 더군다나 입시의 기준으로 자꾸만 들리는 것이다. 어쩌다 호텔 로비에 앉아 있을 때, 멋진 드레스를 입은 여자가 나와서 페달링(피아노의 페달을 밟는 기술) 때문에 음정이 다 섞이게 피아노를 연주할 때면, 슬그머니 그 자리를 떠난다. 평소 집에서는 TV를 켜놓지 않는다. 조용히 있고 싶다. 소리에 너무 예민하기 때문이다. 주로 '새소리', '바람소리' 같은 것을 들으며 내 귀를 정화시킨다. 이런 행위들 또한 내 열정의 에너지를 온전히 지키기 위한 나름의 테크닉이다.

테크닉도 종류에 따라 다르다

이렇게 상황에 따라서 내가 원하는 열정의 방법을 선택해야 한다. 나는 많은 레슨을 하다 보니, 레슨 하는 행위에 에너지가 극도로 몰두되고, 스트레스 또한 커서 지칠 때가 많았다. 그것은 음악을 향한 나의 열정을 저하시키고 감각을 둔화시키기도 한다. 그럴 때면 〈The competition〉(한국어로 변역한 영화 제목은 '사랑은 선율을 타고'), 〈홀랜드 오퍼스〉, 〈샤인〉 같은 영화를 보며 음악을 향한 열정을 다시 불태웠다. 최근 몇 년 사이에 본 영화 중 〈피아니스트 세이모어의 뉴욕 소네트〉는 평생 보고 또 보고 싶은 영화였다. 음악가라면 모두 공감하겠지만, 그 영화를 보는 내내 잔잔하게 가슴에 파고드는 '예술'에 대한 자긍심이 나를 가슴 벅차게 만들었다. 그 영화는 특히, 교육자로서의 '나의 정체성'에 다시 한 번 지표를 정립해주었고 앞으로 나아갈 방향을 제시해주는 '새로운 빛깔의 열정'을 만들어주었다.

당신이 어떤 분야에서 무슨 일을 하고 있든, 당신에게 현재 필요한 열정의 종류를 파악하라! 당신은 지금 당장 어떤 열정이 필요한가? 그것을 파악하고 그 필요한 열정이 표현된 책이나 영화들을 접근하라! 무작정 열정에 관계되는 책이나 다큐멘터리를 볼 것이 아니고, 당신에게 지금 딱 맞는 열정의 동기가 되고 자극이 되는 내용을 찾아내야 한다. 그것이 핵심이다.

수단인가 목적인가?

어느 날 사람들이 북적대는 시장의 한 모퉁이 떡볶이 집에서 불현듯 이런 생각이

들었다. '저 아주머니는 저것을 팔아서 자식들 공부도 시키고, 여행도 가고, 아주머니가 사고 싶은 스카프도 사겠지?' 그런데 나는 레슨을 해서 돈을 벌어서 옷을 사고 여행을 가고 싶다고 생각해본 적이 없는 것 같다. 반대였다. 예쁜 옷을 입고 내 기분이 좋아야 레슨이 잘되고 좋은 레슨을 할 수 있었다. 또 여행을 다녀와서 재충전이 되어야 레슨이 잘될 거란 생각을 했다. 즉 레슨이 수단이 아니었고 목적이었던 것이다. 또한 그 레슨의 목적은 돈이나 명예가 아니었고, 내게는 자아실현, 상처 치유, 결핍 치유, 열정 메이커였다. 그래서 나의 열정의 불씨를 지펴주는 그 '어떤' 것을 만나면 너무나 반갑고 감사하고 행복했다.

어떤 날, 예술의 전당 리사이틀 홀에서 어느 연주자의 연주를 듣는데, 갑자기 천장을 바라보는 내 눈에서 감사의 눈물이 흘렀다. 너무 행복해서였다. 내가 '저 음악을 이해한다는 것'이, '저 음악이 내게 어떤 의미로 다가오는지 느낄 수 있다는 것'이 너무 감사해서였다. 당신의 열정이 수단이 되면 그 열정은 매우 힘들게 느껴지고 오래가기가 힘들다. 하지만 당신의 열정이 '목적'이 되면, 자신도 모르는 사이에 자신이 생각한 것보다 훨씬 높이 날아갈 수 있다. 그 일이 즐겁고 행복하기 때문이다. 그러면 돈, 명예 이런 것은 자연히 따라오는 것이다.

선택적 열정의 힘

나는 젊은 시절, 지방 예고에 많이 출강했다. 어떤 날은 하루에 두 도시를 오가기도 했다. 왕복 여섯 시간이 넘게 운전을 할 때도 많았다. 고속도로에서 보내는 그 시간이 너무 아까워서 '프로젝트'를 만들었다. 어느 예고를 가는 길에는 라흐마니노프 프렐류드 전곡을 분석하면서 가기로 했고, 오는 길에는 프로코피에프 소나타 전곡을 분석하기로 했다. 이 열정 덕분에 1년 만에 방대한 곡들을 거의 다 분석했다. 내가 직접 연주해보지 않은 곡들도 샅샅이 파헤치면서 공부하게 되었고, 그것은 훗날 내가 '입시계의 대모'라고 불리기까지의 과정에서 매우 중요한 원천이 되어주었다. 나의 이 같은 '선택적 열정'의 힘은 매우 컸다.

나는 원하는 종류별로 열정의 색깔을 정했다. 상황에 따라서 어떤 때는 강하게 몰아붙이는 '레드 열정', 어떤 때는 신비함을 유지하고 싶은 '퍼플 열정', 또 때로는 청량함을 유지하고 싶은 '그린 열정'이 필요하기도 했다. 같은 열정이라고 해도 접근 방식,

솔루션 등이 모두 다르기 때문이다. 이런 열정을 창조해내는 나름대로의 테크닉은 내게 끊임없는 창조력과 창의성을 갖게 해주었고, 삶에 지치고 무기력해질 때마다 신선함과 역동감을 주는 열정을 스스로 찾을 수 있는 힘을 키워주었다. 결국 이런 열정은 나를 음악 칼럼니스트, 음악 평론가, 잡지 편집위원 그리고 '클래식 휴먼라이프 매거진'의 발행인으로 만들어주었다.

코어 근육 테크닉

우리는 운동을 할 때 코어 운동이 왜 중요한지 잘 안다. 모든 분야에서도 항상 핵심적이고 중요한 '코어 근육'을 키워야 한다. 열정 역시 무작정 좋아하고 열심히 한다고 해도, 얼마 못 가서는 지치고 무기력해져서 에너지를 유지하기가 힘들다. 왜냐하면 인간이기 때문이다. 우리는 배터리로 돌아가는 로봇이 아니지 않은가? 우리를 행복하게 해주는, 그 목표점에 가장 효율적으로 데려다주는 것은 당연히 열정이다. 하지만 이 열정 또한 쉽게 사라지지 않고 끊임없이 샘솟게 하려면, 열정의 '코어 근육'을 단련시켜야 한다.

즉 상황에 따라 자신에게 가장 적절하고 필요한 열정의 종류가 무엇인지, 어떤 방법을 써야 가장 좋은 결과물을 만들어낼지에 대한, 열정의 접근 방식을 감각적으로 빨리 찾아내는 '코어 근육'을 키워야 한다는 것이다. 마음의 근육을 단련시키듯, 이것은 자신의 끊임없는 노력과 의지, 경험에 의한 연구가 동반되어야 한다. 이런 열정의 코어 근육을 키운 덕분에, 나 스스로 나의 열정을 조절할 수 있게 되었다. 열정의 코어 근육을 단련시키는 것은 각각의 솔루션이 다른 '열정의 테크닉'을 적절히 본능적으로 자신에게 '정착'시키는 행위다. 당신이 열정의 코어 근육을 키우는 법을 터득한다면, 이것이야말로 '내가 원하는 나'를 만들어주는 가장 빠른 지름길이 될 것이다.

Chapter 3

꿈Dream,
기적을
가져오다

The Power of Passion

피아니스트를 꿈꾼 건축학도

이 장에서는 자신의 열정으로 나와 함께 꿈을 이룬 사람들의 이야기를 하려고 한다. 좋은 대학에 합격하고 스펙을 만든 사람들의 이야기가 아니다. 자신의 꿈틀거리는 열정을 향해 혼신을 다해서 사회적 편견을 깨고 자신과의 싸움에서 승리한 사람들의 스토리다. 그들과 나는 스승과 제자로 만났고 서로에게 많은 영향을 주고받았다. '피아노'라는, '음악'이라는 공통 언어가 서로를 교감하게 했고 우리를 연결시켜주었다.

비록 내 제자지만, 자기 자신의 한계에 도전하며 이 힘든 과정을 이겨낸 열정 남녀들에게 내 가슴 깊은 곳에서부터 솟아나오는 존경과 응원의 메시지를 보내고 싶은 마음을 가득 담은 글임을 밝힌다.

편견을 깨고 꿈을 이룬 열정 남녀들, 이제 그들의 이야기 속으로 들어가보자!

지우려 해도 지울 수 없었던 갈망

그는 어릴 때부터 피아노를 좋아했다. 아무런 생각 없이 뚱땅뚱땅 취미로 쳤지만, 음악이 주는 그 느낌을 좋아했다. 하지만 그의 엄하신 아버지는 그가 피아노를 좋아하는 것을 매우 못마땅해하셨다. 남자가 '클래식 피아노를 해서 뭘 해 먹고 살지'부터 걱정이었던 부친의 따가운 시선은 그를 피아노에서 멀어지게 했다. 하지만 그 아버지의 반대가 결국은 그를 더욱 피아노에 대한 열정으로 이어지게 하는 동기가 되었다.

그는 부친의 희망에 따라 건축학과에 진학했다. 삼수까지 해서 홍익대학교 건축구조학과에 진학한 그는, 여느 건축학도들처럼 자격증을 따기 위해 동분서주하는 수순을 밟는다. 덕분에 졸업도 하기 전에 꽤 좋은 직장에 취직했으며, 남들이 봤을 때 사회적으로 안정된 길을 가고 있는 듯 보이는 20대를 보낸다. 그러던 어느 날, 30대 초반이 된 그는 그날도 소주를 마시고 담배를 피우며 건축 현장에 있었다. 자신이 원하는 전공을 선택하지는 못했지만, 다달이 월급이 들어오고 남들이 다 부러워하는 직장을 포기할 수 있는 용기는 없었다. 하지만 그의 뜨거운 가슴은 자신이 가고 싶었던 그 길에 대한 끊임없는 미련을 낳게 했고, 결국은 그를 안주하지 못하게 만들었다.

그는 피아노 학원들을 찾아다니며 자신의 피아노에 대한 '가능성'에 대해 여러 번 문을 두드렸다. 하지만 매번 돌아오는 대답은 "너무 늦었다", "손이 다 굳어서 불가능하다", "그냥 취미로 쳐라"였다. 여러 번의 실망스러운 대답을 경험하고 상처도 제법 받은 그는, 우연히 나에 대한 기사를 접하게 되었고 블로그를 찾아 내가 쓴 글들을 읽으면서 '알 수 없는 열정'이 솟구치는 것을 느꼈다고 했다. 그는 내게 오디션을 신청했지만, 여러 번의 실망 때문에 기대를 버리고 왔다고 했다.

나는 그와의 첫 만남인 오디션에서, '피아노를 정말 사랑'하고 '갈망'하는 그의 마음을 단번에 읽을 수 있었다. 물론 교육을 제대로 받지 않았기에 테크닉적인 문제는 많았다. 일단 손의 근육이 굳은 상태라서 매우 뻣뻣했고, 손가락에 힘도 없을뿐더러 팔도 사용할 줄 모르고, 리듬의 개념이 잡혀져 있지 않았다. 그야말로 문제가 너무 많았다. 하지만 가장 장점 중의 장점은 피아노에 대한 남다른 갈망, 즉 피아노에 대한 열정이었다. 그리고 음악성이 매우 훌륭했다. 내가 그에게서 느낀 음악성이란, '음악을 이해해서 자기가 느낀 것을 표현할 수 있는 마음'인데 그는 '자기가 생각한 것 이상으로 표현해 내는 연주'를 했다. 단지 기술이 부족할 뿐이었다. 또 그의 피아노에 대한 열정은 하루 이틀에, 또는 1~2년간 쌓여온 것이 아니었다. 아마도 '평생' 포기하지 못할 것 같은 열정이었다. 내가 안 된다고 해도 그는 분명히 계속 시도했을 것이다.

오디션에서 그의 연주를 듣자마자 했던 나의 첫마디는 "그래, 하면 되겠네"였다. 그는 내 말을 믿지 않았다. "정말요? 저를 위로해주시는 말씀 아닌가요? 정말 가능하다는 말씀이세요?" 하고 재차, 삼차 확인을 했다. "다른 선생님들은 다 너무 늦어서 안 된다고 하던데요"라고 상기된 표정으로 다시 확인하는 것이었다. 나는 "그럼 하지 말던가"라고 했다. 그가 원하는 것은 취미로 피아노를 치겠다는 것이 아니고, 피아노과로 편입을 하여 전공을 하고 학위를 취득해서 피아노를 업으로 삼겠다는 것이었다. 즉 건축회사를 그만두고 피아노 쪽으로 완전히 인생의 방향을 바꾸겠다는 것이었고, 나는 그것이 가능하다는 답을 준 것이다.

30대에 전공을 바꾸다

그렇게 그와 나의 인연은 시작되었고, 그는 하농 스케일부터 시작했다. 원래 계획은 2년을 나와 공부하고 편입시험을 치르는 것이었다. 회사에 다니면서 연습을 해와야 했고, 이미 굳은 손가락은 마음대로 움직여주지 않아 애를 먹었다. 그가 레슨을 올 때면 항상 "어렵지? 건축도 힘들겠지만 피아노도 만만치 않지? 지금이라도 늦지 않았어. 그냥 관두고 취미로 하는 게 어때?"라고 했다. 정말 매주마다 그 말을 되풀이했다.

내가 그렇게 말을 한 것은 스승으로서 나름대로 '계획적인' 방법이었다. 그 제자는 30대였고 인생의 매우 중요한 방향을 전환하는 기로에서, 혹시라도 잘못된 판단을 하지 않게 잡아줄 의무가 내겐 있었다. 만에 하나 잘 다니고 있던 직장까지 그만두고, 잘 맞지도 않은 길을 '허황된 열정' 하나만으로 가게 둘 수는 없는 것이었다. 그래서 레슨 때마다 '이것이 정말 자신이 원하던 길인가'를 끊임없이 생각하게 만들었고, 스스로 확인해보라는 나의 메시지였던 것이다. 나의 그런 전략적인 방법은 잘 맞아떨어졌다. 그는 힘들 때마다 본인이 왜 이 길을 가려고 하는지에 대한 초심을 상기하게 되었고 자신의 꿈, 갈망에 대한 확인과 방향을 잡는 것이 더욱더 확고해졌다.

나와 공부를 한 지 1년쯤 되는 시점이었다. 어느 날 레슨을 온 그는 회사를 그만두었다고 말했다. 나는 "미쳤니? 사표 수리 안 되었지? 다시 더 생각해봐. 요즘 취직하기가 얼마나 어려운데. 정말 후회 없겠는지 다시 잘 생각해봐!"라며 이때도 그에게 다시 한 번 자신의 꿈을 체크해보라는 메시지를 주었다. 그 덕분에 그는 자신이 정말 원하는 게 무엇인지 '실패 없이', '시행착오 없이' 정확하게 원하는 길을 가게 되었다. 나와 공부한 지 1년 8개월 만에 본 시험에서 그는 예상보다 훨씬 좋은 결과를 얻어냈다. 시험을 본 여러 학교에 합격을 했는데, 자신이 가장 가고 싶어 하던 학교는 추계예술대학교였다. 단 두 명을 뽑았던 추계예술대학교 편입시험에 합격하여 그는 3학년으로 편입했다. 드디어 꿈을 이루기 위한 첫 번째 관문에 들어서게 된 것이다.

열정으로 이룬 꿈

그는 학교를 졸업하고 피아노 전문 아카데미를 오픈했는데, 너무 인기가 많아서 2호점까지 내고 전문 연주홀까지 운영하는 경영인이자 교육자로 살고 있다. 또한 무대에서 연주가로서도 끓는 열정을 뿜어내며 후회 없는 삶을 향해 가고 있다. 그는 학교를 졸업한 후에도 끊임없이 연구하고 자신을 성장시키려고 노력해왔다. 우리 클래스의 앙상블 단원으로서도 무대에 섰고, 내가 개발한 '전문 입시 레스너 양성 프로그램'에도 참여했다. 이런 계속된 그의 노력은, 최근 그가 가르친 제자가 추계예술대 수시모집에서 차석을 하는 쾌거를 이루게 해주었다. 이제 그는 더 이상 갈등하지 않는다. 그가 내게 진심으로 감사해하는 것은, 단지 좋은 학교의 편입시험에 합격하게 해준 것이 아니었다. '자신의 꿈'이 가능하다는 것, '자신의 열정'이 헛되지 않다는 것을 알게 해준 내게 감사하는 것이었다. 그래서 자신의 인생을 부모가 정해준 길이 아닌, '자기가 원하는 삶'을 주도적으로 살아갈 수 있게 해준 것이 너무나 감사하다고 내게 여러 번 말했다.

우리는 그를 통해서 열정이 주는 힘이 얼마나 큰 것인지, 또 진정한 열정은 나이나 상황과 관계없이 이룰 수 있다는 것을 배울 수 있다. 그는 자신의 생각이 옳았다는 신념에서 나오는 자신감을, 학생들을 지도하는 자신의 교육철학에 투입하여 나날이 발전하는 자신을 만들어가고 있다. 얼마 전 서른여덟 살이라는 나이로 새신랑이 된 그의 결혼식에 참석한 나에게 그의 부친께서는 "모든 게 교수님 덕분입니다. 너무 감사합니다"라고 하셨다. 나는 우스갯소리로 "이제 피아노 반대 안 하세요?" 했더니, 아버님께서는 "아니요, 박사까지 더 공부하라고 했어요. 하하하" 하셨다.

산후우울증 앓는 두 아이의 엄마, 피아니스트가 되다

그녀는 어릴 때부터 취미로 피아노를 쳐왔고, 교회에서는 가끔 반주자 불참 시 대타로 찬송가 반주를 했다. 집안 형편상 음대 진학은 꿈도 못 꿨고, 그나마 교육과 관계되는 교육심리학과를 졸업했다. 그 후 그녀는 결혼을 했고 두 아이의 엄마가 되었으며, 어느새 30대 중반을 향해 가고 있었다. 아이 둘을 키우는 바쁜 엄마의 삶만으로도 정신이 없었는데, 그럼에도 불구하고 그녀의 마음속 한구석에는 '늘' 피아노에 대한 갈망이 있었다. 그런데 그 마음의 불씨는 좀처럼 없어지지를 않았다. 하지만 현실은, 비용도 없거니와 아이 둘을 키우느라 시간이 전혀 없었다.

그러던 그녀는 반복되는 생활에 산후우울증이 심하게 왔다고 한다. 연년생인 남자아이 둘을 키우는 것은 매우 힘들고 지치는 일이었다. 너무 답답하고 우울한 날들의 연속이었던 그녀, 그것을 지켜보던 그녀의 남편은 아내가 안쓰러웠는지 평소에 그렇게도 원하던 피아노를 하라고 허락했다. 그녀의 남편은 레슨비와 학비를 회사에서 대출해주며, 아내에게 '투자'하는 것이라고 했다고 한다. 만약 자신이 회사를 그만두게 되면 가족을 먹여 살리라고 말이다.

그녀는 용기를 내어 그때부터 선생님을 알아보기 시작했고, 우여곡절 끝에 나와 인연이 닿게 되었다. 처음 내게 올 때 두 개의 오디션 곡을 준비해 와야 하는데, 그녀는 쇼팽의 에튀드를 평생 쳐본 적이 없었다. 그래서 할 수 없이 한 곡만, 그것도 난생처음 쳐보는 베토벤 소나타 한 곡을 나름대로 악보 읽고 열심히 준비해서 내게 오디션을 보러 왔다. 그녀는 그야말로 피아노에 대해 아무것도 몰랐다. 단지 취미로만 쳐왔고 찬송가만 쳤을 뿐, 음대 입시에 필요한 곡을 다뤄본 적도 없고 음악적 지식도 배워본 적이 없었다. 그야말로 그녀는 '무'에서 새로운 인생의 '꿈'을 향해 도전하게 된 셈이었다. 그것도 '어릴 때부터 간절했던 꿈'을! 심지어 아이 둘을 낳고 난 후에!

꿈을 향해 세상 밖으로 나오다

시작하기로 마음은 먹었지만 "전업주부가, 두 아이의 엄마가, 게다가 비전공자인 내가 할 수 있을까? 정말 도전해도 될까?"라는 끊임없는 의구심이 그녀를 갈등하게 만들었고 주저하게 만들었다. 하지만 다시 하루 종일 아이 둘과 씨름하며 자신의 꿈을 지워버리게 되는 생활 속으로 돌아가는 것은 더 자신이 없었다. 처음 그녀가 내게 오디션을 보러 왔을 때 모든 상황을 솔직히 다 이야기했고, 남편이 공부를 시켜주는 것이기에 가지는 부담감과 경비의 부족함도 이야기했다. 나는 그녀의 절실함과 음악에 대한 열정의 깊이를 알 수 있었기에 모든 걸 이해해주었다.

세월이 지난 어느 날 그녀는 내게 물었다. "선생님은 기본도 안 되어 있고 레슨비조차 제대로 못 내고, 거기다 나이도 많은 비전공자인 저 같은 아줌마를 뭘 보고 제자로 받아주셨어요?"라고 말이다. 글쎄, 나도 왜 그랬을까 생각해보니 그녀의 '마음' 때문이었던 것 같다. 그녀를 처음 보았을 때 그녀의 진실한 마음이 그대로 전달되었고, 그녀의 인생을 바꿔줄 수 있는 스승이 되는 일에 기꺼이 다가가고 싶은 마음이 생겼다.

그녀의 꿈은, 물론 세계적인 피아니스트가 되는 것도 아니었고 연주자로 무대에 서고 싶은 것도 아니었다. 그녀가 정말 갈망하는 것은 합창단의 반주자가 되는 것이었다. 그러려면 일단 음악대학교에서 피아노 전공은 필수이고(요즘은 반주 전공도 있긴 하지만, 학부 과정에서는 드물고 피아노 전공이 일반적이다), 편입시험에 합격해야 한다. 음대 피아노과 편입제도는, 근래 모든 대학들에서 실시하고 있지는 않다. 소수의 학교들만 그 제도가 있고, 그것도 티오(TO)가 나야지만 가능한데 거의 한 명이나 두 명 정도만 뽑는다. 또 티오가 날 수도 있고 안 날 수도 있으며 해마다, 학교마다 상황에 따라 늘 달라지므로 여러 가지 변수가 작용한다. 그녀는 자신의 실력을 잘 알고 있었기 때문에 욕심 없이, 어떤 학교라도 4년제 피아노과에만 편입하면 감사하게 다니겠다고 했다. 이렇게 그녀는 나와 '꿈'의 프로젝트를 시작하게 되었다.

그녀의 연습 시간은 세상에서 제일 행복한 시간

연년생 남자아이가 둘인 그녀는 일단 연습할 시간이 없었다. 아이를 봐줄 사람이 없었기 때문이다. 처음 내게 온 해에는 둘 중 한 아이만 어린이집을 갈 수 있었기에 연습할 시간도 없었고 레슨도 조금밖에 할 수 없었다. 2년째 되던 해, 아이 둘을 모두 어린이집에 보내게 된 그녀는 드디어 연습 시간을 확보할 수 있었다. 물론 하루 종일은 아니지만 아침에 아이들을 어린이집에 보내고 정확하게 오후 2시까지가 그녀의 연습 가능 시간이었다. 오롯이 연습에만 몰입할 수 있는 자신만의 시간이었던 것이다. 그녀는 어느 날 연습실에서 연습을 하는데 창가로 들어오는 따스하고 눈부신 햇살이 너무 감사하고 아름다워서 눈물이 날 뻔했다고 했다. 그 말이 아직도 내 귓가에 맴돈다.

어느 날 그녀는 "선생님, 저는 세상에서 연습하는 시간이 제일 행복해요. 너무 아까워서 정말정말 아껴서 써요. 그래도 얼마나 빨리 가는지 몰라요. 밤늦게까지 연습할 수 있는 어린 학생들이나 선생님을 일찍 만난 우리 클래스 어린 친구들이 정말 부러워요"라고 했다. 그녀에게 연습 시간이 제일 행복했던 것은 아마도 너무나 간절하게 피아노를 원했는데 늦게 시작했기 때문일 것이다. 또한 다른 삶의 과정을 지나면서 피아노가 얼마나 소중하고 자신이 원했던 것인지를 뒤늦게 깨달았기 때문이다. 이제라도 자신의 꿈을 향해 달려갈 수 있는 하루하루가 너무 행복하다면서 얼굴 가득 미소 지었던, 그녀의 '희망'에 차 있던 그 모습을 잊을 수가 없다.

간절했던 꿈과 열정이 기적 같은 결과로 빛을 발하다

그녀는 음악성보다는 리듬감이 좋은 제자여서, 그녀의 장점이 돋보이는 곡을 선정해주었다. 그녀는 이해력이 좋고 집중력이 뛰어났다. 테크닉적인 한계를 뒤집을 정도의 차별성을 만들어준 나의 티칭을 잘 소화했고, 그것을 시험 무대에서 잘 표현해냈다. 결국, 1분도 아껴가며 준비한 그녀의 열정은 놀라운 기적을 만들어냈다. 세종대학교 피아노과에 딱 한 명의 티오가 났는데, 피아노 전공자들을 모두 물리치고 비전공자인 그녀가 합격을 한 것이다. 또한 중앙대학교 피아노과에도 비전공자로 유일하게 편입시험에 합격을 했다. 정말 기적 같은 일이었다.

그녀가 성공할 수 있었던 것은 '좋은 대학에 가고 싶다'라고 마음을 먹지 않았기 때문이다. 그녀는 그냥 "피아노가 너무 좋다"라고 했고, "피아노 치는 시간, 연습하는 것 자체가 너무 행복하다"고 했다. 그녀는 어떤 학벌, 스펙, 명예나 돈을 바라고 피아노를 치지 않았다.

말 그대로 그냥 음악이 너무 좋았고, 피아노 치는 것이 너무 행복했기 때문에 친 것이다. 미달이 생기는 음악대학에만 들어가도 좋겠다고 했던 사람이다. 그렇게 마음을 다 비우고 오로지 피아노에 대한 순수한 열정만 가지고 임했기에 시험에서 이렇게 기적 같은 결과가 나온 것이다.

움츠려 있던 아줌마의 날개가 되어준 그녀의 열정

그녀는 합격 소식 후 내게 이런 문자를 남겼다. "선생님, 정말 감사드려요. 선생님 덕분에 저 같은 아줌마가 음대를 다 가게 되네요. 너무너무 감사 드려요. 사실 아직도 믿기지가 않아요. 꿈만 같아요. 선생님께 배우게 된 것부터가 기적이었어요. 움츠려 있던 아줌마인 제게 날개가 되어주셔서 감사합니다"라고 말이다. 그녀는 졸업 후 본인이 그렇게 갈망하던 한 도시를 대표하는 합창단의 반주자로 활동 중이다. 정기연주회를 꾸준히 해오며, 반주자로서의 입지를 굳힌 지 오래되었다. 동시에 레스너로도 활동하면서 예술가로, 커리어우먼으로 성공적인 삶을 살아가고 있다.

그녀는 '꿈'을 이루었다. 우리는 그녀를 통해, 진정한 열정은 결핍이나 부족함 혹은 악조건의 환경에서 나오는 것임을 다시 한 번 느낄 수 있다. 그 열정이 강할수록 악조건마저도 오히려 약이 된다는 것을 배울 수 있다. 또한 어떤 눈에 보이는 이익보다도 순수하게 그 열정을 향해 최선을 다했을 때, 기적과 같은 결과는 따라 온다는 것도 깨달을 수 있다. 나는 부족했던 그녀를 오디션에서 제자로 받은 것을 지금도 잘한 일이라고 생각하며 보람을 느낀다. 아마 그녀 또한 자신의 인생에서 제일 잘한 일이, 산후우울증에서 세상 밖으로 나와 열정으로 삶에 도전장을 내민 것이라고 생각하지 않을까 싶다.

패션 디자이너,
피아니스트의 옷을 입다

그녀는 나름 잘나가는 패션 디자이너였다. 자신이 만든 옷이 인터넷 쇼핑몰과 로드숍에 디스플레이되어 있고 그것을 입고 지나가는 여자들을 거리에서 볼 수 있었으니 말이다. 그녀가 내게 오디션을 왔을 때 피아노로 진로를 바꾸려는 그녀의 생각이 매우 의아했다. 옷을 직접 만들지는 않았지만, 해외 패션마케팅 사업까지 했던 사람으로서 그녀의 남다른 행보가 궁금하지 않을 수 없었다. 그녀는 처음 오디션 신청 문의로 나와 통화를 했을 때 패션 디자이너로 활동하고 있다고 했다. 나는 괜히 다른 분야에 대한 환상을 가지고 있는 건 아니냐는 반문과 함께 왜 피아노로 진로를 바꾸려는지부터 물어보았다. 그녀는 자세한 것은 오디션 때 말씀드리겠지만 확실한 것은, 본인이 지금 피아노를 하지 않으면 죽기 직전에 눈을 감으면서 후회를 할 것이라고 했다. 그리고 하루 이틀 생각한 것이 아니라 몇 년에 걸쳐서 생각하고 또 생각해서 내린 신중한 결정이라는 것이다. 또한 작년에 이미 피아노과 편입시험을 한 번 보았는데 다 떨어졌다고 했다.

결국 오디션이 결정되었고, 처음 오디션에서 내가 본 그녀의 표정은 꽤 진지했다. 그녀가 왜 잘나가던 패션 디자이너의 길을 그만두고 음악도의 길을 가려는지가 제일 중요한 포인트였다. 그리고 과연 '그녀가 원하는 것이 가능할 정도'의 모든 여건이 되는지를 파악해야 했다. 앞장에서 언급했지만 비전공자들, 만학도들도 모두 나와 공부하여 어려운 시험에 합격을 했다. 또 진로를 바꾼 전공으로 대학을 졸업하고, 사회적으로 자신들의 길을 안정적으로 가고 있다. 밖에서 보면, 누구나 가능하고 쉬워 보일 수도 있겠지만 사실 절대 쉽지 않다. 비전공자들일 경우, 특히 여러 가지 여건이나 조건들이 중요하다. 기술적인 부족함은 당연한 것이고 가지고 있는 잠재력과 열정, 그 외에도 많은 것을 살펴보아야 한다. 그 가능성을 꿰뚫어볼 수 있는 '혜안'이 스승들에게는 필수적으로 있어야 하는 것이다. 이렇게 그녀와 나의 인연은 시작되었다.

순수한 클래식의 열정

그녀는 원래 고등학교 3학년 3월까지 피아노과 진학을 위한 준비를 했다고 한다. 하지만 피아노가 너무 치기 싫었고, 그 반복의 반복을 해야 하는 연습 과정이 너무 싫었단다. 그때는 정말 죽도록 하기 싫었다고 한다. 그래서 부모님과 싸우기까지 하면서 피아노를 그만두고 그냥 공부를 했다. 패션 디자이너로서의 꿈도 있었던 터라 그녀는 의상디자인학과로 진학을 했다. 대학교를 졸업하고 바로 제일모직에 입사한 그녀는, 나름대로 많은 성과도 내고 직장생활도 제법 잘했다. 하지만 조직 사회에서 당시 그녀가 느꼈던 것은, 그 '직장에서의 자신의 삶'은 별로 비전이 없다는 것이었다. 여러 가지 이유가 있었겠지만 어쨌든 그녀는 '프리랜서 디자이너'를 꿈꾸게 되었고, 치열하다는 동대문 디자이너 시장에 입성하게 된다.

그녀는 새로운 도전에 부푼 꿈을 안고 시작했다. 하지만 패션계의 현실은 생각보다 훨씬 각박했다. 정말 어느 것 하나 쉬운 게 없었다. 우리나라의 패션계 경쟁은 정말 상상 이상이었고, 하루에도 수많은 디자이너들이 나타났다 사라졌다 한다고 했다. 우선 그녀가 동대문에 들어간 이유는, 마음껏 디자인을 해보고 싶어서였다. 하지만 결론부터 말하자면, 절대 그럴 수 없었다고 한다. 일단 자신의 숍을 운영할 자금이 없었기에, 오너가 따로 있는 숍에서 '페이 디자이너'로 일을 시작했다. 그런데 유행하는 유명 브랜드를 카피해서 옷을 만들라는 오더가 계속되었다. 이것은 비단 그 오너만의 성향이 아니고 대부분 상업적 시장의 현실이었다고 했다. 인터넷 쇼핑몰이나 일반 소매업체 로드숍 등에서 판매되는 주요 상품들은 모두 다 이런 방식으로 도매시장에서 디자이너들이 만든 옷이었다. 즉 우리가 길을 걷다가 보게 되는 상품들 중 하나가 되는 것이다. 이런 방식을 거부할 수도 없는 것이 '유행'이라는 것이 있고, 동대문 시장은 '판매'와 직결되고 그것은 곧 '수입'이라는 결과로 나타나기 때문이다.

또한 그녀는 디자이너였지만 패턴 작업을 공장에 넘기는 일, 오버룩 미싱까지 직접 해야 했고, 심지어 물건이 안 팔리면 땡처리까지 해야 했다. 새벽 6시에 집에서 나와 밤 1시에나 파김치가 되어서 퇴근하는 이 삶에서, 그녀는 지칠 대로 지쳤고 사는 게 너무 힘겨웠다. 그렇다고 월급이 많은 것도 아니었다. 정말 최저임금 수준으로 작았다. 그렇다고 비전이 있는 것도 아니었다. 그 일에서 최고의 비전은, 돈을 열심히 모아 종잣돈을 마련하고 본인의 숍을 대출을 끼고 마련하는 것이었다. 그래서 또 자신과 같은 '페이 디자이너'를 고용해서 작은 월급을 주면서 땡처리를 하고 유명 브랜드를 카피하는 삶을 살아야 하는 것이다. 그녀는 그런 삶에서 더 이상 자신이 원하는 미래가 보이지 않는다고 판단했다. 그녀의 솔직한 설명 가운데 가장 내 가슴에 와 닿는 단어가 있었다. 그녀는 자신의 삶이 점점 '황폐'해져 감을 느끼게 되었다고 했다.

새로운 인생 역전

'황폐'라는 말에서 정말 그녀를 이해할 수 있을 것 같았다. 패션계를 잘 모르는 사람들은 "그럼 그런 상업 패션이 아닌, 파리 콜렉션 같은 순수 패션 작업을 하면 안돼?"라고 물을지도 모른다. 나도 그런 생각이 드는 것을 보면 말이다. 그런데 그것은 우리 음악계에서 조성진처럼 쇼팽 콩쿠르에 도전하는 것과 같은 것이다. 패션계는, 각박하다고 생각했던 음악계보다 현실적인 면에서는 더 치열했다. 평범한 음악도들이 대학을 졸업해서 개인 레슨을 하거나 피아노 학원을 운영한다고 치면, 패션계는 그 음대 졸업자들에 비해서도 훨씬 더 각박한 경쟁, 수입, 진로, 일의 난이도 등을 치러야 한다는 것을 알 수 있었다. 그제야 그녀의 결심을 이해했다. 그녀는 그 모든 과정을 다 겪은 20대 후반이 되어서야, 다시금 '클래식'이 하고 싶어졌다는 것이다.

그녀는 사실 '음악'을 하고 싶다는 것보다는 '클래식'을 하고 싶다고 했다. 같은 곡을 수도 없이 반복해서 연습했던 그 시절에는 몰랐던, 클래식이 주는 기쁨을 이제는 확실히 알겠다는 것이다. 한 곡을 반복해서 6개월 혹은 1년 넘게 연습하는 그 지긋지긋한 과정이, 이제는 '아름답고 영혼이 풍성해지는 과정'으로 느껴진다고 했다. 하루에도 수천 개의 옷을 '영혼 없이' 찍어내고 잘 팔리면 몇 배로 생산을 배팅하고 안 팔리면 '땡처리'하는 삶에서, 그녀는 처절히 황폐함을 느꼈다고 했다. 이제는 한 곡을 6개월 동안 치고 싶다고 했다. 1년 동안 같은 곡을 반복해서 연습하고 한 음 한 음 '만들어내는 것'이 좋아졌다고 했다. 나 역시도 연습을 하면서 정말 지겨울 때가 많았는데, 그녀의 황폐에 대한 경험은 클래식을 하는 기쁨을 다시 한 번 느끼게 해주었다. 나는 그 후 다른 학생들이 연습을 하기 싫어할 때마다 이 이야기를 자주 들려주곤 했다. 그녀를 만나지 않았다면 나 또한 못 느꼈을 귀중한 '깨달음'이었다.

역전의 열정이 가져다준 미래 비전과 행복

그녀는 '그때 내가 그것을 알았더라면'이라는 생각을 매 순간 느끼기라도 하듯, 열심히 '인생 역전'을 향해 나아갔다. 돈을 벌어야 했기 때문에 동대문에도 나가면서 피아노 연습과 레슨을 강행했다. 처음에는 너무 무리한 스케줄 때문에 쓰러져서 병원에서 링거를 맞기도 여러 번 했다. 시험 직전에는 동대문 일을 다 정리하고 실기에만 매진했다. 그녀의 남다른 열정은 여러 번 나를 놀라게 했다. 피아노 실기는 무대 경험이 필수다. 그래서 나는 실전처럼 하는 입시 평가회를 매년 주최해서 실시하고 있다. 하지만 사사하는 선생님께서 그런 쪽에 별로 관심이 없는 경우는, 본인이 알아서 그런 무대를 직접 찾아서 실행해야 한다. 그녀는 내게 오기 전, 입시 평가회라는 것이 있는 줄도 몰랐다고 한다. 그래서 고민하던 끝에 집에서 제일 가까운 음악대학에 무작정 찾아갔단다. 3학년 학생들 연주 수업 제일 끝 순서에 자신이 연주하게 해달라고 조교에게 떼를 썼다고 한다. 나는 그 말을 듣고 정말 깜짝 놀랐다. 조교는 얼마나 어이가 없었겠는가! 하지만 그녀의 끈질기고도 무대포적인 행동에 결국은 허락을 했다고 한다. 그 연주 수업을 하던 학생들 또한 매우 놀랐겠지만, 그들도 분명히 그녀에게서 자극을 받았을 것이다.

이러한 그녀의 정신력은 정말 높이 살 만하다. 그녀의 결단력과 배짱, 추진력은 미래 예술 산업의 역량으로 성장하기에 충분했다. 그런 노력 덕분에 그녀는 원하는 학교로 편입해서 졸업을 했고, 성인 전문 피아노 레스너로 활동 중이다. 실용음악과의 융합적 사업 콘텐츠도 구상 중이었던 그녀는, 앞으로의 무한한 비전에 긍정적 에너지를 갖고 있다. 힘든 과정을 그야말로 열정 하나로 버텨왔던 그녀. 우리는 그녀를 통해서 겉으로 보이는 화려한 세계와 실제의 현실과는 다르다는 것, 정말 중요한 것은 본인의 깨달음이 있어야 한다는 것을 배울 수 있다. 또한 패션계에서 일한 그녀의 경험은, 융합예술 시대에 맞는 새로운 장르를 개척할 수 있는 비전을 제시해준다. 즉 음악과 패션을 접목시키는 새로운 사업 아이템도 개발할 수 있을 것이다. 다른 사람들보다 많은 다양성을 가진 것이 그녀의 장점이 된 것이다. 시험 합격 후, 감사의 뜻으로 직접 만들어서 준 하늘빛이 고운 원피스를 볼 때마다 그녀의 뜨거운 열정이 떠오른다.

호기심과 겸손이 무기가 된 교수

그녀는 중학교 2학년 깊어가는 가을의 어느 날, 스승인 나와 첫 대면을 했다. 지방 예고에 출강했던 내게 어머니와 함께 찾아왔다. 두 분 다 공직에 계시면서 보수적이었던 그녀의 부모님은, 딸이 피아노를 전공하려는 것에 반대했다. 예술을 한다는 것이 현실적으로 살아가기 힘들고, '경비'가 많이 들 것이라는 생각 때문에 애초부터 자신이 없다고 하셨다. 딸이 어릴 때부터 피아노를 워낙 좋아하니, 그냥 취미로만 치라고 했단다. 하지만 그녀는 중학교 진학 후에도 계속 피아노를 갈망했고, 급기야 그녀의 어머니는 성적을 90점 이상으로 유지하면 피아노를 시켜주겠다는 조건을 달았다고 한다. 그녀는 피아노를 치기 위해 90점을 유지해야 했고, 피아노를 치기 위해 공부를 했다고 고백했다. 아무리 말리고 시간이 가도 포기하지 않는 딸의 열망을 본 어머니는, 딸의 간절한 요구에 의해 할 수 없이 예고 진학 준비를 허락했다. 그리고 수소문 끝에 나와 인연이 닿아 온 것이었다.

내가 처음 본 그녀는 한마디로 호기심 가득한 소녀였고, 피아노를 자동차 경주하듯이 쳤다. 즉 '누가 누가 빨리 치나' 대회라도 나간 듯 빨리만 치려고 했고, 매우 기계적으로 치고 있었다. 그녀의 머릿속에는 피아노는 '빨리 쳐야 잘 친다'라는 생각이 이미 자리 잡고 있음을 느낄 수 있었다. 또한 다듬어지지 않은 마냥 솔직하고 순수한 그녀의 표현력과 감수성은 약이 될 수도 있고 독이 될 수도 있겠다는 생각이 들었다. 나는 순수한 영혼을 가졌지만, 길들지 않은 야생마 같은 뻣뻣한 그녀를 유연하고 부드럽게 만들어주고 싶었다. 또한 그녀를 끊임없이 궁금하게 만드는 그 호기심의 원천이 무엇인지 알고 싶어졌다. 그녀를 보며 나 또한 함께 성장하고 싶었는지도 모르겠다. 우리의 만남은 이렇게 시작되었다.

엉뚱하고 개성 넘치는 열정

빨리만 치려고 했던 그녀의 사고를 바꾸는 것은 오래 걸리지 않았다. 그녀는 워낙 여러 가지 잠재력이 많은 친구였다. 다행히도 비교적 어린 나이에 전문 교육을 받기 위해 나를 찾아왔기 때문에 모든 것을 스펀지처럼 잘 흡수했다. 나는 그녀의 사고를 유연하고 폭넓게 만들어주려고 노력했다. 2장에서 소개한 '열정을 만들어내는 테크닉'과 4장에 소개할 '거시적 안목을 위한 테크닉'에 나오는 방법으로 그녀를 교육했다. 처음 그녀는 당연히 생각이 좁고 눈앞에 있는 것밖에 생각하지 못하는 어린 소녀였다. 그래서 주로 이런 식으로 그녀를 깨우치려 했다. 어느 레슨 시간에 그녀에게 "학교에 도착해서 운동장으로 걸어오면 제일 먼저 보이는 것이 뭐지?"라고 물었다. 그녀는 "축구 골대요"라고 답했다. 내가 다시 "그 옆에는 뭐가 있는데?"라고 물으면, 그녀는 "음…… 큰 나무가 있었던 거 같아요"라고 했다. 그러면 나는 다시 "그 나무는 축구 골대보다 더 높아? 낮아?"라고 묻는 식이었다. 나의 이런 질문은 그녀가 알아야 할 '음악, 소리 같은, 입체감'의 공간적 높낮이를 느끼게 만들려는 의도가 담긴 것이었다.

또한 이런 훈련도 많이 시켰다. 베토벤의 〈열정〉 3악장을 공부하는 학기였는데, 리듬이 너무 고르지 못했다. 나는 '한석봉 어머니의 떡 썰기'를 비유하며, 불을 끄고 리듬을 듣는 훈련을 시키기 시작했다. 이런 여러 가지 훈련과 교육 덕분에 그녀는 뻣뻣하고 기계적인 터치법에서 이내 탈피할 수 있게 되었다. 또한 사고력이 매우 유연해지기 시작했다. 하지만 그녀가 가진 고유의 잠재적 성향이었던 호기심은 절대 자제시키지 않았다. 오히려 더 부추겼다. "왜? 그건 왜 그렇게 생각하는데?" 하며 그녀의 호기심을 더욱 자극했다. 그러면 그녀는 늘 신나서 더 호기심이 가득해졌고 행복해했다. 내가 만약 "너는 피아노 연습은 안 하고 무슨 짓이니? 왜 쓸데없는 것을 하니?" 하는 식으로 야단을 치거나 그 호기심을 차단했다면, 오늘날의 그녀는 없었을 것이다.

그것이 내가 본 그녀의 개성이자 그녀만의 특징이었다. 대학 진학 후 교도소에서 아르바이트로 피아노 반주를 하겠다고 했을 때도 그녀를 응원하고 지지했다. 다른 선생님들은 그걸 왜 하냐고 꾸짖었을 때도 나는 "교도소 안이 어떤지 궁금하고, 그분들에게 위로를 드리고 싶어요"라는 그녀의 호기심과 배려심을 이해했다.

그녀가 예고 1학년 때였다. 어느 날 학생들과 식사를 하는데 결혼 이야기가 나왔다. 학생들의 생각을 알고 싶어서 "너희들은 어떤 남자랑 결혼하고 싶은지 말해봐. 백마 탄 왕자님 이런 것 말고 구체적으로 한번 말해봐"라고 했다. 이때 한 아이가 "저는 의사랑 결혼하고 싶어요. 우리 엄마가 그러시는데, 그래도 '사' 자 붙은 사람이 신랑감으로는 최고래요"라고 말했다. 그러자 다른 한 아이가 "저는 사업을 해서 돈이 정말 많은 남자랑 결혼하고 싶어요. 그래서 명품백도 마음대로 살 수 있고 매일 파티도 할 수 있으면 좋겠어요"라고 했다. 이때 그녀의 대답은 정말 엉뚱했다.

"저는 피아노 조율하는 사람이랑 결혼하면 좋을 것 같아요."

너무 의아해진 내가 "왜? 왜 그런 생각을 하게 된 거야?"라고 묻자, 그녀는 "피아노 치다가 음정이 안 맞거나 고장 나면 바로 고쳐줄 수 있어서 좋을 것 같아요"라고 답했다. 그러고는 덧붙여 "극장 간판을 그리는 남자도 좋아요. 무에서 유를 창조하는 게 너무 멋있을 것 같아요"라고 했다. 어린 소녀의 천진한 마음이지만, 사뭇 다른 아이들과 다른 그녀의 사고방식과 가치관을 엿볼 수 있었다.

'착하면 손해 본다'는 편견을 깨다

예고 3학년, 어느 실기시험 전날이었다. 그날도 온종일 레슨을 했고 마지막 점검 과제를 주고 집으로 가려던 참이었다. 장시간 운전을 해야 했기에 저녁 시간에는 학교를 떠나야 했다. 1학년 신입생으로 들어온 한 아이가 아직도 바흐의 <푸가>를 암보(악보를 외어서 연주 하는 것)하지 못하는 것이었다. 나는 우리 클래스에서 이번 학기에 꼴찌가 나오는 것은 막아야 하지 않겠냐고 했다. 3학년 선배 중 두 명이 책임지고 신입생의 암보를 다 확인한 후 집으로 가라고 미션을 주었다. 나중에 전해 들은 이야기인데, 둘 중 한 선배는 "아휴, 너 때문에 내가 이게 뭐야. 내 곡 연습하기도 바빠 죽겠는데 왜 네가 암보 못하는 것까지 내가 봐줘야 해?" 하면서 투덜대며 가버렸다고 한다. 그런데 그녀는 자신도 다음 날 실기시험 친다는 것을 잊어버린 것인지, 그 1학년 신입생 후배의 암보 도와주기 삼매경에 빠져서 새벽 1시까지 그 후배를 도와주다가 갔다고 한다. 나중에 그 신입생은 꼴찌는커녕 오히려 성적이 생각보다 매우 잘 나와서 그녀에게 감사하다고 내게 말했다. 그녀의 심성을 알고는 있었지만 그때 그 이야기를 듣고 더욱 그녀에게 감탄했다.

그녀의 이런 착하고 남을 배려하는 순수한 마음은 약이 되기도 했고 독이 되기도 했다. 유학을 가서도 소위 '약지' 못했던 그녀는 여기저기 사람들에게 상처받고 치이기 일쑤였다. 귀국 후 사회생활을 할 때도 그녀의 착하고 겸손한 심성을 이용하는 주위 사람들이 많았고 그녀는 그것 때문에 상처를 받았다. 나는 옆에서 그런 것을 지켜보는 게 너무 안타까웠다. 그래서 여러 번 삶의 지혜를 알려주고 상처를 받지 않기 위한 자기방어에 대해서도 얘기했지만, 천성이 너무 착하고 순수한 친구인지라 그 성향은 잘 바뀌지 않았다. 그러던 중 그녀의 호기심은 또 발동했다. 어릴 때부터 궁금해하던 피아노 속의 구조, 또 피아노의 소리가 어떻게 밖으로 전달되는지 그 악기의 모든 것이 궁금했던 그녀의 호기심은 그녀를 또 다른 세상으로 이끌어 갔다.

그녀는 여기저기 찾아다니면서 피아노 조율을 배우기 위해 스스로 스승님을 구했다. 피아노 레슨과는 달리 피아노 조율은 더욱 도제식 교육으로, 그냥 그 스승님 아래에서 허드렛일부터 하는 것이었다. 명문대를 졸업하고 유학을 가서 유명 음대에서 석사학위까지 취득한 그녀는 허드렛일을 하기 시작했다. 그 이유는 단지 호기심 때문이었다. 피아노를 잘 치기 위해서는 피아노라는 악기를 제대로 알아야 한다고 생각했고, 어릴 때부터 그녀는 피아노라는 악기에 대해 늘 궁금해했다. 그렇게 스스로 찾아다니면서 공부한 그녀는, 어렵다는 기능사와 산업기사 시험에 모두 합격하여 자격증을 획득했다. 결국 국내 유학파 석사 출신 피아노 조율사 1호라는 타이틀을 만들어낸 것이다. 또한 거기서 안주하지 않고 피아노 복원 등 끊임없이 피아노 조율에 관한 공부를 했다. 그녀는 어떤 것을 할 때, 뭔가를 바라고 하는 적이 없었다. 귀국 후 작곡을 하겠다며 1년 이상 실용음악 작곡을 비싼 레슨비를 투자하며 배우러 다닐 때도, 그녀는 특별히 뭔가가 되기 위해서 한 것이 아니었다. 그녀의 그런 행위는 당장 눈앞에 보이는 이익이나 결과물에는 별 소득이 없는 행위였다. 오히려 이력에 방해가 될 수도 있는 행보였다. 그녀의 끊임없는 이런 호기심은 순수한 열정으로 이어졌고, 드디어 그 열정은 세상과 만나 빛을 보게 된다.

세상에서 빛을 보다

그녀는 자격증을 획득한 후에도 피아노 조율 공부를 손에서 놓지 않았다. 더 깊은 세계를 알고 싶어서 끊임없이 공부하고 연구했다. 그러한 그녀의 열정과 실력 그리고 겸손하고 착한 그녀의 심성까지 인정한 조율계의 영향력 있는 분들이 그녀를 교수로 추천했다. 그렇게 새로 개설하는 학과를 맡으면서 그녀는 모교의 겸임교수가 되었다. 요즘 클래식계에서는 시간강사 자리 하나 얻는 것도 하늘의 별따기다. 예중, 예고, 명문대, 유학, 석·박사 이런 수순을 밟아도 대학에서 가르칠 시간 하나 얻는 것은 정말 어려운 일이라는 것을 이쪽 관계자들은 다 안다. 이런 현실 속에서 그녀는 어떤 대가나 계산 없이 단지 호기심 어린 '순수한 열정'으로 한 일이 이런 대단한 결과를 가져온 것이다.

영악하고 약지 못해서 이리저리 치이고 상처받기 일쑤였던 그녀였다. 하지만 착하고 겸손하게 진심을 다하니 그것을 인정하고 손뼉 쳐주며 높이 평가하더라는 것이다. 우리는 여기서 요즘 세상에 '영악하게 계산적으로 살아야 성공할 수 있다'는 사회적 편견을 깰 수 있다. 착하고 겸손하면 남에게 무시만 당한다는 편견, 약게 살아야 한다는 편견, 눈앞의 이익에 투자해야 한다는 편견을 깬 그녀에게 주목할 필요가 있다. 단지 호기심 어린 열정에 충실했고 남에게 상처받을지언정 착하고 겸손하게, 또 남을 배려하는 마음으로 살았더니 이런 인생의 보너스가 주어진 것이다. 이런 그녀의 순수한 열정과 폭넓은 사고를 가지려고 노력해온 자아성찰적 열정에 무한한 지지와 감탄을 보낸다.

가난이 이유가 되지 않았던 열정의 화신

그녀는 내가 출강했던 어느 지방 예고에서 배정받은 학생이었다. 그녀와의 첫 만남은 그녀가 예고에 입학한 3월, 개학 후 첫 레슨 시간에 이루어졌다. 그녀는 춤추듯이 온몸을 흔들면서 연주를 했다. 내가 "왜 이렇게 몸을 많이 움직이지?" 하고 묻자 그녀는 "손가락이 약해서 몸의 힘을 빌려서 치려고요" 하며 야무져 보이는 눈빛과 당찬 말투로 대답했다. 어리지만 그녀의 생각을 알 수 있는 대답이었다. 그녀의 그런 외적 모습은 집안 환경에서 나온 것임을 나중에 알게 되었고, 온몸을 써서 피아노를 치려는 것 또한 어린 그녀가 나름대로 만들어낸 열정임을 알 수 있었다.

3월에 처음 만난 그녀는 두 달 후인 5월의 스승의 날, 내게 작은 선물과 편지를 건넸다. 그때 그녀가 내게 준 선물은 그녀를 알게 해준 중요한 부분이었다. 그 선물은 다른 학생들이 준 선물과는 달랐다. 나중에 열어보니 아주 작은 평범한 손거울이 들어 있었다. 당시에 황당하게 느꼈던 것이, 비매품이라고 적혀 있는 어느 미용실의 개업 증정 거울이었다. 거리를 지나다 보면 개업 홍보물로 하나씩 건네는 그런 증정품 말이다. 자칫 스승으로서 성의 없는 선물이라고 생각하며 기분이 상할 수도 있다. 하지만 나는 순간, '왜 이 아이가 내게 이런 선물을 했을까'를 생각해보았다. 답은 간단했다. '선생님에게 잘 보이기 위해'서다. '선생님에게 감사한 마음을 전하기 위해'서다. 하지만 그런 마음을 전하기에 충분한 물질적 여유가 그녀에게는 없었다. 얼마 후 담임선생님을 통해 그녀의 집안 사정을 알게 되었다. 당시 그녀는 집안 형편이 매우 어려워서 친척 집에서 학교를 다니고 있었고, 아침에 일찍 일어나 본인의 도시락을 스스로 싸서 다니는 소녀였다. 그리고 형편이 안 좋았기 때문에, 항상 레슨비를 제때 못 냈다. 그녀와 나의 만남은 그렇게 흘러갔다.

성장을 위한 끊임없는 노력과 투지

그녀는 속내를 쉽게 드러내지 않았다. 차라리 피아노 연주로 자기 마음을 표현했다. 당시 그녀의 미니홈피 대문에는 '음악은 세상에서 가장 합법적인 마약'이라는 글귀가 있었다. 그녀가 어린 나이에 친척집에서 기거하며 학교에 다니던 현실, 항상 레슨비도 제때 못 내는 현실을 피아노라는 매개체를 통해서 잊고 싶었는지도 모른다. 아니, 피아노를 통해서 그 모든 것을 승화시키려 했음이 분명하다. 그녀는 내가 해주는 모든 교훈적인 말들과 지혜가 담긴 덕담 등을 듣는 것을 매우 좋아했다. 내가 당시 미니홈피에 시를 써서 올리거나 어떤 글들을 올리면, 매우 깊이 있게 받아들이는 것을 느꼈다. 지금 생각해보면 나의 수백 명 제자들 중 나의 사상에 가장 영향을 많이 받았고, 또 받고 싶어 했던 제자 중 한 명이라는 생각이 든다.

예고 3학년 때에는 하루에 열네 시간을 오롯이 피아노 연습에만 몰입하는 지독한 '연습 벌레'였고 '독종'이었다. 그녀는 끊임없이 자신을 성장시키기 위해 자아성찰을 하려는 것이 느껴졌고, 그러한 그녀의 남다른 노력과 투지는 그녀를 매우 깊이 있는 음악인으로 만들어주었다. 대학에 입학한 후로도 그녀는 대학 4년 내내 내게 레슨을 받으러 오고 싶어 했다. 보통 학생들은 대학 입학하고 나면, 그냥 매 학기 현실에 안주하며 실기시험만 겨우 통과하며 졸업을 하는 경우가 많다. 그런데 그녀는 끊임없는 자신의 발전을 원했다. 그 발전의 정체는 피아노 실기 연주력뿐만이 아니라, 스승인 내게 지속적인 자극을 받고 자신을 성장시키며 영향을 받으려 함이라고 해석했다. 경제적으로 힘들어서 학자금 융자받은 것도 갚기 힘든데 말이다. 그녀의 그러한 노력이 너무나 기특했다. 그래서 그녀에게 새로운 경험도 쌓게 해주고 경제적인 도움도 주고 싶어서 연습 선생을 시켰고 그녀는 학부 시절 동안 부족한 어린 친구들의 연습 선생으로 활동하며 많은 경험을 쌓았다. 이렇게 자신의 한 땀 한 땀 쌓은 노력의 결과로 그녀는 연세대학교 대학원에 합격하여 석사학위를 받기도 했다.

학자금 융자 8천만 원을 다 갚다

그녀는 집안 형편이 매우 어려웠다. 앞서도 언급했듯이 예고에는 간신히 입학했으나 형편이 어려워 친척집에서 학교에 다녀야 했고, 레슨비도 제때 못 냈다. 그랬기에 대학교, 대학원까지 진학했던 학비와 생활비 등은 당연히 그녀 스스로 해결할 몫이었다. 더군다나 지방 출신이었던 그녀는 학부, 대학원 모두 서울에서 다녔기 때문에 숙식을 포함한 생활비가 더 많이 필요했다. 그녀는 학자금 융자를 받았고 무려 8천만 원이라는 거액을 스스로 다 갚았다. 그것도 학교를 다니는 동안 말이다. 학교에 다니면서 학업을 하는 동안 시간도 부족한데, 8천만 원이라는 금액을 다 갚는다는 것은 보통 일이 아니다.

그녀는 학부, 대학원에서 공부하는 동안 닥치는 대로 '반주'를 했다. 하다가 보니 실력도 늘었고, 또 그녀의 반주의 진가를 알아보는 솔리스트들이 그녀를 계속 찾았기에 그녀는 늘 바쁘게 살았다. 그야말로 정신없이 반주하랴, 또 자신의 학업을 하랴, 레슨까지 하랴 힘겨운 생활이었을 것이다. 나중에 안 사실이지만 그 와중에 어머니가 많이 편찮으셔서 수술을 했는데, 형편이 안 좋았던지라 그 수술비마저도 그녀가 부담했다고 한다. 정말 대단하지 않은가! 어느새 석사학위를 취득한 그녀는 현실을 받아들이고 형편 때문에 유학은 깨끗하게 포기했다. 하지만 그녀는 유학을 다녀온 그 어떤 피아니스트보다도 더 활발히 연주 무대에 서고 있다. 그녀의 음악을 향한 열정은 그녀를 끊임없이 무대에 세웠으며, 내가 본 그녀는 무대에 섰을 때가 가장 그녀다웠다.

무대 위에서 가장 빛나는 사람

사람들의 가치관은 모두 다르다. 성공이나 행복에 대한 정의도 각각 다를 수밖에 없다. 그녀는 적당히 학교를 졸업하고 생업을 위해서 음악을 포기할 수도 있었을 것이다. 왜냐하면 무대에 선다고 밥이 나오고 떡이 나오는 것은 아니니까 말이다. 그렇다고 여유 있는 부모가 그녀의 배경이 되어주지도 못했기 때문에 그녀는 항상 사는 게 힘겨웠을 것이다. 그럼에도 불구하고 그녀는 단 한순간도 음악을 포기하거나 피아노를 그만둔 적이 없다. '음악은 세상에서 가장 합법적인 마약'이라는 어릴 적 좌우명을 평생 가슴에 품기라도 한 듯, 그녀는 피아노를 자신의 인생에서 떼어내서 생각해본 적이 없다. 그녀는 대학원 졸업 후 삶에 대한 투철한 성찰을 하고자 책을 몇천 권 읽는 것으로부터 시작해, 없는 돈을 쪼개가며 여행을 다니기도 했다. 이 모든 것은 그녀가 가진 여러 가지 내적 갈등의 해소를 위한 스스로의 방법이었을 것이라 추측된다.

그녀는 음악을 계속하는 가운데, 과일 잼을 만드는 사업을 하기도 했고 뮤지컬 제작에도 참여했다. 이러한 그녀의 여러 가지 활동은 더욱 그녀를 폭넓게 성장시켜주었고, 자신이 원하는 것이 무엇인지를 더욱 명확하게 깨닫게 해주는 계기가 되기도 했다. 그녀는 현재 앙상블의 리더로서 계속적으로 무대 활동을 하고 있으며, 뮤지컬 쪽에서도 일을 하고 있다. 또 레스너로도 계속 활동해오고 있으며 반주는 이미 익숙한 그녀의 주된 업무 중 하나다. 그녀는 그 무엇을 하든 간에 음악은 절대 포기하지 않는다. 왜냐하면 음악은 그녀 인생의 목적이기 때문이다. 또한 그녀 인생을 행복하게 해주는 주된 소재이기도 하다. 그녀의 인생에서 음악이 빠지면 그녀는 시쳇말로 '죽음'이다. 그만큼 그녀는 음악을 사랑하고 그 음악은 그녀를 행복하게 해준다.

작년 겨울 크리스마스를 며칠 앞둔 어느 날 그녀는 웨딩마치를 울렸다. 그녀를 긴 시간 동안 지켜봐온 스승으로서 나는, 가슴 가득 차오르는 여러 감정들이 교차하는 것을 느꼈다. 그날 피로연 때 그녀의 어머님이 내게 오셔서 "선생님, 우리 아이의 오늘이 있는 것은 다 선생님 덕분입니다"라고 말씀하시는데 나도 모르게 눈물이 살포시 맺혔다. 그냥 으레 하는 인사말이 아니고, 딸이 스승인 내게 받았던 영향과 그것에 대한 진정한 감사함의 표현이었다. 또한 꿋꿋하게 자신을 지켜내고 투지로 점철된 삶을 살아온 딸을 옆에서 봐온 어머니로서의 말씀이었다. 우리는 그녀를 통해 가난이나 역경이 결코 자신의 꿈을 포기하거나 좌절할 이유가 될 수 없음을 배울 수 있었다. 어떤 것을 향한 진정한 열정만 있다면, 그 어떤 역경도 이겨낼 수 있는 힘을 발휘할 수 있다는 것을 다시 한 번 깨닫게 된다. 또한 그 과정에서 만나게 되는 자기성찰을 통해 훨씬 폭넓고 깊은 사람이 될 수 있으며, 그것이 자신의 삶을 행복과 성공으로 이끈다는 것을 배울 수 있다.

철밥통 공무원보다
자유로운 영혼, 음악도가 되다

그녀는 어릴 때 취미로 동네 학원에서 피아노를 잠깐 접했다. 하지만 집안 형편이 넉넉하지 못했던 그녀는 자신이 피아노를 계속하는 것은 너무 이기적인 자기 욕심이라는 생각에 이내 포기했다. 그리고 힘든 자신의 형편을 극복해보려고 공부를 매우 열심히 했다고 한다. 그녀가 할 수 있었던 유일한 것은 당시 공부밖에 없었다. 그녀는 과외 한번 받은 적 없었지만 죽어라 열심히 공부했고 그 결과, 과기고(과학기술고등학교)에 입학하게 되었다. 거기서도 우수한 성적으로 선두에 있었던 그녀는, 장학금을 받고 서울시립대학교에 입학하게 된다. 전공은 이공계열이었다. 그녀가 처음 내게 연락을 한 것은 대학교 2학년의 가을쯤이었다. 전화상으로 오디션을 문의했는데 그녀는 피아노 입시를 하기에 필요한 베토벤이나 쇼팽 연습곡 등을 다뤄본 적이 없다고 했다. 즉 〈체르니〉나 〈소나티네〉 곡들을 다뤄본 것이 전부였다. 나는 베토벤 소나타 한 곡과 쇼팽 연습곡 한 곡을 정해주면서 연습 선생님을 한 명 붙여주었다. 그녀는 그 연습 선생님과 열심히 준비해서 다음 해 2월에 내게 오디션을 보러 왔다. 그때까지 나는 그녀를 피아노를 막연히 치고 싶어 하는 젊은 청춘들 중의 한 명쯤으로 생각했다.

몸이 아플 정도로 숨어 있던 열정

오디션 때 본 그녀는 '막연히 피아노'를 치고 싶어 하는 정도가 아니었다. 집안 형편 때문에 접었던 피아노에 대한 그녀의 열망은, 여전히 해결되지 못한 채 마냥 꾹꾹 누르며 '숨겨온' 터라 당장이라도 폭발할 것만 같았다. 하지만 겨우 〈체르니〉나 〈소나티네〉 과정을 다룬 것이 전부였던 그녀는 취미로 치는 것 외에는 할 수 있는 것이 없었다. 공부를 열심히 해서 과기고에 들어갔고 원하는 대학교에도 합격했으나 그녀의 마음은 행복하지가 않았다. 늘 피아노를 연주하고 싶은 열망이 있었고, 그것은 좀처럼 사그라지지 않았다. 그러다 보니 그녀는 우울증이 생겼고, 몸이 자꾸 아팠다. 그런데 신기하게도 '피아노를 치고 싶다'는 생각, '피아노를 칠 생각'만 하면 감쪽같이 그 아픈 게 사라진다는 것이다. 처음에는 피아노에 대해 막연한 환상을 가지고 있는 것이라고도 생각했단다. 그러나 자꾸만 몸이 아파오니 집에서도 그러면 피아노를 한번 해보라고 허락했고, 어려운 형편을 알고 있었던 이모님이 여러 가지 경제적인 지원을 해주기로 했다.

안정된 공무원의 길보다 예술가의 길을 택하다

오디션 때 그녀에게 "너희 전공에서는 졸업 후 주로 어떤 진로가 있지?"라고 물었다. 그녀는 "선배들을 볼 때 주로 공무원 시험을 치는데 합격률이 매우 높아요. 거의 공무원이 되기를 희망하고 또 그런 쪽으로 취직하는 것 같아요. 하지만 저는 그런 것이 하나도 안 부러워요"라고 말했다. 나는 "많은 사람들이, 특히 어른들은 공무원 시험에 합격해서 안정적으로 살기를 원하시잖아? 너는 그걸 원하지 않아? 피아노를 전공하면 거의 프리랜서로 활동해야 하고, 공무원 같은 '안정'은 없어. 꼬박꼬박 월급이 나오는 것도 아니고, 너 스스로 자신의 분야를 '개척'해야 해. 그래도 괜찮겠어? 조금 하다가 환상이었다는 걸 깨닫고 그만둘 바에는 차라리 안 하는 게 좋아. 그리고 피아노과 편입은, 한두 명밖에 안 뽑기 때문에 지금의 네 실력으론 어림도 없어. 피나는 노력을 해야 해. 네가 가던 길을 그대로 가면 안정된 공무원으로 살아갈 수 있을 텐데, 굳이 진로를 바꾸어 네가 나중에 후회할 일은 안 만들었으면 좋겠다. 정말 진정으로 네가 원하는 것이 이 길인가를 깊이 생각해 봐"라고 노파심에서 재차 강조하여 말했다.

그녀는 나의 그런 걱정을 잘 이해했고, 자신의 의지나 갈망이 일시적이 아님을 진실하게 보여주었다. 레슨 때마다 매우 성실한 자세로 임했고, 기초도 없고 음악적인 지식도 없었지만 머리가 좋았다. 특히, 그녀의 특이점은 음악을 음악으로 보지 않고, '음악 그 이상의 것'으로 느끼고 바라보는 점이었다. 이 점은 나와 그녀를 매우 긴밀하게 연결시켜주었으며, 깊은 교감을 만들어주었다.

음악, 그 이상의 세계를 추구하며 해답을 모색하다

그녀는 피아노를 제대로 교육받은 적이 없었기에 당연히 기술적으로는 많이 부족했다. 하지만 그녀가 음악을 대하는 태도, 음악을 통해 얻고 싶거나 추구하는 것은 매우 깊은 것이었다. 즉 그녀는 피아노를, 손가락을 돌리면서 화려한 기교를 뽐내려는 수준의 음악을 원하지 않았다. 음악을 통해서 그 이상의 무언가를 갈망하며 그 해답을 찾으려 끊임없이 노력하는 것이 내 눈에는 보였다. 그러한 그녀의 열정을 높이 평가하여 그것을 장점으로 바라보았다. 그래서 정말 테크닉으로는 말도 안 되는 곡을 시험곡으로 내주었다. 전문적인 얘기지만, 라흐마니노프 〈소나타〉, 쇼팽 〈에튀드〉, 리스트 〈에튀드 사냥〉, 베토벤 〈열정〉 이렇게 총 네 곡을 나와 공부한 그녀는 매우 힘들었을 것이다. 이 곡들의 수준은, 웬만한 음대 고학년도 치기 어려운 수준이다. 그런 곡들을 이제 〈소나티네〉, 〈체르니〉를 겨우 벗어난 그녀에게 내준 것이다.

하지만 그녀를 믿었다. 그녀는 해낼 수 있으리라는 믿음이 있었다. 나중에 편지에서 그녀는 이렇게 고백했다. "이 산을 과연 넘을 수 있을까? 지치려고 할 때마다 어디쯤 왔을까 생각했어요. 너무 크고 거대한 산이어서, 어렵고도 또 어려웠어요"라고 말이다. 그때마다 그녀와 나는 교감을 했다. 다행히 그녀와 나는 둘 다 눈에 보이는 것보다 정신적인 것을 더 동경하는 스타일이라 그런 부분에서 너무 잘 통했다. 제자들마다 당연히 티칭법이나 설명이 달라지는데, 내가 '소리'를 들려주면서 직접 쳐주면 그것을 본인의 귀로 듣고 따라 치는 제자들도 있다. 이런 경우는 스승으로서 매우 수월한 편이다. 하지만 음악을 어릴 때부터 오랫동안 듣거나 다루지 않은 친구들은 그 소리마저도 들리지 않는다. 선생이 아무리 쳐주어도 이 소리인지 저 소리인지 소리가 구분이 안 된다는 말이다. 이럴 때는 여러 가지 다른 설득이나 설명이 필요하다. 그녀의 경우는 소리를 들려주면서 '소리에 대한 시각화'를 표현해서 설명해주면 그녀는 제대로 이해를 했고, 그것이 그녀의 손가락을 통해서 표현되어 나왔다. 매 순간 다른 단어를 이용해서 시각화를 시켜주었다. 주로 다양한 형용사가 많이 사용된다.

편입시험은 특히 한두 명밖에 뽑지 않기에 치는 사람 중 '튀어야' 한다고 했다. 그런데 그녀에게 튄다는 것은 화려하게 연주한다는 것으로 해석되었나 보다. 그녀는 더욱 거친 소리를 냈고, 피아노를 때려 부수듯이 쳤다. 근육이 잡혀 있지 않은 손의 상태에서 화려하게 치려는 마음만 앞섰으니 그럴 수밖에 없었을 것이다. 다리의 근육이

나 훈련이 안 된 사람이 세계육상대회에서 일등을 하겠다고 마음만 앞서서 달리는 것과 같은 것이다. 계속 감을 못 잡는 그녀에게 다시 눈을 감고 지그시 설명했다. "너는 정신적인 사람이야. 화려하게 치려고 하지 말고, 너의 내면의 세계를 생각해봐"라고 설명했을 뿐이다. 그런데 갑자기 그녀의 소리는 달라졌다. 이전보다 훨씬 더 깊은 울림이 있는 소리가 났고 음악이 흐르는 것이었다.

'피아노'라는 길에서 자신을 찾아가다

그녀는 그런 레슨을 통해 희망을 갖게 되었다고 했다. 더 깊고 넓은 세계를 통해서 진정 원하는 '자신을 찾아갈 수 있겠다'는 희망 말이다. 이러한 깊은 내면의 세계를 일찍이 알아본 나는 그녀에게 맞는 방법으로 티칭을 했고, 그녀의 깊은 피아노에 대한 열정은 생각지 못한 결과를 만들어냈다. 그녀 역시 전공자들을 다 물리치고 한 명 뽑는 국민대학교 편입시험에 비전공자로서 합격한 것이다. 정말 기적 같은 결과였다. 지금 그녀는 학부를 졸업한 후 전액 장학금을 받으며 대학원에 진학해서 졸업을 앞두고 있다. 그녀는 결코 평범하지 않았다. 그녀는 안정된 직장, 월급이 꼬박꼬박 나오는 철밥통 공무원이 되는 길을 포기했다. 그리고 어쩌면 미래를 예측할 수 없는, 앞이 막막할 수도 있는, 현실적으로 어렵게 살아갈 수도 있는 예술가의 길을 선택했다. 왜일까? 그것이 자신을 행복하게 하기 때문이다.

안정이 주는 기쁨보다 예술이 주는 마음속 깊은 울림과 영혼을 살찌우는 풍요로움을 그녀는 선택한 것이다. 우리는 그녀를 통해서 삶의 행복은 지극히 개인적인 것이며, 세상이 만들어놓은 잣대의 기준이 답이 아니라는 것을 배울 수 있다. 또한 현실적으로도 철밥통보다 훨씬 더 안정되게 살 수도 있다는 것을, 그녀는 스스로에게 또 세상 밖으로 보여줄 수 있을 것이라고 나는 믿는다. 그녀를 통해 나는 예술이 한 인간을 얼마나 변화시키는지, 얼마나 '행복'을 주는지 다시 한 번 느낄 수 있었다.

변호사 겸 피아니스트의 꿈을 향하여!

어느 날 초등학교 동창회를 다녀왔는데, 다음 날 남자 동창으로부터 전화가 왔다. “네가 입시계의 마이다스의 손이라며?” 하는 것이었다. 나는 너무 황당해서 “뭔 소리야? 누가 그런 말도 안 되는 소리를 하냐?”라고 되물었다. 그 동창은 동창회가 끝난 후 집에 가서 가족들에게 동창들의 근황에 관해 말하고 있었단다. “이 친구는 어릴 때부터 피아노를 하던 친구인데, 아직도 피아노를 하고 있고…….” 이렇게 말하는 도중 듣고 있던 큰아들이, 같은 이름의 피아노 선생님이 있는데 그분은 ‘입시계의 마이다스의 손’이라고 하더라는 것이다. 자신이 오디션을 보러 가고 싶다고 전화를 했다가 거절을 당했다고 했단다. 그 말을 들은 동창은, “그분은 아닐 거야. 내 동창은 그렇게 유명한 사람이 아니야"라고 하면서 카톡에서 단체 사진 찍은 것을 보여주었다. 블로그를 통해 내 얼굴을 이미 알고 있었던 아들은 같은 사람이라고 말했고 그 동창은 바로 내게 전화를 한 것이다. 동창은 "왜 내 아들이 오디션 신청했는데 거부했냐? 사람 가려서 받냐?"라고 물어왔다. 내가 "그럴 리가 있냐? 뭔 사정이 있었겠지"라고 하자 동창은 "우리 아들놈 좀 잘 부탁한다. 한번 만나봐주라"라고 했고, 그 후 그 동창의 아들과 처음 대면하게 되었다.

그 친구의 말을 들어보니, 몇 년 전에 오디션 문의를 하려고 전화를 했을 때 내가 입시철이라서 티오가 없다고 했다는 것이다. 사실 나는 기억이 잘 나지 않았다. 입시철이라서 티오가 없다는 이야기는 사실이었겠지만, 보통 신청자가 간절히 원하면 오디션은 진행한다. 그런데 그러지 않았다는 것을 보면 비전공자들이 호기심에서, 그냥 환상을 가지고 한번 '찔러보는' 것으로 간주되었을지도 모른다. 그런 전화가 매우 많았기 때문이다. 그 친구와 나는 동창의 아들이 아니었다면 다시 만나지 못했을 인연이었다. 하지만 특별한 인연으로 우리는 연결되었고, 결국 '스승'과 '제자'의 관계로 새롭게 탄생되는 순간이었다.

명문대 진학으로도 채워지지 않았던 열망

그는 어릴 때부터 피아노를 좋아했다. 예술중학교를 진학하려고 준비했으나 낙방했고, 다시 예술고등학교를 준비하던 중3 때였다고 한다. 성적이 너무 상위권이어서 그의 어머니는 그가 공부하기를 바라셨다. 예중에 떨어진 경험도 있거니와, 경제적인 부담도 컸고 남자아이가 클래식 음악을 전공하는 것에 대한 미래의 걱정도 컸기 때문이었다. 그는 성적이 매우 좋았다. 결국 그는 특목고인 외국어고등학교를 진학하게 되었고, 거기서도 외부 장학금을 줄곧 받았다. 공부를 잘한 덕분에 그는 '관정 장학금' 등 여러 장학금을 받으며 세계적인 명문, 런던 정경대학교에 진학하게 된다. 전공은 철학과 경제학 복수 전공이었다.

그가 내게 온 시점은 런던 정경대학교를 졸업하고 군대 문제 때문에 한국에 나와 있을 때였고, 그는 자신의 계획을 내게 설명했다. 나와 공부를 해서, 영국에서 주관하는 피아노 연주 자격시험에 도전해보고 싶다는 것이었다. 그는 대학원을 미국 로스쿨(하버드 로스쿨이 그의 목표다)로 진학함과 동시에, 피아노로도 석사학위를 취득하고 싶다고 했다. 한마디로 욕심도 많고 꿈도 큰 친구였다. 나는 왜 그렇게까지 해서 피아노를 전공하려는지 물어보았다. 그냥 취미로 치면 안 되냐고 말이다. 그의 대답은 취미로 치는 것은 그냥 좋아하는 것이고 본인은 무대에 서서 연주하는, 즉 연주자로서의 삶을 살고 싶다고 했다. 그는 자신이 국제적인 연주가가 되기에는 너무 늦었고, 실력도 많이 부족하다는 사실을 스스로도 알고 있었다. 또 피아노보다는 공부에 더 뛰어난 재능이 있다는 것도 알고 있었던 그는, 자신의 장점을 최대한 활용한 '변호사로서의 피아니스트'를 향해 가기로 인생 진로를 결정한 것이다.

그가 그렇게 결정하기까지는 수많은 고민과 갈등의 밤들이 있었을 것이다. 남들이 쉽게 접근할 수 없는 명문대까지 진학했어도 결코 없어지지 않는, 그의 음악에 대한 미련과 피아노에 대한 열정은 결국 그러한 진로 결정을 하게 만들었던 것이다.

남들과 다른 경로를 통한 피아니스트의 길

그는 세계적인 경영컨설팅 회사 중 하나인 보스턴 컨설팅그룹 한국 지사에서 인턴십을 하고, 대치동에서 유학을 준비하거나 외고를 준비하는 학생들에게 과외를 하는 아르바이트를 하며 내게 레슨을 받았다. 그는 유학도 그렇고 레슨도 그렇고 부모에게 전혀 경제적인 부담을 주지 않고 혼자서 다 알아서 준비하는 정말 '어메이징 한 아들'이었다. 그는 연습에 몰입하고 싶어서 연습실 근처에 월세방을 얻어서 동선을 줄이고 연습에 몰입하는 스타일이었다. 그가 나와 함께 준비한 자격증 과정은 한국의 편입시험과는 다른 과정이었다. 영국에는 음악대학 교육을 받는 사람들과 구별되는, 비전문인들을 위한 'piano licentiate diploma(피아노 연주자 디플로마)' 시험이 있다. 레벨별로 응시하는 시험 곡목이 다른데, 어느 레벨을 통과하면 더 좋은 학교의 더 높은 레벨을 시험 볼 수 있는 자격이 주어진다. 보통 높은 레벨의 시험 수준은 영국의 정규 음악대학의 3, 4학년 수준이다. 제일 높은 레벨을 통과한 사람은 아마추어 협회 등에서 인정을 받으며 연주 활동을 할 수도 있다.

실제로 영국의 '쇼팽 협회' 같은 곳에서는 그런 비전공자로서 피아노 연주자 자격증을 획득한 사람들이 본인의 다른 주된 업무를 하면서 음악 활동을 하고 있다. 주로 변호사, 의사, 교수, 연구원 등과 같은 전문직에 종사하는 사람들이 많다고 한다. 그가 나와 함께 준비한 과정은 총 한 시간 동안 연주하는 프로그램으로서 곡목의 범위가 지정곡처럼 정해져 있었다. 바흐 〈프렐류드〉와 〈푸가〉, 모차르트 〈소나타〉 전 악장, 쇼팽 〈에튀드〉, 드뷔시 작품, 리스트의 〈헝가리안 랩소디〉처럼 방대한 곡을 준비했다. 우리나라 입시는 1분 30초에서 2분을 연주하는, 그야말로 '짧은 시간 안에 모든 것을 보여주어야 하는' 집약적인 결과물을 만들어내는 과정이다. 이와는 달리 영국 자격증 시험은 재현부에서 커트 없이 끝까지 모든 곡을 암보로 연주해야 한다. 그는 끈질기게 준비했고 영국에 직접 시험을 보러 갔다. 결국 연주자 디플로마 시험에 합격해서 인정을 받은 것이다.

국제변호사와 피아니스트의 꿈을 향하여!

그는 현재 군 장교로 복무 중이다. 그 과정이 끝나면, 그는 미국으로 가서 대학원 진학을 할 예정이다. 또한 그는 피아노과로 대학원 진학도 준비 중이다. 그가 원하는 것은 국제변호사로 활동하면서, 피아니스트로 연주 무대에서도 계속 활약을 하는 것이다. 그의 연주는 기교적으로는 부족할 수 있으나 그의 꿈이 묻어져 나온다.

나는 앞으로 이런 연주자들이 많이 나와야 한다고 생각한다. 그래서 내가 준비하는 '꿈' 콘서트의 무대에 그를 세울 계획이다. 그는 나의 계획을 듣고 벌써 설레고 흥분된 마음을 감출 수 없어 했다. 내가 그를 무대에 세우려는 것은 많은 사람들이 그의 열정을 공감하고 배웠으면 하기 때문이다.

그는 남들이 다 알아주는 명문대를 졸업했고 더 많은 '돈'을 벌 수도 있고 더 인정받는 '커리어'를 쌓을 수 있는 기회도 많았다. 그럼에도 불구하고, 그가 선택한 것은 피아노를 향한 길이었다. 그것을 한다고 당장 떡이 나오는 것도 아니고 돈이 되는 것도 아니다. 좀 더 현실적으로 말한다면, 그 시간에 다른 것을 해서 더 유능한 경력을 만들 수도 있다는 것이다. 하지만 그는 왜 그런 선택을 했을까?

그것은 클래식이 주는 격조 높은 정신세계를 그는 알고 있었고, 그것이 그를 채워주었기 때문일 것이다. 우리는 그를 통해서 학벌, 스펙으로도 채워지지 않는 열정이 있다는 것을 알 수 있다. 좋은 학교만 들어가면, 좋은 학벌과 스펙만 있으면 만족할 것이라 여기는 사람들에게 생각할 여지를 준다. 또한 더 높은 정신세계를 추구하는 사람일수록 순수한 영혼에서부터 나오는 열정을 갈망한다는 것을 알 수 있다. 즉 현실, 눈에 보이는 것, 돈, 명예로 채워지지 않는 것이 있고, 그것을 향한 또 다른 열정을 이루어내는 사람들이 있다는 것을 배울 수 있다.

나는 앞에서 열정으로 꿈을 이룬 일곱 명의 제자들 이야기를 했다. 사실 이들뿐만이 아니라 수많은 제자들이 모두 사연이 있고, 그들의 열정으로부터 배울 점이 많다. 또한 주위를 둘러보면 교훈을 주는 많은 젊은 청춘들이 오늘도 열심히 그들의 미래를 향해 달려가고 있다.

자, 이제 당신의 마음을 들여다보라! 당신이 진정 원하는 것은 무엇인가? 당신은 그것을 위해서 얼마나 많은 노력을 해왔는가? 당신은 그 '열정'을 키우고 지키며 이루어내기 위해 무엇을 했는가? 진정한 '열정'은 당신의 삶을 이끌어가는 당신의 행동의 '주인'이 되어줄 것이다. 그 열정으로 점철된 당신의 삶은, 당신을 결국 '행복'과 '성공'으로 이끌어줄 것이다.

Chapter 4

고전Classics,
기본이
되다

The Power of Passion

‘고전’과
‘본질’의 관계

이 장에서는 나의 결핍된 상처로 열정을 이루어가는 데 가장 밑바탕이 되었던 ‘고전’의 힘에 대해 말하려 한다. 많은 사람들은 ‘반짝’하는 당장의 눈앞에 보이는 ‘무엇’인가에 반응하고 그것을 좇지만, 모든 해법은 ‘기본’에 있다. 그 ‘기본’은 ‘본질’에 있는 것이고, 그 본질은 고전에서 그 ‘해답’을 찾을 수 있는 것이다.

“세상에서 제일 고귀한 꽃, 영원히 회자되는 세기의 사랑, 숭고한 어머니의 사랑 이 세 가지 중 가장 위대한 것은 무엇일까요?”

내가 20대 때 어느 시인으로부터 받은 질문이다. 대답하기 쉽지 않은 질문 아닌가? 나는 한참을 생각했다. 어떤 관점으로 보느냐에 따라 답이 달라질 수 있는 문제이기 때문이다. ‘고귀한’이라는 것에 중심을 두면 '세상에서 제일 고귀한 꽃'은 꽤 위대하다. 또한 '영원히 회자'되는 세기의 사랑이라 하면, 사랑하는 여자와 결혼하기 위해 왕관까지 버린 영국의 왕 에드워드 8세가 떠오른다. 숭고한 어머니의 사랑은 이미 설명이 필요 없는 본능적인 모성애다. 즉 모두 다 위대하다.

이 질문에 대답하려면, 여러 관점에도 불구하고 더 근본적인 것에 중점을 두어야 하는, '본질'이라는 것을 생각해보아야 한다. 본질의 개념 또한 다양한 시각에서 볼 수 있다. 사전적 의미로는 본디부터 가지고 있는 사물 자체의 모습이나 성질, 어떤 존재에 관해 '그 무엇'이라고 정의될 수 있는 성질로 규정하고 있다. 해석의 다양성을 만드는 주요 핵심은 그 본질을 이루는 '밑바탕'을 근거로 할 것인가, 눈에 보이는 성질 '본체'에 둘 것인가가 주를 이룬다. 나는 둘 다 본질을 정의하는 데 필요한 것이라고 생각한다.

더불어 그 본질을 좀 더 검증할 수 있는 요소 중 하나로, '시간'이라는 것을 말하고 싶다. 즉 좀 더 오랫동안 그 '무엇'이 유지되거나 긴 시간 동안 인정 혹은 검증되어온 것이 진정한 본질이라고 보는 것이다. 그런 측면에서 바라본다면, 위의 세 가지 중 가장 위대한 것은 무엇인가? 아무리 고귀한 꽃이라도 시간이 지나가면 시들기 마련이다. 영원히 안 시드는 꽃은 조화뿐이다. 세기의 사랑 또한 매우 위대하다. 하지만 남녀 간의 사랑이라는 것 또한 형체적인 본질로 보았을 때 영원하지 못하다. 윈저 공의 경우 왕관을 버리고 사랑을 좇은 로맨티스트로 회자되지만, 그 사랑이 100년, 200년 계속되었을지는 모를 일이다. 게다가 모든 사람이 그렇지 못하다. 정말 극소수였으니 세기의 사랑이라 불렸을 것이다.

답이 나왔다. 숭고한 모성애는 동서고금을 막론하고 가장 오랫동안, 가장 많은 사람이 인정하는 보편적 정의에 의한 위대함이다. 즉 아무리 시간이 지나고 세상이 변화해도 변하지 않는 그 '정신'인 것이다. 위의 세 가지 중 가장 위대한 것은 '어머니의 자식에 대한 사랑'이다. 이것이 '본질'이고 이 본질을 뒷받침해주는 것에는 시간, 즉 '고전'이라는 것이 뒤따른다.

본질이란 무엇인가

미국 유학 시절 내가 다니던 학교에는 필수로 학점을 취득해야 하는 '솅커의 분석이론'이라는 음악 이론 과목이 있었다. 이 과목은 화성법도 잘 알아야 하고 전위(조바꿈)도 능수능란해야 하는 어려운 과목이었다. 선배들이 미룰 수 있는 한 미뤄서 마지막 학기 때 하라고 조언했다. 나는 잔뜩 겁을 먹고 졸업 직전까지 미루었다가 마지막 학기 때 그 과목을 이수했다. 이 과목이 왜 그렇게 어렵다고 했는지, 수업이 시작되자마자 바로 알 수 있었다. 하지만 이 과목을, 작곡을 전공하지도 않는 모든 음악 전공자들에게 왜 필수과목으로 정해놓았는지는 세월이 한참 지난 후에야 알게 되었다. 아니, 매우 감사하게 되었다. 그 과목이 주는 힘을.

솅커 분석이론은 독일의 하인리히 솅커(Heinrich Schenker, 1868~

1935)의 이론에 기반한 음악 분석의 한 방식으로, 매우 난해한 이론 중의 하나다. 목표물이 어떻게 추상과 관련되었는지를 보여줌으로써 그 작품의 유기적 일관성을 입증하는 것으로 주로 조성의 변화를 중심으로 그 구조물을 파헤치고 그 과정을 분석한다.

매주 수업 시간마다 교수가 학생들이 미리 알 수 없는 모든 시대의 곡이 프린트된 악보를 가져온다. 악보를 손에 든 학생들은, 그 곡을 화성적으로 분석하고 그래프로 그려서 조성의 변화를 보여주어야 한다. 그래서 가장 중요한 조성의 핵심적 진행의 흐름을 결론으로 끌어내야 하는데, 수업 때마다 앞에 나가서 전 학생들이 보는 가운데 그래프를 그리고 문제를 푸는 과정이다. 긴장의 연속이며 혹시라도 내 이름이 불릴까 봐 노심초사하는 분위기였다.

내가 이 과목을 이야기하는 이유가 있다. 이 과목을 이수한 후에, 평생 사물을 바라보거나 일을 해결할 때, 이 이론의 덕을 톡톡히 보았기 때문이다. 단지 '음악 이론'이 아니었다. 우리가 살아가는 모든 부분에서 정말 유용한 것이었다.

간단히 설명하면, 우리가 생선을 먹을 때 살을 다 발라 먹고 마지막 뼈대만 남겨놓는 것과 같은 이론이었다. 또 바꾸어서 말하면, 어떤 건축물을 설계할 때 '가장 중요한 골격인 지지대부터 만들고 시작하는 것'을 역추적하는 이치였다. '솅커 분석이론'은 다 완성된 건물을 파헤쳐서, 그렇게 형성된 과정을 통해 본질을 파악하려는 것이다. 이것이 바로 본질이다.

미래에도 핵심은 여전히 '본질' 파악이다

파리의 '피카소 미술관'에 가면 20세기 최고의 예술가인 파블로 피카소를 가장 지척에서 느낄 수 있다. 많은 피카소의 작품 중 <소 연작(LE TAUREAU, 1945~1946)>은 같은 소를 다른 스타일로 그려낸 과정을 알 수 있어 매우 흥미롭다. 처음 양감의 볼륨을 살린 소의 모습이 갈수록 축소되고 단순해진다. 이 같은 모습은 피카소의 다른 작품에서도 많이 나타난다. 즉 그는 어떤 형태를 빼고 또 빼서 단순하게 마지막 '본질'만 남기려고 한 것이다. 또한 20년에 걸친 탐구로 유명한, '뉴욕 모던 아트 미술관'에 전시된 앙리 마티스의 <뒷모습 시리즈(The Back Series)>도 결국 가장 단순해진 추상적 형태인 뒷모습으로 완성되었다. 시간이 갈수록 더욱 빼고 간소화시켜서, 마지막 본질만 남겨 보여줌으로써 무엇을 알게 하려 했을까? 바로 '핵심'이다.

피카소 〈소 연작〉

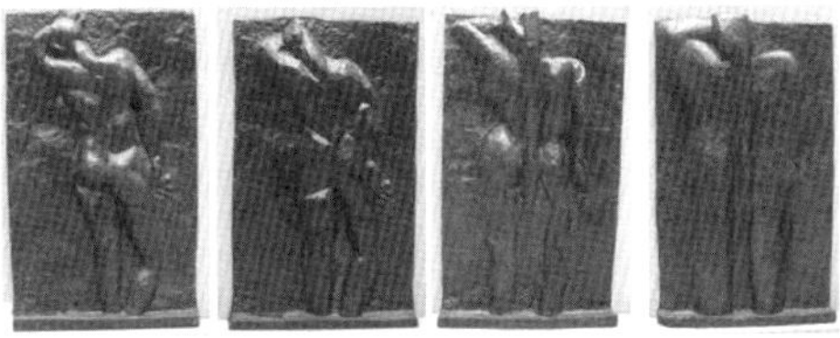

마티스 〈뒷모습 시리즈〉

우리가 사물 혹은 맞닥뜨린 현상에서 문제를 해결하는 방법의 핵심은 기원전이나 오늘날이나 똑같다. 본질을 찾는 것이다. 이는 미래에도 마찬가지다. 아무리 4차 산업혁명이 오고 5G, 초시대가 온다고 해도 이것은 불변의 법칙이다. 예를 들어 공부의 본질은 무엇이라고 할 수 있겠는가? 추구하는 것에 따라 달라질 수 있겠지만, 최고의 학벌을 갖는 것인가? 아니다. 공부의 목적은 일차적으로 자신을 더욱더 풍요롭게 해주는 것이다. 또한 실력을 쌓아서 사회에서 필요한 일꾼이 되고, 그 실력이 경쟁력을 만들 수 있게 되는 것이 공부의 본질이다. 결혼의 본질은 무엇인가? 멋진 세기의 결혼식을 올리는 것인가? 아니다. 개인적으로 다를 수 있겠지만, '행복 추구'라는 보편적 본질은 변함이 없다는 것이다. 이런 본질을 제대로 파악하는 것은 미래에도 여전히 핵심이 되는 사항이며, 우리는 그 본질의 파악을 위해 고전을 알아야 할 필요가 있다.

본질을 뒷받침하는 '고전'의 중요성

세계적인 명문들이나 미국의 아이비리그에 속하는 대학들은 우리나라와는 달리 대학교에 입학하기 전에 전공을 미리 정하지 않는다. 2년 동안 학생들은 교양과목만 배운다. 고대와 철학, 사학, 문학 그리고 음악, 미술 등을 공부한다. 특히, 미국의 명문 컬럼비아 대학교에서는 1905년 이 제도를 만든 후 오늘날까지 유지해오고 있다. 만약 이 제도가 좋지 않은 결과로 이어져왔거나 시대에 뒤떨어진 무용지물이라고 여겨졌다면, 100년이 넘는 기간이나 이어져올 수는 없었을 것이다. 이것은 교육의 본질을 '고전'과 '기본적 소양'으로 보고 있다는 것을 말한다.

또 우리나라 음악대학 입학시험의 경우, 수준이 높은 학교일수록 지정곡에는 바흐나 모차르트 같은 고전 곡이 자주 등장한다. 악보 보기나 화성이 난해한 현대곡이 아닌, 고전 시대의 곡을 왜 보는 것일까? 또 세계 3대 콩쿠르 중 하나인 퀸 엘리자베스 콩쿠르에서는 동점자가 생길 경우, 베토벤 곡으로 승부를 가린다. 이는 고전의 중요성을 말하는 것이고, 이 고전은 바로 본질을 뒷받침해주는 요인이 되기 때문이다.

모차르트와 베토벤은 왜 여전히 위대한가?

모든 분야에서의 고전은 실로 위대하다. 영국의 엘리자베스 여왕이 "인도를 다 준다고 해도 셰익스피어와 바꾸지 않겠다"라고 한 유명한 말이 있다. 또 중국의 "홍루몽은 만리장성과도 바꾸지 않겠다"라는 말도 같은 맥락이다. 이 모두 고전에서 우리는 인생의 해법을 찾을 수 있으며 바꿔서 말하면, 삶의 지혜나 모든 본질적 방법은 '고전에 있다'라고 할 수 있는 것이다. 이런 고전이라는 것은 시대를 뛰어넘고 시간이라는 시련을 이겨내고 살아남은, 그야말로 '위대한' 것들의 총체다.

이 고전의 위대함은 문학, 미술, 건축 등 모든 분야에서 다양한 모습으로 나타난다. 이 장에서는 그 많은 고전 중에서도, 생활 속에 그대로 녹아서 우리가 미처 알지 못하는 사이에도 긴 세월을 함께 해온 고전에 대해 말하고자 한다. 우리가 아장아장 걸을 때부터 접했던 <반짝반짝 작은 별>부터 시작해 학교 종례 시간을 알리는 벨소리까지 모두 모차르트의 음악이다. 또 길을 가다 보면 만나는 쓰레기차가 후진할 때나 라디오에서 밤이 깊어질 때 나오는 시그널 음악 모두 우리 귀에 익숙해진 베토벤의 멜로디다. 우리는 태어나서부터 자신도 모르는 사이에 이러한 생활 속의 음악에 익숙해져왔고 그 음악이 무슨 곡인지, 작곡자는 누구인지는 알지도 못한 채 삶 속의 한 형태로 함께해온 것이다.

또한 요즘같이 자고 일어나면 '떴다가' 언제 그랬냐는 듯 곧 사라져버리는 스타 연예인이나 대중가요들을 볼 때, 우리는 몇백 년의 세월을 이겨내고 아직도 우주에서 떠다니는 고전, 그들의 위대함을 연구해보지 않을 수가 없다. 왜일까? 왜 아직도 사라지지 않았을까? 무엇이 그 고전들을 계속 존재하게 하는 것일까? 그것들이 위대한 이유는 무엇일까?

고전의 위대함

나는 고전 중 오직 모차르트나 베토벤만이 위대하다고 생각하거나 그것을 주장하려는 것이 아니다. 모든 고전 작품, 혹은 다른 모든 분야의 고전이 위대하다고 이미 역설했다. 단지 모차르트나 베토벤은 다른 고전에 비해 더욱 우리들의 생활 속에 가까이 있고, 많은 사람이 '존재'적 가치를 이해하는 보편적이고도 대중적 성격을 띠는 고전 중의 하나로서 상징적인 의미임을 밝히고 싶다.

고전의 의미를 사전에서 찾아보면, 예전에 만들어진 것으로 시대를 초월하여 높이 평가되는 문학 예술 작품이라고 설명되어 있다. 앞장에서도 언급했듯이, 모든 것은 변한다. 아름다웠던 외모도 세월이 가면 시들어지고, 세상을 다 가진 듯했던 찬란했던 젊은 날의 영광도 점점 희미해진다. 한때는 정말 유명했던 대중가수나 그룹들이 불렀던 노래들이 불과 몇 달만 지나도 유행에서 뒤처져버리는 세상에 우리는 살고 있다. 흔히 '대세'라고 불리는 유행어나 현상, 문화적 양상 또한 얼마나 눈 깜짝할 사이에 변화하고 또 새로 나타나는지 따라가기가 벅차다. 이런 세상에, 몇백 년이 지난 후에도 살아남은 그들의 위대함을 우리는 '고전의 힘'이라 부르는 것이다.

우리는 셰익스피어의 《햄릿》을 통해 운명에 대해 고찰하게 되고, 단테의 《신곡》을 통해 현실과 저승을 넘나든다. 괴테의 《파우스트》를 통해 인간의 부질없는 욕망에 대해 깨닫게 되고, 밀란 쿤데라의 《참을 수 없는 존재의 가벼움》을 통해 리허설이 없는 한 번뿐인 삶의 소중함을 다시금 생각하게 된다. 이런 작품들이 영원한 '고전'으로 아직도 살아남은 이유가 무엇인가? 인간과 삶의 '본질'을 이야기하고, 우리가 나아갈 근본이 되는 '방향'을 제시해주기 때문이다.

대중성 담은 시대정신을 구현해낸 모차르트의 위대함

모차르트가 신동, 천재라는 사실은 이미 사람들에게 익숙해진 상식과도 같은 이야기다. 그러나 2008년 그 상식은 말콤 글래드웰이 《아웃라이어》(노정태 옮김, 김영사, 2019)에서 밝힌 '1만 시간의 법칙'을 통해 뒤집혔고, 이면의 진실이 드러나면서 사실이 아님이 드러났다. 그 이론은 글래드웰 이전 안데르센 에릭슨의 논문에 의해 밝혀진 바 있다. 즉 모차르트는 천재가 아니고 엄청난 노력으로 모든 것을 이루어내었다는 뒤늦은 논쟁이다.

이 글에서 내가 주장하는 바의 핵심은, 모차르트가 '천재였나 아니었나'가 아니다. 그의 음악이 수백 년 동안 사라지지 않고 살아남았다는 검증된 사실만이 중요할 뿐이다. 그가 천재였기 때문에 그의 음악이 살아남았거나 아직도 우리의 삶 속에 존재하는 것은 아니기 때문이다.

모차르트는 그가 살았던 시대에서, 체제의 과도기에서 기인하는 시대적 배경의 한계점에서 힘들었을 것이다. 하지만 구체제와 신체제 사이에서 그는 '계몽주의' 음악을 만들어냈으며 이것은 당대의 '시대정신'을 구현해낸 위대한 업적이 되었다. 시민혁명 이후의 신체제에서 새롭게 부상한 중산층 시민계급과 구체제의 궁정 귀족계급 모두에게 '계급의 구분 없이' 음악을 즐기게 한, 당대로서는 사실상 매우 혁명적인 위업을 이루어낸 것이다. 이 계몽주의 음악은 누구라도 듣고 좋아할 만한 가장 대중적인 음악이었고, 서민들을 위한 심각하지 않은 유쾌하고 간단명료한 음악을 담으려 했던 모차르트의 의지도 투영되어 있다. 즉 모차르트는 시대적 배경을 오히려 기회로 삼아서, 인간의 순수한 미와 정서를 극도로 개화시켰다. 당대로서는 매우 대중적인 음악을 구현해 사람들의 마음을 정화한 것이다. 논란이 되는 '천재성'이 중요한 것이 아니라는 것이다.

모차르트의 진정한 위대함은 청중들, 시민들을 움직이고 음악을 통한 '계급 타파'를 이루어냈다는 점이다. 그의 음악에는 그런 정신이 깃들어져 있기에 대중의 마음을 움직인 것이고, 그것의 힘이 그의 음악을 오늘날까지 끌고 온 것이다. 즉 몇백 년이 지난 음악이, 요즘 같은 5G, 초시대에도 먹힌다는 것이다. 이것이 바로 세월을 이겨낸 '고전의 힘'이다.

음악을 통한 혁명, 베토벤의 위대함

청력을 잃었다는 것, 불행한 어린 시절을 보냈다는 것 등은 많은 사람이 알고 있는 베토벤에 대한 기본 지식이다. 그의 불행했던 인생의 역정 때문이기도 했겠지만 그의 음악은 다르다. '다양성'에 입각한 '다름'을 말하는 것이 아니다. 모든 작곡자의 음악은 당연히 다르다. 쇼팽의 음악은 너무나 로맨틱하고 브람스의 음악이 진한 깊이를 더해준다고 한다면, 또 바흐의 음악이 담백함의 미를 보여준다면, 베토벤의 음악은 사람의 마음을 고무시키는 힘이 있다. 이것은 진정 베토벤의 음악에서만 나타나는 특징이다.

그는 인류의 염원은 개인의 의지나 어떤 사상에 따라 이루어지는 것이 아니며, 음악이 인류를 구원한다고 주장했다. 즉 그에게 음악은 인간의 의식을 깨우쳐주기 위한 수단이자 목적이었다. 그는 독재주의, 전제주의 왕권에 대항해 끊임없이 싸우며 음악으로 세상을 구원하려 '혁명'을 일으켰다. 그의 음악에는 그런 사상이 고스란히 담겨 있어서 사람들의 마음을 움직이고 '고무'시킨다. 베토벤이야말로 고전의 정신을 숭배하고 계승, 실천한 대혁명가였으며 불굴의 투지로 모든 역경을 이겨낸 살아 있는 고전의 정수다. 베토벤은 청력을 잃은 후 그 투지를 더욱 불태웠다. 그는 들을 수 없는 자신의 신세를 한탄하기보다는 객관적인 성찰로 자신의 의견을 음악을 통해 표출하기 시작했다. 그의 객관적인 통찰은 시대의 변화나 환경에 더욱 주목했고, 절대 왕권주의에서 변화되는 낭만주의 사조의 변

모차르트의 위대함은 그 천재성에 있지 않다.

청력을 상실한 상태에서도 음악을 통한 혁명을 이룬 베토벤

화를 예감했다. 즉 그는 대중이 편안하게 문화와 음악을 공감하는 시대가 올 것이라 예측한 것이다.

이런 베토벤의 자기성찰적인 통찰력과 전략적인 사고력은 현대 기업문화에서도 많이 인용되고 있다. '오피니언 리더'라는 용어가 생기고 '환경 변화에 따른 능력 강화'라는 새로운 메소드가 탄생할 정도로 그의 영향력은 위대하다. 그가 몇백 년 전의 사람임에도 불구하고 오늘날까지도 사람들에게 메시지를 주고 있으니 말이다.

이것이 모차르트와 베토벤이 아직도 살아남은 이유이고 우리가 고전이라 불리는 것들이 여전히 지구에서 사라지지 않고 사람들의 영혼을 살찌우는 중요한 장르로 존재하는 까닭이다.

베토벤과 짜장면

앞의 글에서 고전의 위대함과 중요성에 대해 역설했다. 그런데 우리가 흔히 말하는 고전은 시대적인 의미에서의, '시간'에 중점을 둔 고전이 있고, 좀 더 '본질'에 중점을 둔 의미에서의 고전이 있다. 몇백 년이 지났지만 아직도 사라지지 않고 여전히 사람들의 사랑을 받으며 '영원의 울림'으로 대중들의 가슴에 남아 있는 음악을 우리는 고전음악, 클래식 음악이라고 한다. 이들은 시간, 세월을 이겨낸 위대한 것들이다. 그런데 이렇게 살아남은 고전 중에서도 '더 고전', 다시 말해 '기본 중의 기본'인 고전이 있다. 시간적인 의미에서의 고전 중에서도 더 본질적인 고전이 있다는 것이다. 시간적인 의미는 더 오랫동안 살아남은 것이고 더 본질적인 것이란, 더 정통적인 혹은 더 본디의 성격을 가지는 것이라 할 수 있다.

클래식을 처음 접하는 사람들은 보통 모차르트를 부담 없이 듣는다. 우리의 생활 속에서 이미 익숙해져왔던 멜로디고 쉽고 편하여 귀의 자극이 없기 때문이다. 〈터키 행진곡〉, 아기 분유 광고에 나왔던 〈아이네 클라이네 나흐트무지크(Eine kleine Nachtmusik)〉의 2악장은 누구나 들으면 다 아는 음악이다. 감미롭고 천진난만한 순수성에 반하기도 하고 물이 흐르는 듯한 멜로디에 정서적 안정과 힐링을 느낄 수 있다. 그 후 모차르트와는 사뭇 다른 좀 더 형식적이고 힘이 느껴지는 베토벤의 음악에서 사람들은 자극을 받기도 하고 에너지를 얻기도 한다. 모차르트의 음악보다 가슴이 벅차오르면서 열정을 느낄 수 있기 때문이다. 나는 많은 작곡가 중에서도 베토벤의 음악을 들을 때면, 꼭 중국 식당의 짜장면이 떠오른다. 많은 중국 음식 중 기본 중의 기본인 짜장면과 그 본질적 형태가 비슷하다고 느껴진다. 왜일까?

다시 '짜장면'으로 돌아가듯이

내가 어릴 적이나 나의 더 윗세대는 입학식, 졸업식 같은 특별한 행사가 있는 날이면 중국집에 가는 게 일반적이었다. 그때는 중식당이 아니라 '중국집'이라 불렀는데, 행사가 끝나고 부모님이 사주시는 그 짜장면 한 그릇이 얼마나 맛있었는지 모른다. 그때의 짜장면 한 그릇은 요즘 시대의 짜장면과는 개념이 달랐다. 그 시절의 짜장면은 '특별한 날'이라는 의미가 담겨 있었다. 즉 평소에는 자주 먹지 못했다. 그 후 우리나라는 '한강의 기적'을 낳으며 경제 강국으로 성장했고, 지금은 탕수육, 유산슬, 팔보채도 어렵지 않게 일반적으로 즐기는 시대가 되었다. 하지만 가장 비싸다는 샥스핀까지 먹은 뒤에도 결국은 다시 짜장면을 찾게 된다. 이렇게 세상이 변하고 음식 문화도 발전했으니 짜장면은 사라질 법도 한데, 여전히 제일 인기 있는 중식당의 메인 메뉴다. 어느 중식당을 평가할 때 가장 기본적인 짜장면의 맛으로 판가름이 나는 경우도 많지 않은가.

이것은 세계 유명 콩쿠르나 음악대학 입학시험에서도 화려하고 난해한 현대음악이나 낭만 음악을 뒤로하고 베토벤, 모차르트, 바흐 같은 고전 시대의 작품을 통해 평가하려는 의도와 같은 것이다. 왜냐하면 이 고전들이야말로 기본과 정통성 같은 '본질'을 제일 잘 보여주기 때문이다.

비싸고 화려한 요리를 다 먹어본 후 결국 짜장면을 다시 찾는 것은, 클래식 중에서도 결국에는 모차르트나 베토벤으로 돌아가려는 취향과도 같다. 모차르트 또한 자연에서 생성된 생수와도 같은 느낌이다. 하지만 내가 짜장면을 먹을 때 베토벤이 더 떠오르는 이유는, 베토벤의 밑바닥에 깔린 휴머니즘과 애환 때문이 아닐까 싶다. 또한 그의 음악은 시대적 배경에 안주하지 않고 끝없이 도전한다. 바로크의 벽을 깨고, 고전에서 정착하지 않으면서 낭만을 내다보는 예시자의 통찰력까지 있었다. 하지만 그의 음악을 정통성 있는 고전의 정수로 평가하는 이유는, 음악 형식의 구조 때문이다. 베토벤 음악은 형식, 틀이라는 규정 안에서 표현된다. 그럼에도 불구하고 매우 자유로운 영혼을 노래하고 심지어 사람의 마음마저 움직인다. 그것은 베토벤의 개인적 고통에서 나오는 메시지 때문이다.

클래식 마니아들이나 전공자들이, 오렌지 주스처럼 달콤한 쇼팽의 음악이나 진한 녹차처럼 깊은 브람스, 화려함의 극치를 보여주는 리스트, 한 폭의 그림을 보는 듯한 드뷔시를 거쳐 우수에 찬 후기 낭만의 정수 라흐마니노프까지 모두 섭렵하고도 다시 베토벤으로 돌아가는 것은 왜일까? 브람스 역시도 낭만주의가 가장 깊은 시대에 활동했지만, 그는 베토벤의 형식과 정신을 숭배하여 고전으로 돌아가려는 '신고전주의' 음악을 만들었다. 달콤하거나 아름다운 것은 시간이 지나면 변하는 성향이 있다. 하지만 인간 본연의 모습이나 본질을 추구하는 것은 변하지 않는다. 그래서 결국은 본질과 기본으로 돌아가고자 하는 본능이 있는 것이다.

정통성과 본질로 돌아가려는 인간의 마음

과학 문명이 발달하고 4차 산업혁명이 도래하고 초시대를 향해 가고 있는 시점이지만, 사람들은 결국에는 '고향'으로 혹은 '본질'적인 것으로 돌아가고 싶어 한다. 귀소본능과도 같은 것이다. 한 시대를 풍미했던 영웅들이나 유명인들이 나이가 들어서 고향으로 돌아가 농사를 짓거나 자신의 원래 모습을 찾아가는 것을 우리는 자주 볼 수 있다. 또 나이가 지긋하신 분들은 입을 모아 "나이가 든다는 것은, 봄이 새롭게 와닿는다는 것이다"라고 말씀하신다. 나는 젊은 시절에는 봄이 정말 싫었다. 겨울 방학이 지나 개강을 하는 3월이 정말 싫었다. 하지만 어느 날 봄은 예전과는 달리 '만물이 소생하는 봄', 즉 살아 있다는 생명력을 느끼게 해주는 봄으로 내게 새롭게 다가왔다. 그것을 느꼈을 때는 이미 내 나이, 어깨 너머 반백년이 지나 있었지만 말이다.

이것은 인간이 자신의 근본으로 돌아가려는 마음과도 같다. 결국은 본질이 중요하다는 것이다. 여기에서 본질은 '시간'적 의미와 '근간'의 의미 모두를 의미한다. 베토벤 음악이 나이가 들수록 더 끌리는 이유는, 그의 음악이 클래식의 정통성을 대변하는 형식과 음악의 본질을 추구하는 정신을 가졌기 때문이다. 더 나아가서는 육체적, 정신적으로 불행했던 그가 음악을 통해 모든 것을 구원하려고 했고, 그 고통의 깊이가 결국 사람들의 마음을 움직이기 때문이다.

시니어, 고전으로 돌아가고 있다

세상이 발달하여 요즘은 100세 시대를 대비한다. 제2의 인생을 논하며, 인생 2막을 준비하는 시니어가 많다. 2026년이면 우리나라는 초고령사회에 진입한다고 한다. 그래서 요즘은 노인문제가 심각한 사회적 이슈가 되고 있고, 많은 정책들도 준비하고 있다. 그런데 주위를 둘러보면, 인생 2막을 준비해야 할 시니어의 관심사가 주로 인문학과 같은 고전으로 흐르고 있다는 것을 볼 수 있다. 그들은 문화 강좌 등을 통해 뒤늦게 고전에 빠져든다. 또 '클래식 피아노 연주', '클래식 기타 배우기' 등 점점 나이가 들수록 고전으로 돌아가고 싶어 한다. 또한 시니어들은 젊은 사람들이 좋아하는 '자극적인' 맛을 즐기지 않는다. 물론 건강 때문이기도 하지만, 나이가 들수록 담백한 것을 더 좋아한다. 이것은 젊은 시절 그 모든 것을 겪어본 연륜에서 오는 깨달음 같은 것이다. 그것이 바로 고전을 향한 마음이다. 사회적으로 유행하는 복고만 봐도 알 수 있다. 요즘은 복고가 마케팅에까지 전략적으로 쓰이며 상품화되기도 한다. 세상이 발전하는데 왜 거꾸로 돌아가려 하겠는가? 고전으로 돌아가려는 사람들의 속성 때문이다.

즉 화려한 음식을 뒤로하고 가장 기본이 되는 짜장면을 아직도 많은 대중이 찾고 있고, 클래식 중에서도 더 고전인 베토벤으로 돌아가려는 그 마음은 같은 맥락이다. 가장 중요한 것이 결국에는 기본이라는 것, 기본 중에서도 기본이라는 것이다. 즉 본질 그리고 그 본질을 나타내는 고전으로 인간은 결국 돌아간다는 것이다. 이렇게 본질로 돌아가려는 인간의 속성은 고전이 영원히 존재하는 이유이기도 하며, 우리가 몇백 년이 지나도록 고전을 추구하는 까닭이기도 하다.

디지털 문화와 고전의 조화

우리는 이미 디지털 문화 속에서 살고 있다. 디지털이란 용어는 이제 현대인의 삶의 일부가 되어버린 지 오래다. 뉴밀레니엄 세대의 아이들은 눈뜨자마자 모든 것이 디지털화가 되어 있었을 테니, 컴퓨터나 스마트폰 없이 사는 삶은 상상이 안 될 수도 있겠다. 디지털은 아날로그보다 훨씬 편리하고 경제적인 면이 많다. 미래 산업으로 주목받는 문화 콘텐츠 산업의 시초 또한 디지털 문화다. 즉 모든 콘텐츠가 상품이 될 수 있었던 것은 디지털 기술 덕분이라는 것이다. 내가 아주 어렸을 때부터 받았던 피아노 레슨의 전 내용이나 선생이 된 후에 했던 길고 긴 분량의 레슨을 전부 콘텐츠화했더라면, 방대한 양이기도 하거니와 그 가치 또한 어마어마할 것이다. 하지만 내가 어릴 때는 디지털이 없었고 그 문화가 생긴 후에도 그리 쉽게 익숙해지지 못한 세대였다.

하지만 현대를 살아가려면 이 디지털의 등장으로 인한 문화계의 변화와 미래 산업의 예측은 반드시 필요하다. 이미 지식정보사회가 되었고, 이제는 상품의 가치나 개념의 기준이 예전과는 다르다는 것을 더욱 현실적으로 깨달아야 하는 것이다. 분명한 것은, 이미 디지털 문화는 현실이고 미래에도 계속될 것이라는 사실이다. 50년 전에는 만화 영화 아톰을 보며 우주와 미래를 꿈꾸는 어린이들이 많았지만, 요즘의 아이들은 〈어벤저스〉와 〈아바타〉 같은 영화를 보며 미래를 이해하고 가상현실을 체험하며 현재를 살아간다. 이런 것들은 모두 기술과 과학의 발전과 변화다. 기술의 변화는 문화의 변화를 가져오고 그것은 또한 인간 감성의 변화를 가져온다. 이런 디지털 문화에서 우리는 살고 있지만, 이 문화는 고전과 만나서 조화를 이루고 인간의 행복을 만들어낸다.

디지털과 고전의 조화

디지털 문화와 고전의 조화는 간단히 말해서 《심청전》이나 《햄릿》을 스마트폰으로 보는 것이다. 즉 과거에도 있었고 현재에도 있으며, 미래도 있을 것이 무엇인가? 바로 고전 아닌가? 아무리 세월이 흘러도 셰익스피어, 베토벤, 춘향전이 없어지지를 않으니 말이다. 이런 영원불멸한 고전이 시대적 산물을 만나서 변화된 새로운 표출 방식으로 진화하는 모습을 보여주는 것이야말로 매우 흥미 있는 가치를 부여한다.

'세대 차' 혹은 시대를 받아들이는 '관념'의 차이를 보여주는 한 예가 있다. 나의 스승님 혹은 나의 윗세대 선생님들께 어떤 학생이 레슨을 왔다고 가정하자. 학생이 태블릿 PC에 악보를 다운받아서 그것을 레슨 시간에 사용한다면 어떻게 될 것 같은가? 아마도 그 선생님들께서는 절대로 좋아하시거나 받아들이시지 않을 듯하다. 어쩌면 쫓겨날지도 모른다. 클래식 음악계는 매우 보수적이며 아직도 기득권이라고 하는 큰 흐름이 연륜이 많은 쪽에 있는 것이 사실이다. 나 또한 이제는 기성세대에 속해 있어서인지, 한 번도 태블릿 PC에 악보를 다운해서 온 학생은 본 적이 없다. 하지만 주위의 얘기를 들어보면, 내 제자들의 경우 학부모가 아이들에게 악보 대신 태블릿 PC를 들려 보낸다는 것이다. 그 학부모들의 나이가 30대이니 그럴 만도 하다.

30~40대 선생님들은 본인들도 태블릿 PC로 악보를 보며 학생들 또한 악보를 사지 말고 다운받으라고 한단다. 또 어느 연주회를 갔더니 반주자가 태블릿 PC를 들고 나와서 그걸 손으로 밀면서 연주하고 있었다. 예전 같으면 상상도 못 했던 일 아닌가! 이것이 바로 디지털 문화에서 창출된 반영물인 것이다. 그것이 좋고 나쁨은 개인적인 차이가 있겠지만, 시대의 흐름을 이해해야 하는 것은 분명하다. 왜냐하면 이런 디지털 문화를 태어나면서부터 접한 아이들을 이해하지 않고서는, 그들을 제대로 교육할 수 없을 뿐만 아니라 그

들과 공감대를 이룰 수가 없기 때문이다.

홀로그램을 통한 시장 개척

사람들의 가슴속에 여운만 남겨둔 채 떠나 아직도 많은 대중의 사랑을 받고 있는 가수 김광석이 몇 년 전 홀로그램(Hologram)을 통해 등장해서 화제가 된 적 있다. 또 이미 고인이 된 유재하는 서울 마포구 상암동 홀로그램 공연장 K라이브 무대에서 유작 <지난날>을 부르며 후배 가수 스윗소로우와 함께한 무대에 서는 훈훈한 모습을 보여주기도 했다. 심지어 그의 얼굴 표정은 68개나 되어서 무한대에 가까운 다양한 표정을 연출해내기도 했다. 또한 2015년 서울 코엑스에서는 홀로그램 상설공연장을 개설하고 콘서트와 뮤지컬 등을 공연했는데, 마이클 잭슨도 홀로그램을 통해 등장시켰다.

홀로그램은 '완전하다'라는 뜻의 'Holos'와 '정보'라는 뜻의 'Gram'의 합성어로, 사진 투영 기법에 의해 만들어지는 3차원 이미지를 뜻한다. 두 개의 레이저광이 서로 만나 일으키는 빛의 효과를 이용한다. 이미 대중들에게 많이 알려진 VR, AR과 달리 홀로그램이 아직 낯선 것은 사실이나 점점 실생활에까지 상용화될 날을 기대하고 있다. 영화 <킹스맨> 요원들의 원탁회의에서도 회자되고 있고, <아바타>에서 나오는 상상은 아예 홀로그램으로 다른 세상을 그려내고 그 세상에 접속까지 한다.

또한 영국 런던에 있는 토트넘 소속 축구선수 손흥민이 서울에 있는 한 경기장에 입체 영상으로 나타나 꿈나무들에게 희망을 심어 주기도 한다. 8,900킬로미터 떨어진 곳에서 그는 역동적인 움직임으로 1일 코치로 나선다. 5G망을 이용한 360도 영상통화가 만들어 낸 작품이다. 이런 다양한 분야에서의 홀로그램과 5G를 이용한 미디어의 발달은 아직 클래식 음악계에서는 그 결과물을 내놓지 못하고 있다. 김광석, 유재하를 보면서 나는 꿈꿔본다.

홀로그램으로 만나는 베토벤과 함께 '전원'을 걸으며 〈전원 교향곡〉을 듣고, 드뷔시의 〈그라나도스의 황혼〉을 홀로그램으로 만나며, 함께 입체감 있는 그라나도스의 황혼을 볼 수 있는 날도 머지않았을 것이라 여겨진다. 또한 손흥민이 지구 반대편에서 영상으로 1일 코치를 하는 것처럼, 세계적 거장 루돌프 부흐빈더에게 영상으로 마스터 클래스를 받을 수 있는 날도 기대해볼 수 있지 않겠는가?

클래식 음악계, 변화를 모색하다

우선 디지털 문화의 발달로 가장 획기적인 것은 음악 유통의 변화다. 요즘은 창작물들이 '멜론' 같은 음원 시장을 통해 수익을 이룰 수 있는 시대다. 예전에는 클래식 음악을 하면 무대에서 연주하는 것 외에는 활동 영역이 넓지 못했다. 하지만 요즘은 벨 소리를 만들 수도 있고, SNS를 활용해서 결혼식 연주나 반주 등을 원하는 사람들과 직접 연락해서 수익을 창출할 수도 있는 세상에 살고 있다. 또한 유튜브를 통해 자신의 무대를 만들고 홍보할 수도 있고, 팟캐스트를 통해 자신의 음악적 지식을 알릴 수도 있다. 예전에 비한다면 정말 다양하고 많은 방법들이 클래식 음악계를 변화시키고 있으며, 그들의 활동 영역을 넓혀주고 있다.

결국 예술이라는 것은 사회를 통해 표출되는 것이고, 그 변화하는 사회는 인공지능, 로봇공학, 합성생물학 등으로 요약되는 4차 산업혁명 기술에 의해 재창조되고 재조명된다. 즉 새롭게 표현되는 '인간들의 경험'과 '다양한 형태의 예술 작품'들이 디지털과 어떤 양상으로 만나느냐에 따라 그 결과물이 달라지는 것이다. 고전은 영원불멸한 콘텐츠임이 분명하다. 여기에 미래에도 계속될 디지털 문화라는 무지개를 어떻게 조화시킬지에 따라 그 빛깔은 달라질 것이다.

고전, 미래를 살아갈 무기가 된다!

실화를 바탕으로 한 영화 〈피아니스트〉에서, 주인공인 피아니스트 블라디슬로프 스필만은 죽음 앞에서 연주한다. 그는 죽음을 눈앞에 둔 순간에 클래식 음악인 쇼팽의 발라드를 연주함으로써 목숨을 구한다. 정말 음악 하나가 그의 목숨을 '구한' 것이다. 유대인 스필만이 독일 장교에게 발각되었던 그 긴장된 순간, 그는 지상에서 마지막 연주가 될지도 모른다고 생각했을 것이다. 온 영혼을 손끝에 실어 연주하는 그의 모습은, 이 영화를 보는 사람들로 하여금 손에 땀을 쥐게 한다. 더구나 그것이 허구가 아닌 실제 있었던 실화이기에 더욱 감동스러운 것이다. 숨죽이는 긴장된 그 순간, 그를 살려준 것은 쇼팽의 발라드였다. 그 독일 장교가 요구한 연주 때문에 목숨을 구한 것이 아니더라도, 주인공 스필만은 육체적, 정신적으로 매우 견디기 힘든 상황이었다. 그때마다 그는 머릿속으로 피아노를 연주했다. 세상은 온통 전쟁이 벌어지고 학살이 매 순간 눈앞에서 일어나는 공포의 연속이었지만, 그의 상상 속에는 아름다운 선율이 그의 손가락을 타고 흘러나온다. 그는 그 힘으로 버텼다. 그가 살아남은 것은 그때도, 독일 장교의 발각에서도 모두 클래식 음악의 힘이었다.

한편 전쟁이라는 현실 속에서 어느 피아니스트의 연주 하나로, 적군의 목숨을 살려줄 만큼 위대한 것이 음악이라는 사실이 놀랍지 않은가. 이처럼 예술은 전 우주적으로, 시대를 막론하고, 어떤 환경에서도 심지어 전쟁, 학살, 공포에서부터도 자유로운 위대함이 있는 것이다. 이런 고전이 미래를 살아가는 데 꼭 필요한 것일까? 미래에도 고전이 과연 살아남아 무기가 될까?

고전의 힘, 국력을 바로 세우고 미래를 연다

2019년 4월, 프랑스에서 일어난 노트르담 대성당 화재로 전 세계인들은 놀라움과 안타까운 마음을 감출 길이 없었다. 노트르담 대성당은 1163년에 짓기 시작하여 무려 182년의 세월을 거쳐 완공된 세계적 유산이다. 1345년에 완공되었고 지금으로부터 약 680년 전에 세워진 고전 중의 고전이다. 이 사건에서 더 놀라운 사실은, 화재의 복구를 위한 기업들의 기부금이 단 하루 만에 1조 원이 넘었다는 소식이었다. 더군다나 프랑스 한 나라의 화재임에도 불구하고 미국 기업 애플을 비롯해 전 세계 여러 나라의 여러 기업들이 자진해서 기부를 해 화제를 모았다.

노트르담 성당이 오늘날 전 세계적인 랜드마크로 알려진 것에는 프랑스의 위대한 고전, 빅토르 위고의 《노트르담의 꼽추》가 한몫을 했다. 위고는 당시 심하게 파손되어 헐릴 위기에 처해 있던 이 성당에 경각심을 불러일으키기 위해 이 소설을 썼다고 한다. 위고의 의도는 성공을 거두어 성당을 살리자는 캠페인이 일어났고, 1845년 복원 작업이 시작되어 근래의 모습이 되었다. 즉 노트르담 성당의 첫 번째 위기에서 성당이 살아남게 된 위대한 힘은 다름 아닌 또 다른 고전, 위고의 위대한 소설의 힘이 있었던 것이다.

그 이후에도 노트르담 성당에는 많은 고비가 있었다. 바스티유 습격 이후, 1793년 무렵에는 대부분의 조각상과 세공이 파괴되고 성당은 본래의 역할을 잃은 채 창고로 전락하기도 했다. 하지만 이 모진 세월을 다 견디고 '세계적인 유산'으로 자리 잡으며 프랑스를 대표하는 존재가 되었다.

그래서 이번에 맞게 된 대화재의 고비에서도 결국 전 세계인들의 기부를 받으며 절대 멸망하지 않은 '정신'을 증명했다. 이것은 프랑스의 국력을 보여주는 것이며, 그 국력은 '노트르담 성당'이라는 고전에서 기인된 것임을 알 수 있다. 또한 이 노트르담 성당을 살아남게 해준 위고의 소설 《노트르담의 꼽추》라는 또 다른 고전의 힘을 보여주기도 한다. 이 사건으로 우리는 고전의 상징이 국력의 힘을 만들며, 순식간에 모이는 기부의 위력을 보이는 '미래의 무기'가 된다는 사실을 알 수 있다.

기업들은 '고전의 가치'에 비싼 값을 치른다

요즘 기업들은 브랜드의 가치를 사고 팔며 협업을 한다. 또한 네이밍 스폰서십(Naming Sponsorship)을 통하여 기업의 이미지나 가치를 높이려 한다. 미국의 경우 기업 이름을 붙인 스포츠 경기장이 300개가 넘는다. 우리나라 프로 스포츠에서도 그런 현상은 자주 볼 수 있는데, '한국야쿠르트 7 even 프로야구(한국야구연맹)'나 'NH농협 V리그(한국배구연맹)'가 그런 예다. 그렇다면 클래식을 주로 공연하며 '품격 있는 예술의 장'으로 알려져온 예술의 전당 경우를 보자! IBK 기업은행은 '예술의 전당 IBK 체임버홀'로 이름을 명명하는 값으로 45억 원을 지불했다. 2011년 7월 개관 이후 20년간 공연장 명칭에 기업은행의 영문 이니셜 'IBK(Industrial Bank of Korea)'를 붙이는 조건으로 지불한 금액이다. 고객 마케팅도 염두에 두었겠지만, 무엇보다 브랜드 가치를 높이기 위한 전략이다.

이뿐만이 아니다. CJ는 '예술의 전당 토월극장'을 'CJ토월극장'으로, 20년 동안 CJ 명칭을 붙이는 대가로 150억 원을 내놓았다. 또 올림픽 공원 내에 있는 '우리금융아트홀'의 명칭을 위해 우리은행에서는 30억 원을 냈고, 예술의 전당 야외공연장에 '신세계 스퀘어'라는 명칭을 붙이는 조건으로 신세계에서는 5억 원을 내놓았다. 공연 중 유아들을 맡아주는 탁아 시설에 '롯데백화점 키즈 라운지'라는 명칭을 사용하는 값으로 롯데백화점에서는 3억 5천만 원을 지불했고, 한남동에 개관한 '블루스퀘어' 뮤지컬 홀 이름 또한 '블루스퀘어 삼성 콘서트홀'로 바뀌었다. 미국 링컨센터의 '에이버리 피셔 홀(Avery Fisher Hall)'도 같은 맥락이다. 그렇다면 이런 기업들은 왜 이렇게 하는 것일까?

기업이란 '이익'을 제일 우선으로 생각하는 존재들이 아닌가? 생산을 하는 것도 아니고, 예술에서 돈이 나오거나 빵이 나오는 것도 아닌데 그 이름 하나 얻자고 왜 이런 큰 값을 치르는 것일까? 그것은 클래식 음악이라는 가치가 주는 힘 때문이다. 기업들은 클래식 예술의 가치를 통해 브랜드 이미지를 높이려는 것이다. 그 가치를 그런 값을 치르면서까지 사야 할 필요성을 느끼는 것이다. 또 그렇게 투자한 만큼의 이익이 온다는 것을 그들의 행보로 우리는 알 수 있다. 이들은 주로 클래식을 공연하는 주된 공연장이고, 기업들은 그만큼 클래식, 즉 '고전'을 기업 가치를 상승시키는 중요한 '소재'로 보고 있다. 고전의 힘이 다시 한 번 부각되는 부분이며, 이런 현상은 앞으로도 계속될 것이다. 결국 이것은 고전이 미래를 살아갈 큰 무기가 된다는 것을 보여주는 단면이 되고 있다.

고전에 해법이 있다

고전에는 눈에 보이는 유형의 것보다는 '고기를 잡는 방법'을 알아낼 수 있는 문법과도 같은 해법이 숨어 있다. 우리는 그 안에서 우리가 살아가야 할 무기를 찾아내야 한다. 하버드 법대의 종신교수로 있는 석지영 교수는 어릴 적 자신이 받았던 발레 레슨, 피아노 레슨 등을 통해 자신의 인문학의 기초 성향이 생성되었음을 언급한 바 있다. 그 후 그녀는 예일 대학교에서 프랑스 문학을, 옥스퍼드 대학교에서는 비교문학을 전공했다. 즉 그녀가 법학대학의 종신교수가 될 수 있었던 가장 기본적인 베이스가 된 것은 고전 예술이었고, 그것으로 인해 발전된 인문학이었다는 것이다.

이 외에도 미국의 아이비리그 등 많은 세계의 명문대학들에서는 고전을 매우 강조한다. 전공을 정하기 전 고전에 관계되는 많은 과목을 이수하게 함으로써 그들을 세계적인 우수한 인력으로 만들려는 교육의 기본 의도 때문이다. 즉 고전의 힘이 미래를 좌우하는 것을 알기에, 동서고금을 막론하고 끊임없이 고전을 추구하고 계승시키려는 것이다. 바로 눈앞에 보이는 힘이 아니기에, 바로 나타나는 가치가 아니기에 더욱더 오래가는 것이고, 그 힘은 평생 한 인간의 가슴에서 인생을 바꿀 만한 큰 위력을 가지고 있기에 우리는 그 고전을 추종하지 않을 수가 없는 것이다. 고전은 영원히 불멸할 것이며 미래에서도 여전히 강력한 무기가 될 것이다.

Key Action

거시적 안목을 위한 테크닉

나는 앞서 고전의 의미, 고전의 중요성, 고전과 본질의 관계, 고전이 미래에도 무기가 됨을 역설했다. 우리는 책을 통해, 또 많은 형태를 통해 고전을 느끼고 배우고 깨달을 수 있다. 앞으로도 계속 고전에서 그 본질의 해답을 찾고, 미래의 역량이 되기 위한 혜안을 찾고자 하는 노력은 계속될 것이다. 그런데 이러한 본질의 해답을 찾기 위해서는, 모든 사항이나 사물을 거시적으로, 즉 큰 숲을 보아야 한다. 하지만 이런 혜안과 통찰력, 거시적 안목은 절대 하루아침에 생기는 게 아니다. 많은 고전을 읽고, 클래식을 듣고, 역사와 문화를 공부해서 깨달음이라는 경지에 이르려면 수많은 시간과 인고의 노력이 필요하다. 또한 그렇게 노력했음에도 불구하고 고전이 단지 이론으로만 와닿을 뿐 세상을 거시적으로 바라보며 문제를 해결할 수 있는 능력을 갖추는 것과는 거리가 멀게 느껴질 수도 있다. '거시적'으로 보는 것 또한 훈련과 노력을 해야 한다.

결국 우리가 고전을 통해 얻으려는 것은 인생을 살아가는 해법을 깨우치는 것이고, 그 해법은 문제를 큰 숲으로 보는 안목과 그 안의 디테일을 놓치지 않고 함께 균형을 이루어 문제를 풀어가는 것이다. 이렇게 섬세한 구성원인 디테일을 놓치지 않으면서도 큰 숲을 보려면 스킬이 필요하다. 이러한 사고 훈련을 많이 하다 보면 결국은 세상을 거시적으로 바라보는 안목을 갖게 되고, '그릇이 큰' 사람으로 성장한다.

나는 이 훈련이 준 위력을 깨달은 적이 많다. 어떤 일이 힘들다고 느껴진다면, 그 접근 방식을 더 객관적이고 넓게 보는 것이다. 마치 남의 일처럼 말이다. 그리고 그 일보다 더 복잡하고 어려운 일을 해본다. 그것이 '거시적 안목'을 키우는 작은 시발점이며, 그렇게 키워진 거시적 안목은 당신의 삶을 더 풍요롭게 해준다. 즉 이 훈련법은 고전이 주는 힘을 현실 생활에서 찾을 수 있게 능력을 기르는 방법이다. 이것은 단지 이론이 아닌 수십 년에 걸쳐 수백 명의 학생들에게서 효과를 검증한 실제적 방법이다.

큰 그림(큰 숲)과 작은 디테일의 조합

내가 레슨을 할 때 프레이즈나 긴 호흡을 만들기 위해서 가르치는 방법이 있다. 이는 입체감 있는 음악을 만들어줄 뿐만 아니라, 사람들의 사고방식 자체를 거시적 안목으로 바꿔주는 방법이기도 하다. 이것은 음악뿐만 아니라 다른 모든 분야에서도 유용하며, 실생활에서도 당신의 삶의 질을 바꾸어줄 수 있는 훈련이다.

〈훈련 방법〉

당신은 지금 집 앞에서 자전거를 막 올라탔다. 당신의 목표는 '아주 먼', 여기서 보일 듯 말 듯한 저 산꼭대기에 가는 것이다. 그런데 출발선으로부터 아주 큰 도로(10차선 도로)를 스무 개나 지나야 산의 입구가 나온다. 지금 당신이 자전거를 올라탄 지점은 작은 골목길 안에 있다. 이런 골목길 열 개를 지나야 비로소 한 개의 큰 도로(10차선)를 만난다. 즉 골목길을 열 개를 지나서 만나는 10차선 도로를 스무 개나 지나야 겨우 산의 입구가 보이는 지점에 도착한다.

지금 막 자전거에 올라탄 당신은 균형을 맞추며 페달을 열심히 저어야 한다. 이때 대여섯 살의 장난꾸러기들이 갑자기 골목길에서 뛰어다니기도 하고, 피자 배달 오토바이가 휙 지나가기도 한다. 또 어디서 나타났는지 알 수 없는 길고양이가 툭 튀어나오기도 하며, 기력이 없는 백발이 무성한 할아버지가 지팡이를 짚고 간신히 걸어가기도 한다. 만약 당신이 자전거로 골목길을 지나면서 넘어지지 않으려고, 또 그들과 부딪치지 않으려고 안간힘을 쓰는 데만 집중하다가는 저 멀고 먼 산 정상에 도달할 수가 없다. 도달한다고 해도 100년쯤 걸릴지도 모를 일이다. 그렇다고 골목길에서 만나는 크고 작은 장애물들을 무시하다가는 당장 사고가 나서 병원 신세를 져야 하는데 어떻게 산 정상에 가겠는가? 즉 골목길에서 만나는 그 많은 '작은 디테일'한 장애물쯤은 본능적으로, 또 곁눈질로 아무렇지도 않게 지나가야 한다.

그러기 위해서는 피아노 연주자는 테크닉을 연마해야 하고, 일상생활에서도 자기 분야에 해당하는(실생활의 작은 행동) 스킬을 끊임없이 연습하고 익혀야 한다. 그런 장애물을 지나는 것에 스트레스를 받거나 인상이 찌푸려지지 않을 정도가 되어야 거시적 안목으로 가는 첫 번째 노선에 겨우 합류하는 것이다.

나는 거시적 안목 만드는 방법(음악에서는 프레이징과 호흡법)을 내가 양성한 제자들 수백 명에게 레슨 때마다 알려주었다. 이런 사고방식은 내가 10대 때부터 시작된 것이었다. 고등학교 때 미국에서 온 어느 교수님의 마스터 클래스에 참여한 적이 있었다. 당시 쇼팽 발라드를 연주하던 나에게 프레이즈를 더 길게 하라고 하셨는데 당시에는 그 말이 잘 이해가 안 되었다. 그 후로도 많은 스승님은 항상 프레이즈를 강조하셨다. 실제로 요즘도 입시 평가에서, 나를 포함한 많은 전문가가 가장 많이 지적하는 것이 프레이징과 호흡의 처리다. '호흡을 길게 만드는 방법'이 내 인생에 주는 교훈이 실로 엄청났다고 생각한다. 이런 사고는 어린 나이 때부터 몸에 배어서 내게는 힘들지 않았을뿐더러, 모든 것을 보는 안목이 거시적으로 될 수 있었다.

인생에서도 세상을 바라보는 거시적 안목이 필요하다!

이것은 비단 음악에만 해당하는 것이 아니다. 우리가 인생을 살아갈 때도 '거시적 안목'이 반드시 필요하다. 창조적인 예술가 뤼크 타이만스(Luc Tuymans)는 "큰 것과 작은 것을 모두 생각하는 예술가가 성공한다"라고 말했다. 즉 '디테일'에 너무 오랫동안 신경을 쓰다 보면 길을 잃게 될 것이고 그렇다고 오로지 '큰 그림'만을 생각한다면 무엇을 만들어내 연결할 수가 없다는 것이다.

인생에서 성공하는 사람들은 작은 것에 연연해하지 않고 큰 그림을 상상하며 자신의 역량을 키운다. 그렇다고 그 큰 그림들을 이루어내는 작은 조각들인 디테일을 무시하면 큰 그림은 완성될 수가 없다. 즉 작은 디테일과 큰 그림이 균형을 이루고 그 비율을 조정할 수 있을 때, 거시적 안목이 완성된다.

나는 할 일이 많아서 힘들다고 생각될 때면, 일의 무게와 책임이 그들의 어깨를 누를 때도 큰 그림과 작은 디테일의 균형을 맞추며 큰 기업들을 이끌어가거나 성공적 삶을 살아간 위대한 영웅들의 정신을 떠올린다. 이런 사고방식은 거시적 안목으로 당신을 이끌어갈 것이며, 이런 사고를 키운 당신은 사회에서 기량을 펼칠 수 있는 핵심적 인재가 될 것이다. 이런 거시적 안목 키우기 훈련은 고전의 힘을 키우는 현실적 방법이 될 것이며 결국은 미래를 열어가는 무기가 될 것이다.

Chapter 5

융합Convergence, '예술'은 모든 길로 통한다

The Power of Passion

미래의 모든 분야는 '예술'과 융합한다

이 장에서는 미래에 더욱더 중요시될 '예술의 가치'에 대해 말하려고 한다. 분명 많은 대중들도 그것을 '일상'에서 느끼게 될 것이다. 즉 모든 분야가 '예술'과 함께하여 융합하는 시대가 우리 가까이 온 것이다. 예술을 하든 안 하든 모든 생활이 '예술'과 결부되는 세상이 이미 왔고, 미래에는 더욱 그러한 양상을 보일 것이다. 따라서 예술에 대한 관심과 이해는 필수적인 것이다.

문화와 예술 그리고 과학, 역사 등 모든 분야가 '융합'을 시도하기 시작한 것은 하루 이틀의 일이 아니다. 문화와 생활이 발달하고 진화할수록 융합에 대한 갈증과 필요성은 더욱 증가하여 근래에는 더 전문적이고 광범위하게 뿌리를 내리고 있다. 특히 21세기에 들어와서는 '인문학'이 주는 본질적 개념과 '과학기술' 분야의 최첨단 컨템포러리(contemporary) 도구들이 융합하여 새로운 창조물을 만들어내는 것에 많은 의미를 두고 있다. 감성을 근본 바탕으로 하는 '예술'과 현대문명의 발달로 이루어낸 '기술'의 합작이야말로 미래가 추구하는 본질적인 방향이 될 것이다. 스티브 잡스의 성공 혁신은 기술과 예술의 융합을 이미 증명해 보였으며, 사람과 기계의 협력이 미래의 단상이 될 것을 예시하고 있었다.

예술과 과학의 융합, 스타벅스의 성공 신화

'커피'를 파는 것이 아니라, '문화'를 팔아서 성공 신화를 이룬 스타벅스도 거슬러 올라가면, 예술과 과학이라는 융합이 존재한다. 1980년대 초반, 미국 내 커피 시장은 내리막길을 걷고 있었다. 이때 하우드 슐츠(Haward Schltz)는 시애틀의 작은 커피가게 하나를 인수해서 오늘날의 '스타벅스'를 만들어냈다. 그의 성공의 이면에 가장 기본 바탕이 된 것은, 당시 사람들이 생각지 못한 '문화예술의 융합'이었다. 그것을 경영과 연결하여 독창성을 만들어냈고 그것은 '브랜드'가 되어서 가치를 창출한 것이다.

당시 우울했던 도시 시애틀에는 빌 게이츠의 마이크로소프트 본사와 IT 기업들이 줄지어 들어섰다. 하지만 당시 이 도시의 과학자들은 그들의 일을 벗어나 달리 즐길 만한 문화가 없었다. 이때 시애틀의 작은 가게에서 시작된 스타벅스는 독특한 문화로 그 과학자들의 이목을 끌었고, 그들의 문화를 선도하는 역할을 하게 된다. 커피를 파는 작은 가게는 예술이 살아 숨 쉬는 듯한 인테리어로 벽면을 장식했고, 고급스러운 음악이 흘러나오게 했다. 시애틀의 과학자들은 스타벅스를 하나의 문화로 받아들였고 그것이 스타벅스의 성공을 끌어내는 결정적인 역할을 하였다. 그 후 스타벅스는 '스타벅스 엔터테인먼트'를 설립하여 음반을 판매했고, 비틀즈의 폴 매카트니와 독점계약을 했다. 또 그의 새 앨범을 스타벅스에서만 판매하도록 하여, '스타벅스'라는 브랜드가 '예술'과 연결되어 떠오르도록 하는 전략에 성공했다. 스타벅스가 내놓은 음반이 그래미상을 여러 번 받았다는 것도 이미 유명한 사실이다.

이처럼 오늘날 스타벅스라는 거대한 기업이 정상에 올라가기 위한 가장 근원에는, 당시 다른 사람들이 생각하지 못했던 발상의 전환이 있었다. 그 발상의 핵심은 예술과 과학이 결합하여 새로운 문화를 만들어낸 것을 경영에 도입한 것이다. 이 모든 것이 '융합'의 힘이다. 이제 모든 분야에서는 예술을 원한다. 예술과 융합하기를 원한다. 기업들은 경영에 예술을 접목해 창조적 혁신 혹은 새로운 패러다임을 만드는 데 많은 관심을 보이는 시대가 이미 시작되었다.

교육의 문제점을 해결할 예술융합 교육

교육계에서도 이런 흐름은 영향을 받기 시작했다. 전 세계 학교들의 커리큘럼이 '예술융합 교육'으로 바뀌는 추세에 따라, 우리나라 교과서도 예술융합형으로 전면 개정되고 있다. 또한 많은 대학의 신설과 혹은 병합되는 '융합학과'는 이미 '융합의 시대'가 도래했음을 알려주고 있는 것이다.

하버드 대학교에 입학한 한국인들은 수학과 과학 등에 뛰어난 기량을 보이며 한국인의 기상을 전 세계에 떨치고 있다. 그런데 이런 뛰어난 한국인들의 인정받는 능력과는 별개로, 대외적 활동이나 일상 대화에서는 그들의 교양과 예술적 소양의 부족함이 여실히 드러나 여러 번 지적받아왔다. 이것은 어릴 때부터 '교육의 중심'을 어디에 두었느냐의 문제로, 미래를 열어갈 우리 교육계에 큰 과제를 제시하기도 한다. 즉 주입식 교육, 획일적 교육, 대학 입학만이 목적인, '오래 묵어온 우리 교육계의 문제점'을 해결해야 함을 시사하는 것이다.

독일 어린이들의 문화예술 교육을 살펴보면, 어릴 때부터 '융합'을 전제로 한 예술적 소양이 한 인격체에게 다양하게 스며들도록 하는 교육임을 알 수 있다. 이런 교육을 받은 사람들이 성장하여 사회에 나가서 부딪히는 문제를 해결하는 방법과 이런 교육이 바탕에 깔려 있지 않은 사람과의 차이는 실로 엄청나다. 눈에 보이는 결과물을 얻어내는 것에도 차이가 있을 수 있지만 무엇보다 인생을 바라보는 태도, 문제를 받아들이는 방법, 해결하는 솔루션을 찾는 접근 방식과 감정이 다를 수밖에 없는 것이다. 우리나라에서도 이제는 모든 분야에서 '문화예술'과의 융합을 원하고 시도한다. 이는 우리들의 삶을 윤택하게 하고 기존의 영역을 더욱 빛나고 가치 있게 만들어주기 때문이다.

하바드 대학교의 교육심리학과 교수인 하워드 가드너(Haward Gardner)는 인간의 예술적, 창조적인 능력의 발달 과정을 분석하는 '프로젝트제로 연구소'를 통하여 인간의 두뇌는 여덟 가지 다중지능을 갖고 있다는 연구 결과를 내놓았다. 30년 이상 연구한 이 연구 결과는 존 듀이 이후 최고의 교육학 이론으로 인정받았으며, 세계 여러 나라에서 그 이론을 받아들이기 시작했다.

가드너의 '다중지능 이론'의 핵심은 그동안 인간의 지능을 너무 좁고 편협하게 정의해왔다는 것이다. 실제로 인간의 지능을 구성하는 것은, IQ 점수가 함축하고 있는 것보다 훨씬 다양하고 넓은 시각에서 잠재적 능력이 있음을 말하고 있다. 그가 말하는 다중 지능력은 음악 지능을 선두로 하여 신체운동 지능, 언어 지능, 논리수학 지능, 공간지능, 인간 친화 지능, 자기성찰 지능, 자연 친화 지능 총 여덟 가지 지능이다. 인간에게는 이러한 지능이 누구에게나 잠재적으로 있으며, 어느 것이 더 많고 적음에 따라 이 능력을 개발할 수 있다고 주장하는 것이다. 이는 기존의 '지능이 높은 사람과 낮은 사람'으로만 구분했던 시각에 의문을 제기하며, 인간은 각기 타고난 재능이 모두 다르고, 자신의 장점을 보이는 분야가 반드시 있으며, 아무런 능력이 없는 사람은 없다는 가치관을 확산시켰다.

이러한 이론은 이 시대의 많은 사람들에게 '새로운 교육의 미래'를 예측하게 해준다. 우리나라에서는 그의 이론을 바탕으로 만든 융합예술 프로그램들이 이미 실행 중이다. 이런 '예술융합 교육'은 피교육자에게는 새로운 희망으로 우리의 교육의 미래를 밝힐 것이고, 교육자들에게는 '기회'를 여는 새로운 장이 될 것이다.

융합으로 개척하라

세계적인 식품회사 네슬레(Nestle)는 2018년, 향후 커피 시장에서의 확고한 판매망 구축과 미래의 방어적이고 전략적인 횡보를 위하여 스타벅스 커피의 매장 외 슈퍼마켓, 식당 등의 판매권을 약 71억 달러를 지불하고 매입했다. 그뿐만 아니라 네슬레는 몇 년 전 미국의 고급 커피체인 블루보틀(Blue Bottle)도 인수해서 화제가 되었다. 세계적인 글로벌 식품회사가, 그것도 자체적인 생산력도 충분히 있는 굴지의 회사가 왜 그 많은 돈을 지불하고 그런 협업(co-work)을 하는지, 예술을 하는 나로서는 의아했다. 하지만 이는 결국 철저한 분석 아래, 자기 기업의 가치를 상승시키려는 투자적 전략이었다.

또 작년에는 작은 온라인 쇼핑몰로 시작한 '스타일난다'가 세계적 기업 로레알(L'Oreal)에 6천억 원에 매각되어 많은 사람들을 놀라게 했다. '스타일난다' 역시 스타벅스처럼 기존의 기업들과는 달리, '옷이 아니라, 문화를! 코스메틱이 아니라 매력을 만든다'라는 기업의 정신을 밝힌 바 있다. 이렇게 기업들이 매각, 매수하는 일련의 행위들은 모두 눈에 보이지 않는 '가치'를 팔고 사는 일이며 그 중심에는 '문화예술'이 공존한다.

이처럼 오늘날 문화예술은 순수한 문화와 예술로서의 의미뿐만 이 아니라, 그것을 넘어서 모든 분야와 융합을 시도하고 새로운 형태를 창조하고 있다. 즉 다양한 패러다임에 의해 나타나는 새로운 현상과 결과물에 주목해야 한다. 돌이켜보면, 항상 예술보다는 다른 분야나 앞서가는 기업에서 먼저 예술을 접목하려 했다. 그 이유는 다양하겠지만, 예술이 주는 고유한 '가치' 때문이다. 쉬운 예로 '라면 광고'에도 클래식 음악을 삽입하는 것을 보면 알 수 있다.

하지만 이제는 음악계, 예술계에서 '먼저', '자주적'으로 스스로 찾아내어 다른 분야와의 융합을 시도하여 새로운 시장을 개척해야 할 때다. 현재 클래식 음악 예술은 영상 콘텐츠와의 융합, 미디어 문화와의 융합을 선두로 모든 분야와의 융합을 시도하고 있다. 우리는 워라밸을 추구하지만 불황기에 있고, 이러한 시점은 우리가 예술과 문화 산업을 새로운 '미래의 역량 산업'으로 이끌어갈 수 있는 좋은 환경이 될 수 있음을 예측할 수 있다. 즉 수많은 가능성 있는 분야들의 '융합'은 분명히 우리에게 새로운 희망과 기회가 될 것이다.

클래식해서 밥 먹고 살 수 있나?

몇 년 전 피아니스트 조성진의 '통영 리사이틀' 티켓이 온라인 판매에서 오픈한 지 1분 19초 만에 매진이 되어 표를 구하지 못한 팬들이 발을 동동 구르는 사태가 발생했다. 현장 판매에서는 티켓을 구하기 위해 새벽 1시부터 줄을 서고 법석을 떨었다는 후문이다. 이뿐이 아니다. 인기 피아니스트 키신(Kissin)의 공연 티켓을 구하는 일에 나는 매년 실패했다. 항상 오픈 시간을 기다렸다가 시도해도, 인터넷 판매에서는 접속 폭주가 일어나고 어느새 5분이면 표가 매진된다. 피아노의 거장, 마르타 아르헤리치(Martha Argerich)의 연주회 또한 몇십만 원의 티켓 가격에도 매년 매진이다. 우리나라 클래식 음악 애호가가 이렇게도 많았던가? 사뭇 의아하고 신기하기까지 하다.

우리나라 클래식 아티스트들이 세계 유수의 콩쿠르에서 우승하고, 한국의 기상을 전 세계에 떨친 지도 꽤 시간이 흘렀다. 이제는 외국에서 먼저 한국의 클래식 음악계를 인정해준다. 즉 K-classic은 세계적으로 인정받고 있고 대단한 기상을 뽐내고 있는 게 현실이다. 이렇게 이미 세계적인 클래식 강국이 되었고, 티켓이 없어서 못 살 정도로 마니아들이 많은데도 불구하고, '클래식해서 밥 먹고 살 수 있나?'라는 질문이 나온다. 또 현실적으로 음대 졸업자들의 진로 모색이 녹록지 않다. 이 무슨 아이러니한 일인가?

클래식 음악계에도 양극화가

클래식 음악계야말로 이런 양극화 현상이 극심한 세계이고, 이것이 하루 이틀의 일도 아니다. 그 중심에 있는 음악인들은 이런 현상을 피부로 실감하며 살고 있다. 대체 왜 이렇게 된 것일까? 그렇다면 앞으로의 세상에서는 과연 클래식을 해서 밥 먹고 살 수 있을까?

이런 클래식 음악계의 양극화 현상의 원인은, 첫째로는 '클래식 음악인들' 스스로에게 그 책임이 있다. 영화인들이나 연극인들처럼 투쟁을 통해 뿌리를 내리려는 노력이 부족했다. 그다음으로는 우리가 뽑은 정치인과 예술 관련 공무원들이 한몫을 한다. '고전'이라는 것, '예술'이라는 것을 거시적 안목으로 보고 또 국가적 경쟁력을 만들 수 있는 '가치 있는 문화'로 볼 수 있는 관료들이 많지 않다는 것이다. 그들은 대체로 현실 문제에 집착하는 경향이 많고 자신의 '자리'를 보존하는 것에 더 많은 관심이 있을 수밖에 없다. 거리로 나와서 소리치고 투쟁하는 것도 아닌 점잖고 우아한, 또 눈치를 보는 클래식 음악인들이 가만히 있는데 굳이 나서서 클래식계를 옹호해주고 그들을 위해 지원을 해줄 리가 없는 것이다.

하지만 이런 이유가, 앞으로도 클래식 음악계가 계속 침체할 이유가 될 수는 없다. '클래식'이라는 장르가, '클래식'이라는 소재가 사라질 수 있는 콘텐츠라면 이유가 될 수도 있겠다. 또 '클래식'이 서양 음악이라서 우리나라 아티스트들이 재능이 뒤처지고 비전이 없는 것이라면, 클래식계가 '침체'할 이유가 된다. 하지만 우리의 클래식 아티스트들은 세계적으로 뛰어나고 '클래식'은 앞에서도 말했듯이 죽는 날까지 '없어질' 분야가 아니라는 것이다. 즉 관료들의 의식이 바뀌고 또 시대가 변하면 충분히 '클래식계'의 현실은 달라질 수가 있는 것이다.

추구하는 것이 무엇인가에 따라서 달라진다

몇 년 전, 레슨실에서 레슨을 하다가 잠깐 창밖을 바라보았다. 얼마 전까지만 해도 건물을 막 올리고 있었던 것 같은데, 어느새 높은 빌딩이 완성되어 우뚝 서 있는 것이다. '어떻게 저렇게 빨리 빌딩이 만들어지지?' 내심 참으로 신기하다고 생각했다. 빌딩을 만드는데 인부들이 힘은 들겠지만, 박사학위를 따야 한다든가 엄청난 테크닉을 공부해야 하는 것은 아니다. 그런데 1년 남짓 만에 건물이 완성되고 우리는 그것을 눈으로 볼 수 있으며 그 건물을 사용하니 정말 대단하다.

그런데 클래식 피아노의 경우 똑같은 1년이라는 기간 동안 쇼팽 에튀드, 베토벤 소나타 각각 한 곡씩만 친다고 가정했을 때 아주 전문인이 아니고서는 그렇게까지 완성도 있게 잘 치지 못한다. 만약 피아노를 처음 치는 사람이라면 당연히 어림도 없는 일이다. 빌딩이 완성되는 1년 내내, 쇼팽 에튀드를 가지고 씨름하고 있어도 잘 못 친다는 것이다. 클래식 기타를 배우기 시작한 사람이 1년을 꼬박 연습해도, 〈알함브라 궁전의 추억〉을 연주하기 힘들다는 것이다. 이것이 예술이다. 이것이 클래식이다.

또 빌딩을 올리는 것은 '눈에 보이는 것'이고 음악은, 그것도 고전음악을 한다는 것은 '눈에 보이지 않는 것'을 하는 것이다. 극단적인 예지만 무엇을 추구하느냐에 따라 달라진다. 빌딩을 올리고 물건을 생산하거나 유통하는 일들은, 눈에 보이는 것을 움직이는 현실적인 일들이다. 하지만 음악은 눈에 보이지 않는 가치를 추구하고 그 안에서 예술을 창조하며 삶을 승화시키는 작업을 한다. 특히나 '고전'이라는 것은 인생의 답을 찾아 본질적인 것을 느끼고 깨닫게 해주며 내 삶을 더욱더 풍요롭게 해주는 '기본의 툴(tool)', '기본의 공식' 같은 것이다.

사업을 해서 돈은 벌었으나 마음이 채워지지 않아 뒤늦게 클래식을 취미로 하는 사람도 있고, 음악을 전공했으나 현실적인 밥벌이를 위해 원하지 않는 '장사'를 할 수도 있다. 즉 추구하는 것에 따라 음악은 '업'이 될 수도 있고, '취미'로 남을 수도 있는 것이다.

능력과 꿈의 조화

내게 오디션을 보러 오는 학생의 부모님은 대개 두 가지 유형으로 나뉜다. 하나는 '자녀를 꼭 교수를 시키는 게 꿈'인 유형과 다른 하나는 '클래식해서 밥 먹고 살 수 있나'를 묻는 유형이다. 첫 번째 유형은 갈 길이 험난하다. 이들은 당신의 자식이 열심히 해서 좋은 대학 나오고, 유학 갔다 오면 곧 '교수'가 되는 줄 알기 때문이다. 반면에 두 번째 유형은 클래식 음악에 대한 사회적인 '선입견'과 자신들의 잣대를 기준으로 보는 '클래식 음악인'에 대한 정체성을 바탕에 깔고 있다. 두 유형 모두 바람직하지 못하다. 첫 번째 유형의 경우 음악이 좋아서, 음악에 재능이 있어서 하다 보니 '교수'가 될 수도 있고 또 아니어도 괜찮아야 한다. 그래야 행복하게 음악을 할 수 있는 것이다. 단지 교수가 되는 것이 목표가 되었을 때는 그야말로 '고통'이 시작된다.

두 번째 유형의 경우는, 클래식이 아니라 다른 전공들도 제대로 못 하면, 다 밥 못 벌어먹고 산다는 것을 알아야 한다. 또 걱정이 '수입'이라면, 그것은 개인의 능력에 달린 문제라고 할 수 있다. 클래식을 전공해서 한 달에 수천만 원씩 버는 사람도 있고, 겨우 밥만 먹고 사는 사람도 있다. 이것은 오로지 '개인의 능력 차이'에 따라 다르다. 보통 열심히 하면, 일반 월급쟁이들보다는 수입이 좋다고들 한다. 하지만 그것 또한 개인의 능력에 따라 달라진다. 음악이 좋다면, 자신에게 맞는 방법으로 얼마든지 능력과 꿈을 조화시켜 현실적 방안을 찾을 수 있는 것이다.

클래식을 해도 모든 것을 이룰 수 있다

일반 사람들은 클래식을 전공한다고 하면 집이 부유하거나, 재능이 매우 뛰어나 조성진처럼 되는 것 이외에는 '밥 먹고 살기 힘들다'고 생각하는 경향이 있다. 하지만 실제적으로는 클래식을 전공해서 세계적인 연주자가 되고 싶은 사람부터, 소박하게 사람들에게 아름다운 음악을 알려주는 삶을 행복으로 느끼는 사람까지 그 목표는 다양하다. 더군다나 요즘 시대는 남의 시선보다 개인의 '행복 추구'를 우선시하는 사회로 점점 변화되어가고 있는 추세이기에, 클래식을 전공하려는 이유 또한 예전보다 더 다양해지고 있다. 단지 클래식계가 위축되어 있다는 사실만으로, '클래식해서 밥 먹고 살 수 있나'를 염두에 둔다면 매우 어리석은 생각이다.

결론적으로 말하자면, 클래식을 해도 모든 것을 이룰 수 있다. 바꾸어 말하면, 클래식을 해서 성공할 수 있는 사람은, 다른 것을 해도 잘할 수 있는 사람이다. 또 클래식을 해서 밥을 못 먹고 사는 사람이 있다면, 그 사람은 다른 것을 해서도 힘든 사람이다. 국문학을 전공한 사람이 문단에 등단을 못 한 채 평생 취직을 못 하고 혼자서 글을 끄적이고 있는 사람도 있고, 잘나가는 작가가 된 사람도 있고,

다른 분야로 진출한 사람도 있는 것과 같다. 또 독문학과를 나와서 일반 직장에 취직한 사람들도 있고 전공한 독어는 기초 문법조차 까맣게 다 잊고 사는 사람들도 많다. 가정학과를 나와서 자신의 전공을 못 살리는 사람들도 부지기수로 많은데, 그들이 전공을 못 살리고 있다고 '그 전공해서 밥 먹고 사나?'를 묻지는 않으면서 유독 클래식 음악만 그것을 의문점으로 갖는 것 또한 매우 아이러니하다. 즉 클래식을 전공했다고 해서 클래식 전공 분야만 특별히 '무엇인가' 특혜가 주어지지는 않는다.

클래식은 그만큼 시간과 돈이 들어가는 것이라서 그렇다면, 그 보상에 대해 말해주고 싶다. 다른 전공에 비해 죽을 때까지 프리랜서로 일할 수 있는 '자격'이 주어지는, 그 자유로운 전문성에 대해서 알려주고 싶다. 또한 '클래식' 음악이 주는 영원불멸한 '마음의 양식'과 풍요로움은 다른 전공에서는 가지기 힘든 점이라는 것을 역설하고 싶다. 클래식을 해도 모든 것을 이룰 수 있고, 그 방법은 이 책의 여러 파트에서 다루고 있듯이 본인이 스스로 찾아야 한다.

우리의 삶 자체가 예술이다

나는 음악을 사랑하고 좋아했지만, 연습하다가 힘들 때면 이런 생각이 들곤 했다. '아니, 이게 뭐라고 내가 이것 때문에 이렇게 힘들어야 해? 음악이 의학처럼 사람을 죽이거나 살리는 것도 아니고, 이것 때문에 전쟁이 나는 것도 아닌데 왜 이렇게 음악 때문에 내가 힘들어야 해?' 이런 생각들이다. 하지만 나이를 먹을수록, 내가 성장해갈수록, 세상의 이치를 깨달을수록 이런 어릴 때의 내 생각은 변해갔다.

6.25 전쟁 때 피난민을 태운 열차의 아수라장 속에서, 축음기를 통해 바흐의 〈G 선상의 아리아〉가 울려퍼지자 언제 그랬냐는 듯 순간 모든 사람이 일제히 조용해지며 공포와 불안에서 벗어나 하나

가 되었다는 그 전설적인 이야기를 들어보았는가? 이 이야기를 들었을 때, 음악은 사람을 살린다는 것을 깨달았다. 꼭 의사만 사람을 살리는 게 아니라는 것을. 음악이 사람을 살릴 힘이 있다는 것을 비로소 깨달았다. <타이타닉> 영화에 나오는 현악 4중주단의 연주는 침몰 직전, 죽음을 눈앞에 두고 음악가로서의 정체성을 느끼게 하는 감동적인 장면으로 많은 사람의 눈시울을 뜨겁게 한다. 또 영화 <피아니스트>에서 실화의 주인공 스필만이 쇼팽 발라드 1번으로 목숨을 구하는 이야기에서도, 음악이 사람을 구할 수 있다는 것을 알 수 있다.

음악은 과학 문명의 발달로 등장한 인공지능이나 물질의 발달로 오는 편리함을 초월한, 인간의 영혼을 움직이는 영적인 힘을 가진 언어이자 삶의 동반자다. 독일의 철학자 에른스트 블로흐(Ernst Bloch, 1885~1977)는 '음악이야말로 우리가 가진 가장 값비싼 영혼과 기억'이라고 했다. 이 말은 음악이야말로 영혼을 살찌우고 풍요롭게 하며 든든하게 하는 지구상의 최고의 가치라는 뜻이다. 이렇게 음악은, 예술은 위대하다. 나아가 예술이 진정으로 위대한 것은, 우리네 삶 자체가 '예술'이기 때문이다.

예술은 삶 속에 녹아 있다

마냥 기계적으로 손가락을 빨리만 돌리려고 하고, 피아노 치는 것을 '좋은 대학에 가려고' 또 '경쟁에서 이기려고만' 하는 학생들을 만날 때면, 이런 질문을 한다. 그들에게 음악의 진정한 가치를 알려주고, 예술로 삶의 모든 것을 '승화'시키는 방법을 깨우쳐주기 위함이었다. "선생님이 유리 창문을 깨끗하게 닦으라고 A 학생과 B 학생에게 과제를 내주었어. 한 시간 뒤에 검사한다고 한 후 돌아왔어. '자, 다 닦았지? 각자 어떻게 닦았는지 설명해볼래?' 하자, A 학생은 '선생님, 저는 선생님이 나가신 후 한눈 한번 안 팔고 열심히 구석구석 깨끗하게 닦았어요. 정말 팔이 아플 정도로 닦았어요'라고 했어. 반면 B 학생은 '저는 오늘 하늘이 너무 맑고 청아해서, 제가 닦은 창문을 통해 저 투명한 하늘의 아름다움을 다른 사람들도 느낄 수 있도록 닦았어요'라고 말했어. 실제로 A 학생은 한 시간 내내 쉬지 않고 닦았고, B 학생은 20분 남짓 닦았을 뿐이야. 자! 누가 점수가 더 많이 나올 것 같아?"

예술에 정답이 없다고는 하지만, 음악 전문인들은 콩쿠르에서, 입시 평가에서 매 순간 점수를 매겨야 한다. 위의 경우 당연히 B가 높은 점수를 받는다. 내가 레슨 때마다 자주 학생들에게 해주는 예시 중 하나다. 이것은 비단 '예술'을 하거나 '예술'을 전공하려는 사람에게만 해당되는 이야기는 아니다.

우리가 노래방에 가서 멜로디와 화성에 따라, 리듬에 몸을 맡기고 눈을 지그시 감고 노래를 부르며 가슴속에 쌓인 것을 분출하려는 것은 무엇 때문인가? 노래를 잘하기 때문에, 혹은 노래를 잘하려고만 노래방에 가는가? 아니지 않은가! 기업에서는 '가정의 날'이라고 하여 지원금까지 회사에서 부담하며, 취미 생활을 권장한다. 주로 음악, 미술, 운동 활동을 하는 사람들이 많은데 이것은 건조한 현실의 회사 생활을 조금이라도 예술을 통해서 '승화'시켜보라는, 숨통을 트고 그 승화된 예술로 '창의성'을 만들어보라는 회사 차원의 배려다. 왜냐하면 다시 일을 잘해내 성과를 내야 하기 때문이고, 결국 그것이 기업의 이윤을 가져오기 때문이다. 이런 정서 함양은 찌든 생활에서 누구나 추구하고 가져야 하는 삶의 기본 요소다. 우리가 잘 깨닫지 못하는 많은 순간에도 '예술'은 늘 우리와 함께 숨을 쉬며 '생활' 속에, 우리의 삶 속에 녹아 있다. 단지 우리가 그것을 깨닫지 못하고 있을 뿐이다.

부메랑처럼 돌아온다

얼마 전 내가 아는 중견기업 CEO가 유명을 달리했다. 그는 40대 초반의 나이로 매우 스마트한 사람이었고 평생 열심히 일했다. 그의 투철한 목표는 그를 끊임없이 승승장구하는 모습으로 만들었다. 하지만 그는 과중한 업무와 스트레스로 항상 힘들었고 메말라 있었다. 인생을 돌아보고 여유를 가지거나, 혹은 예술에 취미가 있어서 정서를 함양시킨다거나, 하다못해 건강검진이라도 제대로 받아보았다면 그렇게 아까운 나이에 떠나지는 않았을 것이다. 그는 오직 자신의 목표만을 향해, 성공만을 위하여 달리고 또 달렸다.

이뿐이 아니다. 젊은 시절 혹은 평생 삭막하게 일만 하거나 돈만 벌거나, 명예만 좇다가 말년에 '인생의 허무함'과 '인생의 덧없음'

에 뒤늦은 후회를 하는 사람들을 많이 보았다. 그래서 삶에서 예술이 주는 가치가 얼마나 중요한지를 미리 깨달은 사람들은, '예술' 혹은 '정서함양'에 마음과 시간을 투자한다. 즉 삶의 균형을 '예술'을 통해 찾으려고 시도하는 사람들이다. 그들은 '시'를 통해, '영화'를 통해, '책'을 통해, '그림'을 통해, 라디오에서 흘러나오는 '음악'을 통해, 취미로 치는 피아노나 기타를 통해 힘든 현실을 '승화'시키려 노력하는 사람들이고 이들의 노력은 결국 부메랑이 되어 삶의 잔잔한 기쁨과 깨달음으로 돌아온다.

우리의 삶 자체가 예술이다

미의 개념을 새롭게 정의한 화가 마르셀 뒤샹은 "예술가로 살아오면서 가장 만족스러운 것을 무엇인가"라는 질문에 대한 답으로, "내 인생 자체를 예술 작품으로 만들기 위해 노력한 것이 가장 만족스럽다"라고 했다. 예술을 하는 나로서도 매우 공감이가는 말이다. 그런데 사람들은 예술을 너무 대단한 것, 나와는 거리가 먼 나라 얘기인 듯 생각하는 경향이 있다. 사실 형체를 알 수 없게 구겨진 철판조차도, 어떤 뜻을 담아내느냐에 따라 예술이 되기도 한다. 즉 우리는 예술을 생각보다 가까이서 항상 접하고 있고 '예술'이라는 용어도 생각보다 자주 사용하고 있다. 또 그 개념 또한 그렇게 먼 이야기가 아님에도 불구하고, 막상 예술을 정체성에 입각해서 생각하면 너무 거리감 있게 받아들이는 것이다.

예술은 옳고 그름의 영역이 아니다. 예술은 우리네 삶에, 누구나 함께하고 있으며 매 순간 예술을 추구하며 살고 있다. 즉 우리들의 '삶' 자체가 예술이다. 힘든 삶이 어떻게 아름다운 예술이냐고? 그렇기에 예술이라는 것이다. 쉽게 거저 굴러가는 인생은 없다. 다들 힘들고 나름대로 사연이 있고 굴곡이 있다. 그 역경을 어떻게라도 이겨내고 극복해나가는 그 '삶의 과정'이야말로 예술이 아니고 뭐겠는가! 이렇게 우리 삶에 살아서 숨 쉬고 함께하는 예술은 모든 길로 통한다. 예술이 통하지 않는 길은 없다. 모든 분야와 연결되어 있고 언어, 국적, 나이, 성별을 불문하고 다 통하는 것이다.

모든 분야가 개인 브랜드의 시대다

이제는 '특정한' 계층, 소위 잘나가는 사람들의 이야기보다 '보통 사람', '일반 사람'들의 이야기에 더욱 귀 기울이는 시대가 왔다. 내가 발행하는 매거진을 기획할 때 조사해본 결과, 특정 집단의 이야기보다 유명하지 않은 일반 사람들, 평범한 소시민들의 라이프에 많은 대중들은 더 공감하고 반응한다는 것을 알 수 있었다. 즉 개인 모두가 '주인공'이고 삶의 주체로서의 자신을 반추하고 발전시키는 데 지대한 관심이 있는 것이다.

당신이 어떤 분야에 있건 예외는 아니다. 내가 하는 클래식 음악계도 마찬가지다. 이제는 더 이상 멋진 드레스를 입고 귀국 독주회만 한다고, 유학을 다녀온 많은 신인 음악도들의 미래가 전혀 보장

되지 않는다. 사실 예술이라는 것 자체가 '자유로운 영혼'을 추구하는 것 아닌가? 하지만 특히 클래식 음악을 전공한 사람들은 그야말로 '개척력'이 없는 것이 일반적이다. 실용음악을 하는 사람들보다도 '구조적'으로나, '학습해온 방법적'으로나 그럴 수 있는 확률이 높다. 실용음악이 '창조'나 '생산'을 해내는 음악이라고 본다면, 클래식은 '재창조'이자 그 '틀', '형식'이라는 규제 안에서 자유로움을 추구하고 표현해내야 하기 때문이다. 이것은 더 차원이 높은 수준의 예술성과 감정의 표현을 표출하고 생성해야 하는 과정이다. 하지만 그런 높은 수준까지 올라가기 위한 습득 과정에서 길들여지고 학습된 음악도들의 성향은, 개척이나 생성과는 거리가 멀어지게 되는 구조적 관계를 나는 긴 시간 동안 보아왔다.

하지만 확실한 것이 있다. 클래식이라는 '영원불멸한' 콘텐츠를 가지고 있다는 것, 그런 아이템을 본인이 전공했다는 점이다. 이것은 그 어떤 장르와도 비교가 안 될 정도의 장점이다. 저작권의 위배도 안 받고 무궁무진한 소재를 가지고 있다. 단지 개척만 잘한다면 말이다. 시대의 흐름이 말해주듯, 이제는 클래식 음악도들도 학벌, 스펙, 인맥으로부터 벗어나 '자신만의' 세계를 구축할 시점이다. 즉 클래식 음악계도 '개인 브랜드'의 시대다.

스스로 날개를 달아주자!

당신이 어떠한 분야에 있건, 당신도 '개인 브랜드'를 만들 수 있는 시점에 우리는 살고 있다. 누구나 1인 방송을 할 수도 있고, 자신의 모든 것을 SNS을 통해 홍보할 수도 있다. 앞으로는 기존의 '클래식 음악계'의 흐름도 바뀔 것이라 예상한다. 왜냐면 세상이 바뀌고 있기 때문이다. 모든 분야에는 수요와 공급의 법칙이 있고 시장경제를 지배하는 자본주의 시대에서 우리는 살고 있다. '영원불멸할' 고전음악이라는 특수한 소재는 미래에 매우 좋은 콘텐츠가 되리라 생각한다. 단지 그 '소재'를 음악도들이 '활용'을 못 하고 있을 뿐이다. 그들은 그 순수한 '음악 자체'에만 빠져 있었고, 공부해왔기 때문이다. 이제는 음악인들 스스로가 자신의 길을 개척해야 한다.

오래전부터 이런 생각을 해왔고 수많은 제자들의 진로를 모색하고 함께 고민해온 결과 이런 음악도들의 미래를 열어가는 데 도움을 주는 일을 시작했다. 이미 많은 기획사나 콘텐츠 관계사들에서는, 신진 음악인들을 발굴해내고 지원하는 사업을 하고 있다. 주로 음반을 내주고 공연을 기획하는 쪽이 많다.

더 나아가서 음악과 다른 분야의 '융합'과 '컬래버레이션'를 주로 한다. 개인이 가지고 있는 잠재력을 일차적으로 찾아내어 개발시키며, 자신만이 가질 수 유니크함과 차별성을 특화시켜 '브랜드'를 창출해낸다. 즉 개개인의 가치를 '브랜딩'하여 커리어를 개발시키는 일을 하고 있다. 한 제자는 피아노를 전공했지만 실기가 그렇게 뛰어난 편이 아니었다. 그래서 졸업 후 연주는 물론이거니와 레슨도 자신이 없다고 했다. 하지만 이 친구는 '여행'을 매우 좋아했고, 글 쓰는 것을 좋아한다. 그런 그녀의 잠재력을 찾아내어 '음악 여행작가'를 제안했다. 구체적인 진로와 활동 영역 등을 코칭해주는 일이 내가 하는 일이다.

또 어떤 음대 졸업생은 내게 코칭을 의뢰해왔는데, 이 친구는 음대를 졸업했지만 필라테스와 피트니스에 관심이 많았고 심지어 복싱까지 수준급이었다. 몸매가 아주 좋아서 모델을 제의받기도 했지만 키가 작아서 포기했다고 하는 그녀에게, 나는 '음악인 전문 PT'를 제안했다. 음악을 전공했기 때문에, 악기 하는 사람들의 고충을 잘 알고 있고, 운동하는 방법과 운동할 때 사용하는 음악까지도 개발할 예정이다.

나는 이런 일들을 코칭하고 브랜딩하며 마케팅, 플랫폼화, 네트워킹까지 연결시켜 4차 산업혁명 시대에 맞는 새로운 사업으로 키워나가고 있다. 이제는 갇힌 음악인이 아닌, 순수한 영혼만 추구하는 것이 아닌, 현실에 발을 딛고 사회 공헌에도 이바지할 수 있는 진정한 '날개'를 스스로에게 달아줄 수 있는 예술인이 되어야 하고, 이것은 다른 분야도 마찬가지다. 그 어떤 분야도 '스스로' 개척하지 않으면 살아남기 어려운 시대다. '평생직장'의 개념이 없어진 지는 이미 오래되었다는 것을 명심하라!

고기를 잡아주는 것이 아닌, 고기 잡는 '방법'을 알려주는 것!

30년간 가까이 입시 레슨을 해오고 보니, 어느새 내 분야에서는 나름대로 '전문인'이 되어 있었다. 그 누구라도 30년 정도의 같은 일을 하면 그렇게 될 것이다. 그러다 보니 내 제자들을 비롯한 많은 젊은 신인 음악도들이 학생들을 가르칠 때 힘겨워하는 것을 보면 참으로 안쓰러웠다. 나 또한 다 겪어온 과정이니까 말이다. 김치를 막 담그는 새댁을 바라보는 안타까움 가득 담긴 할머니의 눈처럼, 빵을 처음 만들어보는 젊은 세프를 바라보는 장인의 한숨 섞인 시선처럼 되는 것이다.

이 과정은 사실 많은 경험을 필요로 한다. 하지만 10년 걸려야 알 수 있는 것들, 20년 걸려야 알 수 있는 것들을, 산 경험자의 연륜으로 배우면 그 시간이 현저히 줄어들 수 있다. 나는 젊은 신인들, 경험이 많지 않은 입시 레스너들에게 나의 연륜을 알려주고 싶었다. 그래서 기초가 부족한 학생들을 빠른 시간에 좋은 성과를 내는 방법의 툴(tool)을 공식화했고 그것을 콘텐츠화했다. 비단 클래식 분야뿐만이 아니다. 모든 분야에서도 어떠한 것, 그 자체만 알려고 하면, 시간이 흐른 후 또다시 원점이 된다. 항상 고기를 잡아주는 것이 아니라 고기 잡는 '방법'을 알려주어야 한다. 또한 피교육자나 어떤 것을 배우는 입장에서도 항상 '문법', 즉 고기 잡는 방법을 스스로 개척할 수 있는 그 핵심 툴을 배우고자 하는 의지가 있어야 한다. 나는 이러한 프로그램의 개발과 미래를 향한 새로운 시도들이, 클래식 음악계의 희망이자 나아갈 길이라고 생각한다. 이런 교육 방식이 어떻게 한 인간의 삶의 방향을 현명하게 지배하는지, 교육이 주는 진정한 가치가 무엇인지를 젊은 음악도들에게 전해주고자 한다.

개인 브랜드 시대의 예술을 기획하자!

앞으로의 세상은 지금까지 보여주었던 것보다 더욱 다양한 패러다임의 예술 기획이 요구된다. 시대를 역행할 수 없음으로 가장 먼저 '트렌드'에 주목해야 한다. 하지만 '트렌드'를 기본에 두되 그것을 좇기만 하는 것은 이미 뒤처진 것이다. 시대에 맞는 새로운 패러다임의 예술 기획은 '창조'라는 거대한 사명 아래 끊임없는 '도전적 혁신'이 요구된다. 또한 이것은 후시대의 '역사의 산물'로 남아 하나의 '현상'이나 시대를 풍미했던 '시대사조'의 근간을 이루는 창조물이 될 것임에 더욱 의의가 있는 것이다.

우리가 살고 있는 시점은 여러 가지가 복합적으로 연결되어 있는 '융합'의 시대다. 예술의 기획 또한 발레, 패션, 그림, 과학 등 모든 다른 분야와의 융합으로 새로운 창작물을 내놓고 있다. 이제 예술을 기획한다는 것은 기획자, 연출가 등 특정한 사람만이 할 수 있는 것이 아니다. 개인 브랜드의 시대인 만큼, 누구나 예술을 기획할 수 있다. 결국 '아이디어'와 '콘텐츠'가 중요한 것이다. 이런 기획을 위해서는 편협되거나 좁은 사고방식이 아닌, 끊임없는 창의력과 통찰력이 요구된다. 영국의 작가 G. K. 체스터턴은 "인간은 매일 더 새로운 경이를 원하면서 죽어간다"고 했다. 이 말은 삶 자체가 예술이고, 예술은 늘 새로운 것을 창조해내고 도전해야 한다는 것을 의미한다. 융합 시대에 맞는 새로운 패러다임의 예술 기획에 더욱 주력해야 할 때다.

트렌드를 읽는 전문인이 되어라

모든 사람들은 자기 분야에서는 나름 '전문가'다. 그런 사람들이 모두 모여 사회를 이루고 있다. 그러니 '더' 전문인이 되어야 하고 '더' 트렌드를 읽어야 할 수밖에 없다. 예술 분야에서도 '시대를 넘어서는' 예술인이 있고, 시대에 뒤처지는 예술인이 있다. 물론 베토벤이나 쇼팽 같은, 시대가 아무리 변해도 불멸하는 '시대를 넘어서는' 예술인이 된다면 더할 나위 없이 위대할 것이다. 하지만 그런 한 세기에 한 명 나올까 말까 하는 경우를 제외한, 일반적인 살아 있는 예술가들의 현실을 얘기해보자! 클래식을 하는 예술인들은 지금 그들이 땅을 딛고 있는 이 시점, 현시대를 인식하고 있는가? '클래식'을 하는 예술인들은 예술의 '순수성'에 입각한 나머지 현실적인 생활도

'고전'을 따르려고 하는 경향이 있다. 셰익스피어의 《햄릿》을 공연할 때 그 작품의 '시대적 배경과 내용에 충실하게' 공연을 해야 하지만, 그것을 이 '시대에 맞는 형식'으로 공연하고, 그 형태로 인한 '수익'을 창출해야 한다는 것이 내가 하고자 하는 주장이다.

그들이 공부했고 계승시켜야 할 클래식이 아무런 대책도 없이, 즉 경제적 활동력도 없이 오로지 '순수예술'만을 추구하다가는 오히려 덫에 걸려서 자신이 하고자 하는 예술을 제대로 하지 못하게 될 위험성을 말하고자 하는 것이다. 이 시대를 살아가는 예술가들의 목적과 가야 할 방향은 '현실', 즉 '트렌드'에 맞게 살아 있는 '예술' 행위를 해야 한다는 것이다. 즉 '현시대에 맞는 형태로' 고전 작품의 정신을 계승해야 한다. 그것은 클래식이나 '예술 그 자체'를 오로지 삶의 목적으로만 추구하며, 다른 대책이 없이 그 '예술만 바라보며 사는 삶'과는 구별되어야 할 것이다.

나는 수십 년 동안 제자들을 지도하면서 학생들이 예술 자체를 '목적'으로만 생각하면서 다른 아무런 준비나 개척 없이 '할 줄 아는 게 클래식 음악 연주밖에 없다'는 이유로 너무 힘들어하는 것을 많이 봐왔다. 예술은 아름답고 가치 있는 것이다. 하지만 이 예술을 현실에서 '활용'하지 못한다면 그냥 '그림의 떡'이거나 '아름다움' 자체를 추구하는 추상론가가 될 뿐이다. '순수예술가'로 활동하고 싶다고 하더라도, 순수예술가로 살아갈 수 있는 환경(경제적 여건)을 만들어놓고 그 활동을 목적으로 해야 한다. 혹자는 이렇게 질문을 던질 수도 있겠다. "그러려면, 다른 것을 하지, 왜 클래식을 해요?" 그렇다. '돈'

이나 '명예'만이 목적이라면 그것을 충족시켜줄 만한 위치에 오른, 극소수의 예술인을 제외하고는 매우 힘들다. 하지만 그 극소수가 되지 않더라도, 예술을 사랑하여 '업'으로 삼으며 예술가로 사는 삶을 살겠다는 사람들도 많다. 그들이 좀 더 현실 속에서 예술가로 살아가는 데 필요한 트렌드를 읽을 수 있는 전문인이 되었으면 한다.

역량을 키우는 핵심 키를 잡자

미국 유학 시절에 내가 본 스타벅스나 홈플러스, 또는 프랜차이즈 시스템은 당시 한국에는 없었다. 소위 선진국에서의 여러 문화와 우리나라의 문화를 비교하니 안타까웠다. 1990년대 초반에 미국에서는 이미 '자동응답기(answering machine)'가 있었고 커피머신(coffee machine)도 매우 일반화되었는데 우리는 그렇지 못했다.

방학을 이용해 한국에 나왔을 때, 통신사에 근무하는 분에게 "왜 우리나라는 발신 추적이 안 되는 건가요? 누군가 전화를 하고 끊어버려도 그 발신자를 알 수 없는 게 너무 답답하잖아요. 미국에는 그런 것이 있던데, 우리도 그것을 들여오거나 만들면 안 되나요?"라고 했다. 그때 그분의 대답이 "그것은 현재 우리의 통신 체계로서 불가능한 일이고, 나라에서 자체적으로 그런 것은 법으로 금지되어 있다"라고 해서 참으로 의아해했던 기억이 난다. 그뿐만이 아니다. 내가 보고 느낀 선진국의 문화는 우리와는 너무나 달랐다. 그래서 너무 답답하고 그 필요성이 느껴진 나머지, 내가 그것을 '수입'이나 '무역'을 해볼 생각까지 했었다. 앞서 '열정' 파트에서 밝혔듯이, 그러한 나의 사고가 결국은 '해외 패션마케팅 사업'에까지 연결이 되었던 것이다. 이렇듯 내가 일찍이 본 선진국의 문화는 나를 우물 안 개구리에서 꺼내주었다.

내가 젊은 청춘 때 보고 느꼈던 선진국의 문화는 한참 지난 후에 우리나라에 정착했다. 즉 우리의 문화가 15년에서 20년이 지난 후에 미국의 문화와 비슷해지는 것을 느꼈다. 우리가 굳이 미국의 문화를 따르거나 그들의 것을 도입할 필요는 없다. 하지만 선진국의 문화여서 그런지, 내가 원하는 아니든 오래전 미국에서 본 그 문화가 15년 이상이 지난 후에 한국에서 정착되는 것을 봐왔다. 일본만 하더라도 우리보다는 10년 정도는 앞서가는 것을 느꼈다. 물론 개인적인 느낌이지만, 내가 느끼고 본 선진국의 문화가 그만큼의 기간 뒤에 우리나라에도 나타나 정착하더라는 것이다. 2002년 도쿄에 갔을 때 그들은 한창 '혼밥'이 유행이었고 패션도 당시 우리나라와는 매우 다른 '믹스매치'가 트렌드였다. 또 요즘 우리나라에서 보이는 '욜로'족이나 '워라밸'이 당시 일본 젊은이들의 문화였다.

우리는 여기서 미래의 문화를 예측할 수가 있는 것이다. 시대를 예측할 수 있다는 것은, 우리가 앞으로 비전 있는 일을 미리 기획할 수 있는 기준을 제시하고, 사업 모델을 구체화시켜준다. 시행착오를 줄이고 앞서가는 역량을 키우는 데 핵심적인 키를 마련할 수 있는 것이다. 예술 영역에서도 이처럼 시대를 읽을 수 있는, 시대를 앞서가는 예술인이 되어야 한다는 것이다.

멀티 시대에 전문인으로 살아가기

재수, 삼수, 엔(n)수가 있듯이, 요즘은 직업도 엔잡(n jop)의 시대가 도래했다. '한 우물을 파라', '철밥통', '평생직장'은 옛말이 된 지 오래다. 이것은 모든 분야에 해당된다. 요즘 같은 멀티 시대에는 어떤 기업에서도 '전공'을 굳이 따지지 않는다. 자기가 관심이 있든 없든, 다른 파트의 영역까지 알고 있어야 하고 할 줄 알아야 살아남는다. 프리랜서나 예술을 한다면 더욱더 필요한 요소다. 즉 당신이 마음껏 예술 행위만 할 수 있고 당신의 '예술적 가치'를 드높이고 싶다면, 다른 경제적인 수입처를 만들어야 한다는 것이다.

그때서야 비로소 당신은 그 '예술' 행위를 '예술적'으로 승화시킬 수 있고, 예술을 '목적'으로 할 수가 있게 된다. 그러기 위해서는 세상의 흐름, 시대의 흐름을 공부하고 그 안에서 자신의 역량을 찾을 수 있는 일을 개발해야 한다. 혹은 자신의 예술을 경영할 수 있는 새로운 패러다임을 강구해야 한다.

영국 출신의 유명한 작가 오스카 와일드는 이렇게 말했다. "은행가들은 식사를 하며 예술을 논하고, 예술가들은 식사를 하며 돈을 논한다"라고 말이다. 물론 극단적인 부분이 있는 말이다. 하지만 예술가들이 '작품'의 가치와 이상만 추구하면서 현실을 직시하지 못하고 생활인으로서의 접근 방식을 찾지 못한다면 '작품을 위한 작품', '예술을 위한 예술'만 하게 되어 '현실'이라는 굴레에 갇혀버리게 되고 말 것이다. 나는 앞서 '고전' 파트에서 충분히 '고전'의 힘과 '순수 예술'이 주는 '힘'에 대해 역설했다. 하지만 이 장에서는, 일반 클래식 예술가들이 그들이 처한 현실에 우뚝 서서 독립적으로 살아갈 수 있는 시대에 맞는 '정신'을 새롭게 정립해야 함을 말하고자 한다.

얼마 전, TV에서 일반 사무직 일을 하면서 공연을 하고 클리닝 업체에서 일하면서 작가 활동을 하는 젊은이들을 본 적이 있다. 바로 이런 형태가 앞으로 더 다양하게 대두될 것이다. '순수예술' 자체가 인생의 목적인 사람이 생활 수단으로 다른 업무를 하는 경우다. 이는 매우 합리적인 방법이며 '순수예술가'들의 미래를 열어가는 새로운 패턴으로 자리 잡고 더욱 발전해나갈 것이다. 이것은 다른 모든 분야에도 해당하는 이야기일 것이다. 이제는 '한 가지'만 바라보고 '한 우물'만 오롯이 파서는 큰 세상의 흐름을 읽을 수 없는 시대다.

4차 산업혁명 시대, 예술과 경영은 함께 가야 한다

세계적인 기업 강의를 리드하는 '에릭 월(Erik Wahl)'은 디즈니, 마이크로소프트, AT&T, IBM 등 세계 굴지 유명 기업들의 '혁신 성공'의 비밀로 예술적 영감을 기반으로 한 경영 마인드를 제시했다. 또한 이화여자대학교의 경영예술 프로젝트팀은 기존의 과학적 경영의 한계를 언급하면서 21세기에는 '예술로서의 경영'을 해야 한다고 주장했다. 그들은 새로운 '경영예술'의 패러다임과 방법론을 제시하며 미래 기업의 생존 조건으로 경영에 예술을 도입, 접목해야 한다는 '경영예술'을 역설하고 있는 것이다. 또한 기업 경영을 오케스트라의 지휘와 같다고 일찌감치 주장을 펼친 바 있는 피터 드러커(Peter Drucker)의 통찰력이나, 기업의 새로운 경영 모델로 오르페우스 프로세스(Orpheus Process)를 이끌어낸 '예술경영'의 접근은 이미 자리를 잡았다. 이들의 공통점은 '경영을 목적'으로 하고 있으며, 그 '수단을 예술'로 활용하자는 경영자 입장에서의 발상의 전환이다. 매우 혁신적이고 유용하며, 미래 지향적인 방법론이 아닐 수 없다.

나는 '경영학'을 전공한 사람이 아닌, '예술가'로서 그들과 연결된 이론이면서도 주체가 반대인 '예술을 목적으로 하는', '경영이 수단'인 '예술경영'에 대해서 말하고자 한다. 왜냐하면 경영을 하는 사람들은 이미 깊이 연구한 결과, 예술을 접목해야 하는 당위성과 그 방법론에도 도달하여 다양한 혁신적인 시도를 하고 있는데 정작 '예술'을 하는 사람들은 '경영'에 대해서 심각하게 생각하지 않을뿐더러 그야말로 '순수예술'만 추구하는 사람들이 많기 때문이다. 우리가 살아가는 현실에서 의식주를 해결하기 위한 경제활동은 필요 불가결한 것이다. 아무리 '아름다움'을 추구하고 '현실' 이상의 그 무엇인가를 창조해낸다고 할지라도, 예술가들 역시 그들의 삶과 직결된 실용적인 '예술경영'을 고려하지 않을 수 없는 시대에 살고 있다.

예술경영의 필요성

'예술경영'의 정의는 다양하다. 여기서 광범위한 '예술경영의 이론'이나 '학문적 관점으로서의 예술경영'에 대해서 말하고자 함이 아님을 미리 밝힌다. 즉 예술이, 혹은 예술가(단체가 될 수도 있고 개인이 될 수도 있다)가 기업과 만나거나 비즈니스(경영)와 만나 현실적인 경제

활동으로 수익을 창출할 수 있는 '예술경영'에 대한 나의 주장을 펼치려 한다. 또 이론서나 '학문적 접근'이 아닌, 현실 속에서 예술가들이 살아남을 수 있는 '실용적인' 이야기를 하려고 한다. 최근에는 최근에는 각 음악대학 클래식 전공과에서도 보수적인 오래된 커리큘럼에서 탈피하여 '커리어 개발', '예술경영'에 대한 수업들이 생겨나기 시작했다고 한다. 왜일까? '필요하니까'다.

얼마 전 서울의 모 대학교 겸임교수로 재직하고 있는 한 제자와 식사를 하면서 들은 이야기다. 그녀는 수업 첫 시간에 설문조사를 했다고 한다. 피아노과를 졸업한 후 무엇을 할 계획인가에 대한 현실적인 질의를 익명으로 했단다. 그 결과, 유학과 대학원 진학이 어느 정도 있었고 사업을 하겠다는 학생이 딱 한 명, 나머지는 그냥 '막연하다'는 것이었다. 학생들을 지도하는 클래식 음악학과 지도교수들 또한 막막하기는 마찬가지다. 어릴 때부터 그렇게 오랜 시간 공부하고 대학에 입학하기 위해 투쟁적인 노력을 한 후, 유학까지 다녀와서도 제자들이 특별한 경제활동을 할 수 있는 '환경'이 되어 있지 않기 때문이다.

앞서도 언급한 바 있지만 클래식계의 뛰어난 기량을 세계무대에서 검증했음에도 불구하고, 국내 대학의 클래식 음악학과의 정원이 축소되고 있는 것은 '취업률' 때문이다. 예술계의 특성상 '취업률'로는 나타낼 수 없는 많은 변수가 있음에도 불구하고 현실적인 잣대가 '클래식 음악계'를 위축시키고 있다. '막연히' 순수예술 활동만 열심히 할 것이 아니라, 구체적으로 예술을 전공한 뒤 그것을 활용하여 수익을 창출할 수 있는 '예술경영' 마인드가 반드시 필요한 시점이 아닐 수 없다.

예술경영의 다양한 형태

나는 클래식 매거진의 발행인이자 편집인이다. 이 또한 나의 많은 활동 중 하나로서, 클래식 음악계의 발전을 위한 새로운 행보다. 현재 잡지 산업은 전자책의 등장 등으로 사양 산업으로 간주된다. 이런 시점에서 나의 이런 행보는 단지 '눈앞에 보이는 이익'을 추구하고자 함이 아니다. 이를 통해 음악계의 정보를 교류하고, 신진 음악가를 발굴하며, 거장들의 발자취를 따르기도 한다. 또 떠오르는 샛별들에게 희망을 불어넣기도 하고, 우리가 처한 환경을 좀 더 예술인들에게 유리할 수 있도록 방향을 제시한다. 나아가 시장경제에 입각한 다양한 예술경영인들에게 유익한 '장'을 마련하기도 하는 것이다.

이 모든 행위는 거시적 안목으로 예술인이자 경영인으로서의 사명을 다하고자 함이며, 결국은 이 시대를 살아가는 '예술경영인'으로서의 역할 수행인 것이다. 한편 나의 동료나 제자 중 몇 명은 '홀'을 운영하거나 '연습실'을 운영하기도 한다. 또 웨딩 플래너들과 연계하여 결혼식 때 연주해주는 것을 플랫폼화한 친구들도 있다. 게임에 피아노 연주를 삽입할 수도 있을 것이고, 찾아보면 무수히 많고 다양한 일을 프리랜서로 할 수도 있고, 사업체를 운영하면서 경영자로서의 예술을 할 수도 있다. 앞으로 이렇게 다양한 형태로 예술을 경영하는 행위는 더욱 활성화되어야 할 것이다.

대중 친화적으로 발전하는 예술경영

나는 20년 가까이 해온 '입시평가회'를 통해, 한국의 피아노 입시계의 동향을 꾸준히 살피고 있으며, '마스터 클래스'를 직접 주관하기도 하고 초청되어 참여하기도 한다. '마스터 클래스'가 주는 장점은, 음악도들 자신이 사사하고 있는 스승 산하에 있으면서도 다양한 마스터들의 레슨을 통해 자신을 성장시키고 발전시킬 수 있는 절호의 기회가 된다는 것이다.

그 외에도 '음악캠프', '콩쿠르'를 운영함으로써 수익을 창출해오고 있다. 또한 '한국미래음악협회'를 설립하여 다양한 음악창업박람회를 통하여 클래식 음악도들의 미래를 열어가는 데 작으나마 이바지하고자 한다. 또한 '뉴욕뮤지카 앙상블' 연주단체와 '뮤지카 예술기획'이라는 기획사를 경영하고 있다. 이런 기존의 음악 콘텐츠 사업을 통한 수익 창출은 클래식 음악 예술경영의 정통적인 방법들이라고 할 수 있다.

이제는 더 나아가서, 4차 산업혁명의 시대적 흐름을 활용한 '예술경영'이 더욱 활성화되어야 한다. 그 방안으로 특별한 '페스티벌'을 준비 중이다. 기존의 방식이 아닌, 새로운 시대에 맞는 뉴 패러다임으로 기획한 '뮤직 비즈니스'를 준비하고 있다. 또한 앞서 말한 융합을 활용한 예술경영에 더욱 주목하고 있다. 패션과 예술을 접목한 사업을 구상 중이며, 다른 기업들과의 협업도 추진 중이다. 기업들이 '예술'을 경영방식에 도입하는 시점에서, 예술인들이야말로 경영을 활용하여 현실적 결과물을 만들어내야 한다.

4차 산업혁명 시대에 맞는 예술경영은 예전보다 더 콘텐츠화, 플랫폼화, 대중 친화적인 형태로 변화될 것이다. 이것이 앞으로 클래식 음악인, 순수예술인들이 살아남을 수 있는 길이며, '클래식'이 좀 더 생활인으로 삶에서 주도적 역할을 할 수 있는 핵심적 방안이 될 것임이 분명하다.

경쟁보다 두려운 것은 소비자의 실망이다

그러기 위해서는 새로운 시대를 앞서가는 '예술경영 마인드'가 절실히 요구되고, 4차 산업혁명 시대를 넘어서고 있는 현재의 시점을 바로 이해해야 한다. 경영인들이 '예술가'의 정신을 도입하고 공부하듯이 '예술인'들도 '경영'을 연구하고 공부해야 하는 것이다. 즉 경영과 예술은 앞으로의 시대에 떼려야 뗄 수 없는, 함께 가야 하는 공동 운명체인 것이다.

이제는 모든 분야가 '니즈'가 아닌 '원츠'로 접근해야 하며, '과학'을 넘어서 '감동'으로 인간의 '마음을 움직여야 하는' 시대다. 이 고객 감동의 여부가 기업에서 모든 평가의 기준이 되는 시대인 것이다. 과거에는 고객들의 구매와 소비 패턴이 가성비(價性比) 중심으로 이루어졌다면 현재에는 가심비(價心比) 중심으로 흘러간다. 즉 소비자들의 '마음'을 움직여야 한다.

쿠팡의 김범석 대표는 '경쟁'보다 더 두려운 것은 '소비자의 실망'이라고 말한다. 이처럼 고객을 실망시키지 않고 마음을 움직이는 기업의 운영 방식으로, '예술'을 활용하는 기업들이 늘어나는 추세다. 이런 현재의 중심에 '예술'이 있고 우리는 그 '예술'을 '경영'할 수 있어야 하고 그 주체가 되어야 하는 것이다.

Key Action

종합적 사고력을 키우는 테크닉

앞으로의 시대는 융합의 시대인 만큼 모든 분야에서 멀티마인드, 멀티플레이가 필수다. 그러나 이런 융합적 사고력은 하루아침에 절대 만들어지지 않는다. 이것 또한 훈련을 해야 한다. 여기에 그 훈련 방법을 제시한다.

피아노를 연주할 때 종합적 사고는 매우 중요하고 꼭 필요하다. 어릴 때 피아노를 치다가 양손으로 치는 게 힘들어서, 바이올린이나 첼로로 악기를 바꾸었다는 경우를 자주 본다. 피아노 연주는 양손뿐만 아니라, 페달(pedal)을 밟는 오른쪽 발도 사용해야 하고, 소프트 페달(soft pedal)을 밟아야 하는 왼쪽 발도 필요하다.

피아노 연주는 2성부가 아닌, 3성, 4성부 이상을 연주해야 할 때가 많다. 쉽게 설명하자면 소프라노, 알토를 각각 한 손씩 연주하면 간단할 텐데 때로는 테너와 바리톤까지 모두 연주해야 한다는 것이다. 결국 열 개의 손가락을 나누어서 소프라노, 알토, 테너, 바리톤을 모두 성부에 맞게 연주하는 수밖에 없다. 그런데 어느 성부(파트)는 더 크게 연주해야 할 때가 있고, 반대로 더 작게 연주해야 할 부분도 있다. 그러면 열 개의 손가락이 각각 알아서 크게도 나와주고, 작게도 들어가주고 하는 것을 조정해야 한다. 자기 손가락이지만 자기 마음대로 되지 않는다. 이것은 손가락의 문제이지만, '음악의 해석'의 문제는 또 다른 것이다.

이런 모든 것을 한꺼번에 만족시키는 게 절대 쉬울 리 없다. 일단 생각이 종합적, 즉 통합적이어야 한다. 한 개 혹은 두 개만 집중한다면 전체를 다 만족시킬 수 없다. 피아노 연주는 종합예술이고 정말 훌륭한 연주를 하는 연주자들은, 거의 열 가지 이상은 한꺼번에 생각할 수 있어야 하고 그것을 표현해내야 한다. 그 열 가지 이상은 당연히 같은 성격의 것들이 아닌, 공간감이나 부피감이 각기 다른 것을 의미한다. 이것도

'연습', 즉 훈련을 해야 한다. 이런 사고력은 단지 피아노에서만이 아니라 모든 영역에서 필요하다. 특히나 요즘 같은 모든 분야가 융합을 시도하는 세상에서는 '종합적인 사고력'은 필수적이다. 이 훈련을 하면 어떠한 분야에서도 단연 앞서갈 수 있다. 왜냐하면 편협하지 않고 모든 것을 아우르는 통합적 안목과 실천을 할 수 있게 만들어주기 때문이다.

종합적 사고력을 키우는 스킬

나는 일찌감치 학생들에게 종합적인 사고력뿐만 아니라, 그 사고력을 가지고 '동시다발적으로 행동하는', 행동력까지 키우는 훈련을 많이 시켜왔다. 왜냐하면 입시에서 좋은 결과를 내려면, 즉 좋은 연주를 하려면 사고가 '종합적'이지 않고는 불가능하기 때문이다. 그러나 하루아침에 되지 않을뿐더러 훈련을 통해서 생활화하지 않으면 효과가 없다. 이것은 수백 명 학생들을 통해 그 효과가 입증된 훈련 방법이다. 당신도 이 훈련법을 터득한다면, 모든 분야에서 종합적 통찰력을 키울 수 있고 한꺼번에 여러 가지를 동시에 할 수 있는 '행동력'을 키울 수 있다.

〈훈련 방법〉

음악하는 친구들을 예시로 들었다. 당신이 어떤 분야에 있든, 당신이 속한 분야에 맞는 설정으로 바꾸면 된다.

당신은 오늘 저녁 7시에 연주가 있다. 1시까지 미용실에 가서 메이크업과 머리를 손질하고, 2시까지 드레스 숍에 가서 드레스를 찾아서 3시까지 리허설을 하러 가야 한다. 3시부터 5시까지 리허설을 하고, 식사하고 브레이크 타임을 가진 후 7시에 실제 무대에 오를 것이다.

그런데 내일이 할아버지 제사인데 어머니가 갑자기 많이 편찮으셔서 도저히 시장을 가실 수가 없다. 장녀인 당신은 어머니 대신 제사상에 필요한 재료를 다 사다드리고 1시까지 미용실에 갈 수밖에 없다. 그런데 재료 중에 재래시장에만 있는 것이 있어 꼭 재래시장에 가야 한다. 당신은 할 수 없이 재래시장을 향해 집을 나선다. 목적지에 거의 도착할 무렵, 사람들이 웅성웅성 모여 있는 것을 발견하곤 들여다봤더니 세계적인 피아니스트 '랑랑'이 그 근처에서 사인회를 하는 것이다. 당신은 랑랑의 열렬한 팬이다. 당신은 어떻게 하겠는가? 랑랑을 이렇게 가까이서 보고 사인도 받으면서 사진도 찍고 또 질문까지 할 수 있는 이 기회를 언제 또 만나겠는가? 하지만 한 시간은 족히 기다려야 내 차례가 돌아올 듯하다. 그러면 당신은 어떤 선택을 할 것인가?

어떤 선택을 하든 간에, 당신은 재래시장에서 산 것을 어머니에게 전한 후 미용실에 가서 메이크업과 머리 손질을 해야 한다. 또 드레스를 가지고 3시까지는 리허설 장소에 도착해야 한다. 가까스로 겨우 그것들을 다 해낸 당신은, 리허설 장소로 가던 중 우연히 '교회 오빠'를 만난다. 이 오빠는 당신이 10년 동안 짝사랑을 했던 오빠다. 10년 동안 말 한마디 못 붙여본 것이 '한'으로 남아 있던 오빠였는데 하필이면 이 바쁜 틈에 당신 앞에 나타난 것이다. 오빠는 유학 중인데 잠시 한국에 나왔다가 들어가는 길이라고 한다. 공항 가는 길인데 한 시간쯤 시간이 된다면서 '차 한잔' 하자고 하는 것이다. 당신은 어떻게 할 것인가? 3시까지 리허설을 하러 가야 하는 것을 잊지는 않았는가?

나는 레슨 시간에 이런 예시와 사례를 수없이 들고 생각하게끔 만든다. 학생들은 꽤 진지하게 고민한다. 어떤 학생은 너무 골똘히 고민한 끝에 머리를 저으며 "아 모르겠어요. 너무 결정하기 힘들어요"라고 말하기도 한다.

여기서 정답은 없다. 단지 사고를 종합적으로 해야 하기에 이런 '설정'을 자꾸 훈련시키는 것이다. 제일 좋은 방법은 일찍 재래시장에 가서 랑랑과 사진을 재빨리 찍으면서 궁금한 것을 물어보는 것이다. 재래시장에 가는 차 안에서 판매 상품 목록과 위치를 파악해서 시간을 줄여야 한다. 또 첫사랑 '교회 오빠'도 포기할 수 없다. 당신의 미래를 일깨워줄 수도 있는 '젊은 날의 잔상'이기 때문이다. 메이크업으로 예쁘게 표현된 당신의 미소 띤 얼굴로 리허설을 하러 가야 함을 알리며 10분 정도 차를 마실 수 있다. 아니면 리허설 장소에 전화해서 30분만 시간을 미루겠다고 말하는 것도 좋은 방법이다. 리허설 때문에 교회 오빠를 포기하고 그냥 리허설 장소로 가거나, 교회 오빠 때문에 리허설을 못하는 것은 더할 나위 없는 어리석은 선택이다.

이 방법으로 수많은 학생들의 종합적 사고력을 키워왔고, 생각과 행동을 단 두 가지도 함께 못하던 학생들이 대여섯 개까지 동시에 할 수 있는 능력을 키워왔다. 피아노 연주를 수준 높게 하려면 열 가지 이상을 동시에, 또한 우선순위를 가지고 종합적으로 생각할 수 있어야 한다.

나는 학생들에게 이런 행동력을 키우기 위해 다양한 방법을 제시한다. 피아노를 연주할 때, 종합적인 사고가 안 되거나 종합적인 행동이 안 되어서 음악을 못 만드는, 즉 들어가고 싶은 학교에 떨어질 수밖에 없는 학생들이 많았기 때문이다.

종합적인 사고가 많이 부족한 학생에게는 문자를 쓰면서 뉴스를 보거나 드라마를 보라고 한다. 처음에는 문자도 못하고 드라마 내용도 전혀 파악을 못한다. 하지만 자꾸 하다 보면 이것도 발전하게 된다. 또 "물을 넣은 낮은 양동이를 뛰어넘으면서 천장에 매달려 있는 바나나를 따서 먹으면서, 코너를 돌아서 책상 서랍 두 번째 칸에 있는 수첩에 적혀 있는 비밀번호를 기억해서 다락방 도어록을 열고 들어가서, '음악 용어' 사전을 찾아서 'affannato(음악 용어로서, 숨 막히듯 연주하라는 뜻)'의 뜻을 찾아서 그것을 생각하면서 에튀드를 쳐보라"는 미션을 준다. 가장 핵심적인 목적지를 잊어버리면 안 되는 연습과 동시에 종합적으로 생각하는 훈련을 하는 것이다. 이때 우선시 되는 것이 있으면 먼저 하는 훈련도 필요하다.

종합적 사고력은 모든 분야에서 필요로 하는 핵심 능력이다

종합적 사고력은 시대를 막론하고 인간에게 늘 요구되어오던 것이었다. 어떤 분야든 이 '종합적인 사고'야말로 그 분야의 전문성을 높이는 토대가 되고, 결과물의 완성도를 높이는 데 가장 주요 에너지가 된다. 일반적으로 대학 입학처에서 학생들을 평가할 때 심층 면접이나 논술 형식을 통해 지원자의 전공 적합성, 의사소통 능력 및 인성을 본다. 이때 모든 전공의 공통점이 종합적 사고력을 본다는 것이다.

이것은 학교 졸업 후 취업을 할 때도 마찬가지고, 직장 내에서 업무 평가 혹은 승진 시험에서도 눈여겨보는 것일 수밖에 없다. 왜냐하면 우리가 살아가는 세상, 모든 분야에서 반드시 필요한 요소이기 때문이다. 즉 종합적 사고력은 우리가 원하는가 원하지 않는가의 문제가 아니라, '원하는 것'을 이루기 위해서 반드시 필요한 '능력'이다. 이런 능력은 어릴 때부터 키우는 것이 좋다. 지금의 시대는 여러 분야의 콜라보와 융합, 조화가 필수인 시대인데, 이런 '종합적인 사고'가 부족하다면 우리가 원하는 것을 만들어내기에는 자질이 부족한 것이다. '종합적인 사고력'은 융합예술 시대를 이끌어 나가기 위한 반드시 필요한 핵심 능력이고, 우리는 이것을 키우기 위해 많은 노력과 훈련을 해야 한다.

Chapter 6

휴머니티Humanity,
마음을
움직이다

The Power of Passion

휴고리즘을 추구하자

이 장에서는 아무리 세상이 발달하고 기계 문명이 우리의 미래를 대변한다고 해도, 결국 사람들 간의 따뜻한 '인간애'와 '사랑'이 없으면 모든 것은 삭막하고 의미가 없다는 것을 말하려고 한다. 나의 결핍과 상처가 '열정'을 불러일으키는 동기가 되었고 그 열정을 이루어가는 데 '고전'과 '예술'이 밑바탕이 되었다면, 이 '사랑'의 추구와 동경이 없었다면 내 인생이 얼마나 황폐해졌을지 상상도 할 수 없음을 역설하려고 한다. 나를 오늘날까지 견디게 해주고, 힘들고 모진 세상에서 '구원'해준 것은 바로 사람들 간의 '사랑'이었음을 이야기하고 싶다.

'휴고리즘'이라는 말을 들어본 적이 있는가? '휴머니티'와 '알고리즘'의 합성어로 내가 만든 말이다. 무엇을 말하려는지도 대략 짐작이 될 것이다. 앞장에서 언급한 디지털 문화의 발전과 4차 산업혁명이 주는 수혜는 실로 크다. 하지만 아무리 과학 문명이 발달하고, 그 결과물로 상상 이상의 것이 등장한다고 해도 대치할 수 없는 것이 있다. 바로 '사랑'이다. '인간애(人間愛)'다.

클래식 연주를 예로 들어보자! A라는 연주자가 있었다. 정확하게 악보를 잘 해석하고, 작곡자의 의도대로 또 훌륭한 기교로 한 치의 오차와 실수도 없이 소위 완벽한 연주를 했다. 그가 의도한 대로 피아노 연주를 했듯, 관객들 또한 예상했던 박수로 반응을 보였다. 반면 B라는 연주자는 달랐다. B는 연주 도중 실수를 했다. 즉 완벽한 연주가 아니었다. 그런데 연주가 끝난 후 사람들은 기립박수를 치며 '브라보'를 외쳤다. A 때와는 완전히 반응이 달랐다. 왜일까? A는 완벽히 정확한 연주를 했고, B는 실수까지 했는데 왜 관객들의 반응은 그랬을까?

내가 학생들에게 자주 해주는 얘기다. 그 이유는 A에게는 없는, B 연주에서는 '감동'이 있었기 때문이다. 음악의, 예술의 본질적 메시지는 '인간의 마음'을 움직이는 것이다. 힘든 일상, 찌든 삶에서 돌아보지 못한 자기성찰을 음악을 통해서 깨달음을 얻고 그것을 승화시키려 함이다. 즉 기계같이 기교적으로만 잘 연주하는 것은 우리들에게 감동을 주지 못한다.

이처럼 아무리 알고리즘이 발달해도 휴머니티가 밑바탕이 되지 않거나 인간애를 추구하는 방향이 아니라면, 그 과학의 발달은 인류의 행복 추구라는 면에서는 성공하지 못한다는 것이다.

인간애, 과학 문명이 대신할 수 없다

'아카데미'와 '골든 글로브'에서 각본상을 받아 화제가 되었던, 2014년 개봉한 영화 〈her〉에서 주인공 테오도르는 다른 사람의 편지를 써주는 대필 작가다. 타인의 마음을 전해주는 일을 하고 있지만 정작 자신은 아내와 별거 중인 채 외롭고 공허한 삶을 살아가고 있다. 그는 어느 날 기계지만 스스로 생각하고 느끼는 인공지능 운영체제 사만다를 만나게 된다. 배우 스칼렛 요한슨이 목소리 연기를 한 사만다와의 대화를 통해 테오도르는 많은 것을 깨닫게 된다. 이는 테오도르 스스로에게도 자신을 돌아볼 수 있게끔 하고, 관객에게도 깨달음을 준다. 자신의 말에 귀 기울여주고 이해해주며 공감도 해주는 인공지능 사만다로 인해 테오도르는 조금씩 상처를 회복하게 되고 행복을 되찾기 시작한다. 어느새 자신도 모르는 사이에 테오도르는 그녀(인공지능)에게 사랑의 감정을 느끼게 된다. 내 이야기에 귀 기울여주고 말하지 않아도 하나부터 열까지 모든 것이 통하는 상대, 이는 주인공이 아니더라도 누구라도 꿈꾸는 이상형일 것이다.

누구보다 자신을 잘 이해해주고 알아주는 '직관적 실체'였던 사만다와 연인 관계로 발전한 테오도르는 어느 날 사만다를 객관적인 시각으로 보게 된다. 테오도르는 인공지능인 사만다에게 다른 사람들과의 관계를 묻게 되고, 그녀는 8,316명과 동시에 대화하고 641명과 사랑에 빠졌다고 한다. 알고리즘으로 만든 인공지능이기에 가능하기도 하고 한계점이기도 한 것이다. 결국 영화는 테오도르와 사만다의 '이별'이라는 결말로 끝을 맺는다. 이 영화는 멀지 않은 우리 미래에서 올 수 있는 사회적 현상을 꼬집었고, 클라우드 플랫폼과 같은 기기들을 통한 사이버 위협의 발생에 대해서도 생각해보게 한다. 무엇보다 아무리 알고리즘이 발달해도 인간(人間) 간의 '사랑'을 대체할 수 없다는 것을 다시 한 번 확인할 수 있다.

휴머니티는 기계문명 발달의 가치를 드높인다

세계에서 가장 아름다운 소리를 내는 종이 우리나라의 '에밀레종'이라는 말을 들어보았는가? 정식 이름은 '성덕대왕 신종(국보 29호)'이다. 1,200여 년 전에 만들어진 이 금속 예술품은 그 많은 변고와 전쟁을 다 견뎌내고 우리 곁에 남아 있다. 엄청난 양의 주물이 필요했을 것이고 기포가 생기면 깨지기 쉬운 여러 가지 기술적인 어려움에도 불구하고 이 종은 지금도 '세계적인 종'으로 인정받고 있다. 미국 필라델피아에 있는 그 유명한 '자유의 종'과 러시아 상트페테르부르크시의 '크레믈궁' 안에 보관된 유명한 역사적 종들이 모두 깨진 채로 전시나 보관되어 있는 것을 볼 때, 우리의 에밀레종이 얼마나 전설적인지 다시 한 번 알 수 있다. 1,200년 이상을 견뎌낸 신라의 기술이야말로 얼마나 위대한지를 말이다.

또 바이올린의 명기 '스트라우디바리우스(Stradivarius)'나 '과르네리(Guarneri)'는 어떤가? 이들 또한 200~300년이 넘는 악기지만 가격이 몇십 억에서 몇백 억에 달한다. 과학 문명이 발달해서 4G, 5G, 초고속망으로 가는 시대인데, 거꾸로 오래된 것이 더 가격 가치가 높은 것은 왜 일까? 기계가 찍어낼 수 없는 '인간'의 고유함이 만들어낸 '희소성' 때문이다. 기계의 발달에도 인간의 '휴머니티'가 필요하고, 그것이 비로소 그 진정한 가치를 높일 수 있다는 것이다. 즉 인간이 없으면 그 기계의 발달은 무용지물이라는 것이다.

휴고리즘은 미래의 단상

미국 월트 디즈니 애니메이션 스튜디오에서 제작한 3D 컴퓨터 애니메이션 뮤지컬 판타지 코미디 영화, <겨울왕국>은 '타임지, 뉴욕포스트가 선정한 최고의 걸작'이라는 타이들과 함께 엄청난 관객수를 동원했다. 이 애니메이션 영화는 '3D 컴퓨터 애니메이션'이라는 4차 산업혁명이 주는 산물과, 인간들의 정서를 오래전부터 자극해오던 뮤지컬이라는 장르가 만나 이루어낸 걸작이다. 하지만 이 영화가 가장 많은 관객을 동원하며 회자되는 이유는, 가족 간의 '사랑'과 해피엔딩으로 끝나는 따뜻한 '휴머니티' 때문이다. 이 영화의 홍보용 포스트는 개봉일에 맞추어 "1월 16일, 얼어붙은 세상이 녹는다!"라는 카피를 내걸고 있었다. 이 카피만 보아도 벌써 마음이 다 녹을 것 같지 않은가? 즉 3D 기법 같은 것을 내걸지 않았고, '휴머니티'를 포스트 전면에 내세웠다. 이것이 핵심이고 아무리 과학이 발달해도 대중들은 훈훈하고 가슴 뭉클한 감동의 휴머니티를 추구한다는 것이다.

안데르센의 동화《눈의 여왕》을 원작으로 한 이 영화에서, 사랑이 자신의 능력을 조절할 수 있는 열쇠라는 것을 깨달은 엘사가 왕국을 녹여 여름을 되돌리는 장면에서 엄마와 함께 이 영화를 보는 어린아이들은 무슨 생각을 하겠는가? 또 남부 제도로 끌려가 자신이 저지른 일에 대한 처벌을 받게 되는 한스 왕자를 보며, 아이들은 또 다른 교훈을 배울 것이다.

이 영화는 하나의 예로 든 것이지만, 결국 과학의 발달이 우리 삶에 미치는 좋은 영향과 편리성이 결코 휴머니티를 배제할 수 없다는 것이 핵심적인 결론이다. 우리의 미래는 더욱 발전하는 과학 문명과 영원불멸한 인간의 존재 가치인 휴머니티가 공존하여, 행복을 추구하는 '인류애(人類愛)'가 미래의 단상임에는 변함이 없다.

마음을 움직이는 것, 최후에 남는 것은 무엇인가?

한 제자가 있었다. 평소에 무뚝뚝하여 도무지 '정'이 느껴지지 않는 친구였다. 워낙에 말수도 적고 표현력이 없어서 무슨 생각을 하는지도 모르겠고, 심지어 수업 시간에 내 말에 집중을 잘하고 있는지도 모르겠다. 그렇게 선생인 내게 무덤덤한 자세를 취하니, 나 역시도 그냥 내가 해줄 것만 확실히 해주려는 사명감에 입각한 관계가 형성되었다. 예고 학생이었는데 12월 초, 실기시험이 끝나고 다음 학기 곡을 정해야 했다. 나는 그냥 그럭저럭 그 학생에게 맞는 곡을 내주었고 어느덧 크리스마스를 맞이했다. 학생들은 여느 해처럼, 선생인 내게 크리스마스카드를 전해주었다. 보통 아이들은 레슨 시간에 직접 가져오는 경우가 많은데, 무뚝뚝한 그 제자는 우편으로 카드를 보내왔다. 봉투에 수신자를 확인하고는, 별 기대 없이 그 카드 봉투를 열어보았다.

순간! 나는 세상에서 그렇게 예쁜 크리스마스카드를 본 적이 없었다. 뭐라고 말로 하기는 힘든 느낌의 카드였다. 흔히 시중에서 파는 카드도 아니었고, 비싸거나 마냥 화려한 카드도 아니었다. 산타클로스 할아버지의 양말 그림이 그려져 있는 카드였는데, 지구 끝까지 찾아다니며 구해낸 카드처럼 보였다. 그 카드 안의 내용은 더욱 나를 감탄시켰다. 자신이 너무 무뚝뚝해서 죄송하다는 말부터 시작해, 선생님을 너무 존경하고 사랑한다는 것이었다. 단지 너무 부끄럽고 쑥스러워 평소에 잘 표현을 못해서 죄송하다고 했다.

그 카드를 읽자마자 가슴이 벅차올랐다. 그러고는 그 학생에게 바로 전화를 했다. 다음 학기 실기 곡을 바꾸자고 하는 나 자신을 발견했다. 다음 학기 곡을 12월 초에 준 것보다 훨씬 난이도가 높고, 소위 선생으로서 '손이 많이 가는 곡'으로 바꾸어주게 되었다. 나도 모르게 그렇게 하게 되었다. 그 학생이 내게 뇌물을 주었는가? 값비싼 선물을 주었는가?

아니다. 마음을 담은 카드 한 장으로 그녀는 내 마음을 움직였다. 그것은 '사랑'의 힘이었다.

당신의 마음을 움직이는 것은 무엇인가?

EBS 방송에서 특별기획 문화교육 다큐멘터리를 제작한다고 연락이 왔다. 기획 취지는, 클래식 하는 학생들과 실용음악을 하는 학생들을 비교해 보여주며 그들의 진로를 탐색하는 것이었다. 특히 클래식을 하는 많은 학생들 중에서도, 서울로 진학하려는 지방 학생들의 어려움을 담는 내용이 유니크했다.

지방 학생의 대표로 내가 출강하는 학교의 피아노를 전공하는 학생 한 명과 바이올린 전공 학생 이렇게 두 명이 선정되어서 레슨하는 장면을 찍기로 했다. 바이올린을 전공하는 학생은 한예종(한국예술종합학교) 예비학교에 다니는 학생이어서, 지방에서 서울로 다니며 겪는 애로사항 등을 중심으로 찍는 듯했다. 그 학생은 사사하는 선생님과의 레슨 장면을 한예종에서 찍었다. 제자와 나는 출강하는 지방 예고 레슨실에서 평소처럼 레슨하는 장면을 찍기로 했다. 지방이라 항상 운전을 해서 가는데 그날 따라 차가 너무 막혔다. 이미 방송국 촬영팀은 모두 대기를 하고 있는 상황이었고, 그 촬영팀 전체가 서울에서 지방까지 내려가 기다리고 있을 것을 생각하니 마음이 너무 무거웠다.

나는 차가 너무 막혀서 도저히 시간을 맞출 수가 없다고 그냥 먼저 찍으라고 연락했다. 그런데 몇 시간 늦게 도착한 레슨실에는 촬영팀이 그대로 나를 기다리고 있는 것이었다. 나중에 들은 얘기인데, 촬영팀이 시간이 너무 지체되어 그냥 "학생만 찍자"라고 했다고 한다. 그런데 내 제자가 "저는 우리 선생님이랑 같이 찍지 않으면, 안 찍을래요"라고 했단다. 그 말을 들은 피디와 예고 교무실에 있었던 모든 선생님들은 "선생님은 좋겠어요. 그렇게 '선생님 바라기' 제자가 있으니 말이에요. 요즘 아이들이 그러기가 쉽지 않은데……" 라고 모두 한마디씩 한다. 그 이후 레슨이 힘들 때마다, 제자들로부터 상처를 받는 것처럼 느껴질 때마다 그 순간을 떠올렸다. 그러면 내 마음이 '봄 눈 녹듯이 다 녹고' 따뜻해지는 것을 느낀다.

이것은 무슨 힘인가? 결국 내 마음을 움직인 것은 무엇인가?

'사랑'의 힘이다. 나는 그 제자에게서 평생 내 가슴속 깊이 새기고 간직하고픈 감사한 사랑을 받았다. 그 '사랑의 힘'은 무척 강했고 오래갔으며 위대했다. 내가 평생 스승으로 살아갈 수 있게 한 힘이었으며, 상처로부터 구원해준 힘이기도 했고 나를 더욱 나답게 해주는 힘이기도 했다. 결국 인간들의 마음을 움직이는 것은 사랑의 힘이다.

'마시멜로 이야기'의 새로운 교훈, 균형과 휴머니티

우리나라에서만 350만 부 이상이 판매된 《마시멜로 이야기》(공경희 옮김, 21세기북스, 2012)를 아는가? 마시멜로(marshmallow)는 스펀지 형태의 사탕류 식품인데 달콤하고 맛있어서 아이들이 좋아한다. 미국 스탠퍼드 대학교의 심리학자 월터 미셸과 연구진은 네 살배기 아동 643명을 대상으로 실험을 했다. 탁자에 마시멜로를 올려놓고 15분 뒤에 다시 들어왔을 때, 마시멜로가 남아 있으면 한 개를 더 주겠다고 했다. 몇 명은 기다지리 못하고 다 먹은 아이들도 있었고 15분간을 기다린 아이도 있었다. 14년 뒤 사후 연구가 이루어졌는데,

그때 참고 마시멜로를 먹지 않은 아이는 다른 아이들에 비해 평균 SAT 점수가 213점 높았고 교사, 친구, 부모님들과의 관계도 마시멜로를 먹은 아이들에 비해 원만한 것으로 조사되었다. 그 후 이것은 사회적으로도 '마시멜로 교훈'이라 명명하며 많이 활용돼왔다. '미래를 위해서 하는 현재의 희생' 혹은 '미래를 위한 현재의 투자'라고 할 수 있는 것이다. 즉 당장 눈앞의 유혹이나 편함보다는 미래를 위해 현재의 고통을 감수하고 내일을 준비하는 능력을 기르라는 의미로 유명해진 이야기가 되었다.

2005년 《마시멜로 이야기》는 미국에서 자기계발서로 출간되어 많은 독자들의 사랑을 받았고 그 후 시리즈로 팔려나갔으며 지금도 그 열풍은 계속되고 있다. 그런데 이 책의 핵심인 인생에서 만나게 되는 유혹, 즉 '마시멜로'를 참아내라는 교훈에 대해 완결판에서는 다른 시각을 내놓는다.

완결판인 《마시멜로 세 번째 이야기》(공경희 옮김, 21세기북스, 2013)는 더 나아가 새로운 메시지를 주고 있다. 이 완결판에서는 성공을 위해서 마시멜로, 즉 유혹과 만족을 뒤로 미루어야 한다고 해서 성공에 집착해서는 안 되며, 진정한 성공은 서로 도와주고 기뻐하면서 함께 나눌 수 있는 인간관계가 뒷받침이 되어야 한다고 주장한다. 즉 모든 것은 균형을 이루어야 한다는 것이 결정판의 핵심이다. 이 책의 표지에는, 진정한 성공은 함께 나누는 것이다라는 카피를 내걸고 있다. 이 책의 저자 호아킴 데 포사다는 세상을 떠났다. 그도 젊은 시절에는 성공에 더 포커스를 두어서 이론을 연구했을 것이다. 하지만 결국 마지막에는 무엇인가? 주변의 사람들과 함께 행복한 성공을 이루어 나가자는 '휴머니티'에 도달한다. 즉 집착된 성공만으로는 행복해질 수 없고, 주위를 둘러보고 균형을 가지며 더불어 함께하는 것이 진정한 인생의 성공을 이룰 수 있다는 새로운 교훈을 주고 있는 것이다.

사랑의 전설만이 끝까지 남는다

2007년에 개봉했던 프란시스 로렌스 감독의 〈나는 전설이다(I am legend)〉라는 영화는 리처드 매드슨의 소설을 영화로 만든 작품이다. 원작과는 여러 가지 설정이 다른 것들이 있지만 전하는 메시지는 같다. 암을 치료하는 것으로 알려졌던 약의 부작용 탓으로 인류가 멸망한다. 유일한 생존자 로버트 네빌(윌 스미스)은 함께 살아남은 유일한 친구 샘(강아지)과 함께 3년간이나 매일 방송을 송신한다. 혹시나 살아 있을 자신 이외에 다른 생존자를 찾고 싶어서였다.

이 영화는 바이러스에 감염된 좀비를 다루며, 인류 최후의 전쟁에 대해 말한다. 원작 소설 외 여러 가지 다른 결말들이 있고, 이 영화를 해석하거나 보는 관점도 여러 가지 측면이 있다. 하지만 설정이 어찌되었든 내가 받은 메시지는 충분했다. 내게 너무 많은 것을 생각하게 해준 영화였다. 인류가 멸망하고 고독하게 혼자 남은 남자 주인공의 모습이 한동안 내 머릿속에 남아 있었다. 세상이 바이러스로 어느 날 갑자기 멈추었기 때문에, 처음에는 아무것이나 마음대로 할 수 있는 것이 좋아 보이기도 한다. 마트에 가서 아무것이나 먹을 수도 있고, 은행에 가서 돈을 그냥 가져가도 된다. 그동안 못 해봤던 것도 다 해볼 수 있다. 하지만 이내 '사회적'인 규율이 없으니까 그것이 아무런 의미가 없다는 것을 깨닫게 되고, 더군다나 홀로 남은 인간은 극심한 '외로움'을 느낀다.

우리가 꿈꾸는 성공이나 행복은 '더불어 사는 사회' 속에서의 결과물을 말하는 것임을 이 영화를 통해 다시금 확인할 수 있었다. 우리의 기준은 당연히 그 사회 속, 즉 '인간과 더불어' 존재하는 것인데 우리는 그것을 잊고 산다. 미친 듯이, 때로는 이기적으로 '이 세상 혼자서' 다 할 것처럼 성공을 좇는다. 인간은 혼자서는 살 수도 없고, 살아도 전혀 행복하지 않다는 것을 이 영화를 통해 피부에 와 닿게 느낄 수 있었다. 유일한 친구 샘이 죽었을 때, 또 다른 생존자 안나를 만나게 되었을 때 영화가 우리에게 주는 메시지는 바로 휴머니티다. 결국 인간은 혼자서는 살아갈 수 없고, 더불어 사는 것이며, 아무리 과학 문명이 발달했다고 해도 최후에 남는 것은 휴머니티, 인간들의 사랑, 인간들의 따뜻함이다.

휴머니티의 기본은 자존감

평소에 성실하고 열심히 하던 제자가 몇 주째 연습을 안 해 와서 야단을 치고 있었다. 나는 그녀와의 대화를 시도했다. 그녀의 문제점을 알아내야 했고, 그녀의 마음을 변화시켜야 했다. 단지 "연습해 와! 학교 다 떨어지기 싫으면!"이라는 말은 그녀에게 더 이상 안 먹혔다. 그런데 대화 중 새로운 사실을 발견하게 되었다. 그녀가 내게 오기 전에 극단적인 생각을 해서 병원에 실려 간 적이 있었다는 것이다. 나는 내심 놀랐지만, 전혀 아무렇지도 않은 척했다. 그녀가 민망할까 봐서이기도 했고, '자신에게 솔직했던 자신'을 후회하게 될까 봐 스승으로서 대하는 나름 최소한의 배려였다.

그녀는 "일어나 보니 병원이었어요. 그때 엄마, 아빠가 제게 하신 첫마디가 '얼마나 힘들었니?'가 아니었어요. '주위 사람 보기 창피하다. 도대체 네가 뭐가 부족하냐?'라고 하셨어요. 부모님이 저를 이해 못 해주시는 것이 제일 힘들었어요"라고 했다. 나는 그녀를 충분히 이해할 수 있었다. "그래, 얘기해줘서 고마워. 너는 꿈이 뭐야? 앞으로 어떻게 살고 싶어?"라고 내가 묻자 그녀는 "저는 저를 세상에서 제일, 엄청, 우주 최고로 예뻐해주는 왕자님 같은 남자를 만나서 공주처럼 사는 게 꿈이에요. 그리고 돈을 굉장히 많이 벌고 싶어요. 내가 원하는 것을 다 살 수도 있고 가질 수도 있을 만큼요. 아니, 그렇게 벌 수 있는 능력이 있었으면 좋겠어요"라고 말했다.

자존감을 높이는 방법은 사랑을 '주는 것'

내가 "그게 그냥 거저 되는 거야? 너는 스스로 그걸 이루기 위해 어떤 노력을 해봤는데?"라고 묻자, 그녀는 고개를 숙이며 "잘 모르겠어요. 제가 뭘 해야 할지……"라고 대답했다. 다시 그녀에게 "네가 왕자님 같은 남자를 만나려면, 우선 그런 남자를 만나기 위해 너도 노력해서 '네 자신이 마음에 드는 너'를 만들어야 해. 그리고 어떤 사람으로부터 사랑을 받으려면, 너 또한 사랑을 주어야 하는 거란다. 어떻게 주지는 않고 받기만 하려고 하니? 너무 염치없는 거 아냐?"라고 했고, 그러자 그녀는 "아니에요. 저는 정말 주고 싶지만, 제 안에는 남에게 줄 사랑이 없어요. 제 한 몸도 너무 힘들고 사랑하지 않는데, 제가 무슨 사랑을 누구에게 줄 수가 있겠어요?" 하며 그렁 그렁 눈물이 맺혔다. 나는 말했다.

"아니야, 너는 마음속에 '사랑'이 너무 많아. 선생님은 여러 번 느꼈어. 네가 매번 레슨 마치고 감사의 긴 문자를 보냈을 때도 느꼈어. 그때마다 네가 선생님에게 보람을 느끼게 해줘서 너무 행복했어. 그러니까 네가 선생님에게 행복을 주면서 사랑을 느끼게 해준거야. 그래서 선생님은 네게 정말 감사해."

그녀는 내 말에 깜짝 놀라면서 "정말요? 제가 사랑을 줄 수 있다고요? 제게도 사랑이 있다고요?" 하고 진심으로 의아해했다.

나는 다시 "너는 너 자신을 사랑하니? 너 자신이 자랑스러워?"라고 물었다. 그녀는 고개를 저으며 아니라고 했다. 나는 강조했다.

"선생님이 이걸 다시 물었을 때 '네, 저는 제 자신이 정말 자랑스러워요. 저는 저 자신이 대단하지는 않아도, 나의 모습 있는 그대로를 머리부터 발끝까지 사랑해요'라고 너 스스로 말할 수 있을 때, 비로소 너는 혼자 일어설 수 있는 거야. 그렇게 될 수 있도록 노력해야 해. 무엇을 노략해야 할까? 우선 네게 주어진 과제, 입시부터 해결해야겠지. 그걸 해나가는 과정, 즉 너 자신과의 싸움에서 이겨나가면 서서히 자랑스러운 자신이 되어가고 그것이 네 스스로를 사랑하게 되는 지름길이야. 당장 지금부터 시작해보자!"

그 후 그녀는 변화하기 시작했다.

'운명'을 받아들이고 자신의 '인생'을 개척한 휴머니티

시카고에서 공부하던 시절 내가 매우 존경하던 여사님이 있었다. 때로는 나의 친구이기도 했고 나의 음악적 팬이기도 했던 그녀는 내게 많은 것을 알려주셨다. 그녀와의 나이 차이는 서른 살 이상이었다. 세대차이가 많이 날 법도 한데, 그녀는 항상 나를 이해해주셨고 아낌없는 배려와 자애를 느끼게 해주셨다.

그녀는 시카고 대학교의 교무행정처에서 근무하셨는데 나와 같은 미용실, 또 같은 교회를 다니면서 알게 된 사이였다. 클래식 음악을 너무 좋아하셔서 내가 연주를 할 때면 늘 꽃다발을 들고 관객석 제일 앞줄에서 응원의 박수를 보내셨고, 연주가 끝나면 달려오셔서 나의 뺨에 키스를 보내주셨던 아름다운 분이었다. 처음에 나는 그분의 화려한 겉모습만 알고 있었다. 그러던 어느 날 그녀의 인생 이야기를 듣고는 눈시울이 뜨거워졌고 존경의 마음을 금할 길이 없었다.

그녀의 나이는 그때도 정확히 몰랐다. 1960년대에 이화여대 영문과를 졸업했고 그 후 시카고로 왔다는 사실만 알았으니, 대충 나이가 짐작되었고 그 시절 매우 교육받은 여성임을 알 수 있었다. 그녀는 목사님의 따님이셨는데, 아버님은 그녀가 신학도와 결혼을 해서 함께 유학을 가는 것을 원하셨다고 한다. 하지만 그녀는 사회적인 야망이 있었다고 고백했다.

그녀는 당시 국비장학생으로 유학길에 오를 서울대학교 경영학과 출신의 잘생긴 배우자를 선택했고, 그때부터 그녀의 운명은 새로운 국면을 맞이하게 되었다. 당시 이들은 최고의 지성을 가진 커플이었으니 주위의 부러움을 한 몸에 받았다고 그녀는 회상했다. 그녀의 남편은 뛰어난 수재로 시카고 대학교 경영학과를 국비장학생으로 공부했고, 박사학위 취득 후에는 서울대학교 교수로 가기로 되어 있었다고 한다. 남편이 학업을 하는 동안 그녀는 접시 닦기를 비롯해 안 해본 것이 없을 정도로 갖가지 아르바이트를 하며 뒷바라지를 했고, 그러는 와중에 아이를 임신해서 배가 불러오고 있었다. 그녀는 조금만 더 고생하면 남편과 함께 귀국해서 금의환향(錦衣還鄕)할 수 있다는 희망 하나에 힘든 것을 모두 견뎌내고 있었고 그러던 중 드디어 남편은 박사학위를 취득했다.

그런데 한국으로 돌아가기 며칠 전, 남편이 자꾸만 머리가 아프다고 해서 병원에 갔더니 머리에 종양이 있다는 것이었다. 하루빨리 수술을 해야 한다는 말에 동의하고 바로 수술실로 들어간 그 순간부터 나를 만난 그날까지 30년이 되어가는 세월 동안 '식물인간', 즉 뇌사상태로 병원에 계신다고 했다. 정말 무슨 드라마에서나 나오는 이야기를 눈앞에서 마주하니 할 말이 없었다.

그 후 뱃속에 있었던 아들은 어느새 장성하여 필리핀 여자와 결혼을 해서 LA에 살고 있었고, 여사님은 혼자 시카고 다운타운에 살고 있었다. 그녀는 그 긴 세월 동안 혼자 아이를 낳고 키우고, 남편의 병원비까지 다 감당하면서 인고의 세월을 보내셨다. 그녀는 어느 날 내게 말했다.

"나는 정말 오랫동안 생각해봤어. 왜 나에게 이런 일이 일어났는지. 왜 내게 이런 시련을 주시는지. 도대체 주님의 뜻은 무엇인지…….”

그분은 이렇게 말끝을 흐리시다가 다시금 이어가셨다.

“내가 너무 교만했던 거야. 내가 가진 많은 것을 보지 못하고 너무 교만했던 거야. 주님께서는 그걸 알려주시려고 하는 것 같아. 이제 나는 다 극복했어. 내 운명을 받아들였고, 이 모든 것을 사랑할 수 있게 되었어.”

나는 책 몇 권, 아니 그 무엇과도 바꿀 수 없는 ‘살아 있는 교훈’을 그녀를 통해 배울 수 있었다.

Respect yourself!

그녀는 피아노를 너무 좋아해서 다시 태어나면 피아니스트로 태어나고 싶다고 자주 말씀하셨다. 그러던 어느 날, 그녀는 피아노 레슨을 시작했고 야마하 피아노를 사셨다고 했다. 그녀는 남편의 병원비로 평생 많은 경비가 들어가고 있었고 가난했다. 당시에도 나라에서 나오는 연금으로 겨우 생활을 하고 있었다. 여사님은 매우 근검절약하시던 분이었는데 고가의 야마하 피아노를 사셨다니 의아했다.

또 여사님과 식사 후 화장실에서 메이크업을 단장하면서 보니, 그녀는 당시 비싼 립스틱을 쓰고 계셨고 외모에 신경을 많이 쓰시는 듯 보였다. 그녀의 활기찬 모습에 기뻐하며 농담 섞인 말투로 “여사님, 요즘 혹시 남자친구 생기셨어요? 누구한테 잘 보이려고 그렇게 멋을 내세요?"라고 말했다. 그때 그녀는 이렇게 내게 말씀하셨다.

"Oh, Jacqueline, respect yourself! 재클린은 누구에게 잘 보이려고 화장해? 나는 나 자신에게 잘 보이려고 해"라고 하시는 것이었다. 물론 그녀는 평생 남자친구도 없었을 뿐더러 그때도 뇌사상태로 누워 있는 자신의 남편을 돌보고 있었다. 그녀는 평생 가난했고, 절약해서 살아야 했다. 70세가 넘어서야 자신이 정말 원하던 피아노 레슨을 받을 수 있었고, 평생 모은 돈으로 피아노를 산 것이었다. 또한 남편이 비록 뇌사상태에 있었지만, 자신을 끊임없이 관리하고 가꾸었다. 그것이 자신을 지키는 길이라고 생각했을 것이다. 그녀는 자신의 인생을 잘 지켜냈고, 자신의 인생을 자랑스럽게 여기고 자신의 선택과 자기 자신을 사랑하고 존중한다고 말씀하셨다.

나는 그녀를 알게 된 나의 청춘, 지척에서 친구로 두게 된 나의 행운에 참으로 감사했다. 그녀는 내 인생의 몇 안 되는 '멘토'였고 나의 스승이었다. 그녀가 내게 준 교훈 "당신 스스로를 존중하라!"는 내가 살아 있는 동안 늘 내 마음속에서 함께할 것이다.

온리 원(Only One),
세상에서 유일한 당신!

인간은 태어나서 처음에는 스스로 걷지도, 먹지도, 말하지도 못한다. 부모님이나 그 누군가의 보살핌이 없이는 당장은 생존이 불가능한 상태다. 스스로 인지 능력이 생기고 혼자서 무엇인가를 할 수 있기 전까지는 아무런 선택권이 없는 것이다. 이런 '나의 능력 밖'의 영역을 우리는 흔히 '운명'이라고 말한다. 하지만 인간들은 그 운명에 맞서서 싸워오고 그 운명을 극복하거나 넘어서기까지 하는 위대한 생명체다.

하지만 생각해보면 갓난아이였을 때 감기도 걸렸을 것이고 바이러스에 노출이 되었을 수도 있고, 넘어졌다가 일어나기도 했다. 물론 누군가의 도움은 받았겠지만, 그래도 잠재된 본능적인 의지가 없었다면 넘어졌다가 다시는 일어나지 못했을 수도 있다. 우리의 내면에는 스스로 일어서려는 '본능적 의지'가 있는 것이다. 그것이 환경적 요인에 의해 결핍되고 상처받고 본연의 모습과는 다르게 변질되어서, 자신도 모르는 사이에 부정적 모습으로 나타나기도 하는 것이다. 하지만 당신은 누가 뭐라고 해도 이 세상에 단 한 명뿐이다. 당신과 똑같은 사람은 아무도 없다. 당신을 대체할 수 있는 것은 그 무엇도 없다.

세상에 단 하나뿐인 유일한 당신! 당신이 '당신답게' 살 수 있고, '당신을 넘어서는' 그 무엇인가를 이루어내고, 스스로 '당신을 지키는 길'은 무엇일까?

운명을 넘어서서!

앞서 1장에서 말했지만, 나는 어린 시절 상처투성이의 매우 외롭고 가녀린 소녀였다. 그 시절만 생각하면 지금도 울컥할 정도로 힘들었다. 어느 날 나는 알 수 없는 분노가 가슴 저 밑바닥에서부터 올라오는 것을 참을 수가 없었다.

'내가 뭘 잘못했어? 왜 나는 이렇게 아파야 해? 왜 나는 이렇게 슬퍼? 왜 이게 내 운명이야?'

나는 내게 주어진 그 '운명'이라는 녀석이 참으로 미웠다. 아니 당시에는 운명이라는 녀석이 아니라 '거대한 무엇', 나를 마구 누르고 위축시켜버리는 그 무시무시한 '존재'가 나를 꼼짝달싹 못 하게 했다. 하지만 그 거대한 '운명'과 싸워나갔고, 그 가운데서 '나'를 지켜나갔다.

미국 유학 시절, 나의 이름을 부르던 외국인 친구들이 내 이름에 '경숙'이라는 받침이 두 개나 있다 보니 발음하기가 어렵다고 영어 이름을 하나 지으라고 했다. "제니가 어때?", "트레이시는?", "캘리가 좋겠다", "크리스티나가 어울린다" 친구들은 재미있는지 깔깔대며 내 이름을 자기들끼리 짓는다고 난리였다.

그날 집에 가서 곰곰이 생각해보았다. 태어나서 한 번도 생각해 본 적이 없는 '내 이름'에 대해서 말이다. 태어나 보니 이미 있었던 내 이름이다. 내가 원치 않아도 그렇게 불리던 내 이름이었다. 물론 개명을 하는 사람들도 있지만, 보통 우리는 부모님이 지어주시는 이름을 평생 사용한다. 그래서 좋은 이름을 지어주시려고 많은 부모님들은 비싼 돈을 지불하고 작명소에서 좋은 의미의 이름을 짓기도 한다. 자식을 사랑하고 잘되기를 소망하는 부모의 마음이 아니겠는가. 나 또한 우리 부모님이 나를 사랑하셔서 지어준 이름이겠지만, '이름'이 문제가 아니었다. 어린 나이에 받아들이기에는 너무 아팠던 부모님으로부터의 상처는 내게는 어쩔 수 없는 운명이었기에, 내 이름만이라도 스스로 만들어줌으로써 나의 운명을 개척하겠다는 다짐을 하게 되었다.

당시 영어 이름은 '새로운 나', '운명을 개척하는 나'를 만들겠다는 '상징적'인 나의 의지였다. 이렇게 마음을 먹고 나니 떠오르는 이름이 하나 있었다. 사람들은 그 이름을 떠올리면, 화려한 삶을 산

'세기의 여인'으로 기억한다. 하지만 내게 그녀는 부모의 이혼으로부터 받은 상처를 11세에 홀로 극복해야 했던 가엽고 외로운 소녀로 남아 있었다. 재클린 부비에 케네디 오나시스(Jacqueline Bouvier Kennedy Onassis)였다. 나는 그녀에게 관심이 많았는데 그녀의 어릴 적 배경 때문이었다. 전문 전기 작가들은 '가엾은 부자 소녀'라고 불렀고, 그녀의 일대기는 NBC-TV 미니시리즈로 제작, 방영되기도 했다. 당시 나는 그녀의 어릴 적 상처에 동질감을 느끼며 위안을 삼기도 했다. 그래서 나는 '운명'을 스스로 거부하고 '나 자신'에게 '내가 원하는 인생'을 만들어나가겠다는 상징적 의미로, 나의 영어 이름을 '재클린 초이(Jacqueline Choi)'라고 스스로 지었다.

나의 이름, 나의 가치, 나의 아이덴티티

나는 항상 나의 '정체성'에 대해서 생각해왔다. 도대체 '나는 왜 태어났으며, 나는 어떤 사람인가?'라는 질문을 스스로 항상 해왔다. 또 세상에서 나는 '어떤 가치'를 가진 사람인가? '내가 가진 진정한 가치는 무엇인가?'라는 물음 또한 스스로를 자극하는 단골 질문이었다. 어릴 적부터 마음 앓이를 많이 해와서인지, 그냥 아무 생각 없이 단순하게 살아가는 사람들이 부럽기까지 했다. 그들은 그들이 처한 환경에서 생성된 '그들의 방식'이 삶을 단순하게 살아갈 수 있도록 만들었을 것이고, 나는 그것이 불가능했다. 적어도 젊은 시절에는.

나에게 따라다니는 무수한 '해결되지 않은 마음의 갈등', '번뇌'

등이 늘 나 스스로를 괴롭혔고 그 아픔의 가장 중심에 있었던 문제는 '나의 정체성'을 스스로 찾는 것이었다. 또한 '나의 가치'를 스스로 드높이 만들어내야 했다. 이것은 나의 사명 같은 것임을 본능적으로 느끼며 살아왔다. 왜냐하면 그렇지 않고는 견딜 수가 없었기 때문이다. 지금 생각해보면 모두가 결핍과 상처에서 기인된 것이 아닌가 싶다.

이 세상 하나뿐인 나. 그래서 나는 '나'를 만들어가기 시작했다. 내가 원하는 나로. 또 '나'를 스스로 지켜내야 했다. 부모님으로부터 상처를 받은 아이들의 특징은 방어력이 매우 강하다는 것이다. 형제들 중에도 이리저리 치이는 중간에 끼어 있는 둘째가 가장 자기방어적이고 독립적인 경우가 많다. 본능적으로 살아남아야 했기 때문이었으리라. 이들의 강함으로 보이는 겉모습 뒤에는 항상 여린 외로움이 숨어 있다.

어릴 적 아무도 내 편이 없다고 느껴질 때면, 억울하고 부당하다고 느껴질 때면, 늘 '그래, 걱정하지 마! 내겐 나가 있잖아. 이 세상에 단 하나뿐인 나 말이야. 그 누구도 흉내 낼 수 없고, 남들이 뭐라고 하건 내가 가장 사랑하는 나가 있고, 정말 자랑스러운 나가 있어. 나는 나를 더욱 나답게 만들 거야'라고 생각했다.

당신만의 색깔을 지닌 '유일한 나'로 만들어라!

앞서 '열정' 장에서도 말했듯이 나는 개성이 매우 강한 사람이다.

나는 그런 내가 좋다. 그렇다고 사람들과 조화를 못 한다거나, 다름을 인정하지 않는다는 것과는 다른 이야기인 것을 알 것이다. 내가 말하는 나의 개성이나 자신만의 색깔은 당당함이나 자신감과도 귀결된다. 당신이 특별히 내세울 것이 없고 다른 사람과의 차별성 혹은 강점이 없다고 생각된다고 하더라도 사실이 아니다. 찾아보면 분명히 있다. 당신만의 '그 무엇'이.

수년 전 갤러리아 백화점에서 누구를 만나기로 되어 있었다. 나는 백화점 들어가는 입구의 의자에 앉아서 사람들을 구경했다. 강남의 거리를 지나다 보면, 성형수술을 해서 다 비슷하게 생겨진 얼굴들이 자주 보인다. 정말 너무 비슷하다. 그래서 언제부터인가는 성형수술을 하지 않은 것이 '개성'이 될 정도였고, 연예인 중에서도 정말 그냥 '자연스러운', '아무 특징이 없는 것'이 특징인 마스크의 얼굴들이 나오기 시작했다.

그날 백화점에 앉아서 한 여인을 매우 인상 깊게 보게 되었다. 어떤 여자가 내 앞을 지나갔다. 나이는 30대 중후반쯤으로 보였다. 그녀는 결코 크지 않은, 평균보다 좀 더 작은 키에 통통한 체구를 가졌다. 적당히 배도 나왔었고 몸매도 아주 날씬하지도 않은 체형이었다. 헤어는 전혀 염색하지 않은 오리지널 블랙이었고, 단발이었다. 얼굴은 그냥 평범하고 하얀 피부의 여자였는데, 중요한 것은 이 여자의 '표정'이었다. 알지도 못하는 '그 여자'를 나는 '알 수' 있을 것 같았다. 그녀의 표정은 그야말로 '당당함' 그 자체였고 기쁨과 평온이 그녀를 행복으로 이끄는 삶을 사는 여인임이 분명함을 느끼게 해주었다. 나도 모르게 그녀가 내 눈앞에서 사라질 때까지 한동안 넋을 잃고 그녀에게서 시선을 떼지 못했다. 그 후 강남의 거리를 지나다가 성형수술을 해서 다 비슷하게 생겨진 여인들의 얼굴을 보면, 그녀가 떠오른다. 그녀의 당당함이, 그것이 그녀만의 개성이 된 자신감이.

진정한 자신감과 개성은 '내면'에서부터 나온다. 절대 성형수술로 얻어지는 겉모습에서 나오지 않는다. 성형수술을 반대한다거나 하지 말라는 것이 절대 아니다. 성형수술을 하더라도 '자신의 개성', '자신의 색깔'을 없애지는 말자는 것이다. 성형수술로 혹은 그게 아니더라도 매우 예쁘거나 아름다운 외모의 소유자를 봤는데, 그녀와 잠깐의 대화만으로도 가지고 있던 기대감이 다 무너진 경험을 많이 해보지 않는가. 당신의 개성은 당신 내면에 있는 것이고, 그것을 잘 찾아내어 당신의 강점으로 만들어라. 아니 강점이 아니어도 좋다. 그것이 그냥 '당신'인 것이다. 이 세상 하나뿐인 당신!

'저희'라는 꽃

많은 사람들은 내게 묻는다. 어떻게 그렇게 오랫동안 입시 레슨을 할 수 있냐고 말이다. 솔직히 실력이 잘 갖추어진 학생들보다는 부족한 학생들을 많이 가르쳐왔기 때문에, 학생들이 설명을 잘 이해하지 못할 때면 계속 같은 말을 '반복'해야 했다. 목을 무리하게 써서 이비인후과에도 오랫동안 다녔고, 초창기에 목 관리를 잘 못해서 후두염이 올 뻔했다. 한 번은 한창 입시철이었는데 너무 소리를 질러대다 보니 목소리가 더 이상 안 나왔다. 병원에서는 앞으로 성대결절이 올 거라며 강의를 1년 이상 쉬라고 했다. 하지만 입시철에 그런다는 것은 말도 안 되는 일이다. 선생님들은 많지만 입시를 위해 스승과 제자로서 만들어온 시간과 시행착오를 통한 과정이 있기에,

선생님을 바꾸거나 옮긴다는 것은 쉬운 일이 아니다. 또 그것이 제자들에 대한 나의 책임감이었다. 취미 레슨이 아니고 학생들의 인생이 달린 문제이기에 서로가 신중할 수밖에 없고, 시행착오로 실험을 해보기에는 주어진 시간이 너무 짧다. 또 학생들을 이해시키기 위한 별의별 방법을 다 동원해서 설명해야 했고, 제일 중요한 것은 학생들의 '마음'을 움직여야 했다.

피아노 입시 레슨은 목적이 분명히 있는 작업이다. 그냥 아름다운 음악을 구사하는 법을 배운다거나 막연히 실력을 향상시키는 것이 아니고, 대학 입학을 위한 실기시험이라는 명확한 목표와 주어진 기간 아래에 학생과 내가 하나가 되어서 그 결과물을 만들어내는 작업이다. 피아노 레슨은, 선생이 시범적으로 쳐 보이면서, "이렇게 쳐봐" 한다고 학생이 따라 할 수 있는 간단한 과정이 아닌 것이다.

내가 "저 하늘에 있는 달을 봐"라고 했을 때 그 학생은 달의 '어떤 것'을 볼지 알 수 없다. 즉 나와 똑같이 생각을 할 수도 없을뿐더러 그래서도 안 된다. 모든 제자들을 공장에서 생산품을 찍어내듯, 똑같은 예술품이 나오게 해서는 안 되지 않는가. 내가 학생들과 많은 대화나 교감을 시도하는 것도 그 때문이다. 다양한 경우의 수를 잘 파악하여 문제를 해결하는 솔루션을 찾고, 그 해결책을 학생 개개인에게 맞게끔 설명하고 그것을 받아들여서, 자신만의 '언어'로 '표현'하게끔 만드는 것이 레스너인 내가 할 일이다. 나는 수십 년 동안 이런 일을 해왔다. 이렇게 긴 세월 동안 하다 보면, 왜 '회의'가 없겠으며 '상처'가 없겠는가.

'보람'이라는 선물

그럼에도 불구하고 내가 이 일을 이렇게 오랫동안 해올 수 있었던 것은 '보람' 때문이었다. 옛말에 '아기를 보겠는가, 밭에 나가서 일하겠는가?'라고 하면, '차라리 밭에 나가서 일하겠다'라고 한단다. 그만큼 갓난아이를 돌보는 일이 어렵다고 한다. 하지만 그렇게 힘든 일임에도 불구하고 그 갓난아이가 한번 미소라도 방긋 띄워주면, 그 힘든 과정이 봄 눈 녹듯 다 녹아버린다고 한다. 그 맛에 애를 키운다는 어른들의 덕담도 있지 않은가. 같은 이치인 것 같다.

입시 결과를 내기까지는 정말 힘든 과정이었는데, 제자를 양성한다는 마음으로 지금까지 왔다. 돈을 벌기 위한 수단이라든가, 어떤 학생을 좋은 대학에 입학시켜서 내 명예를 더 높여야겠다는 생각으로 이 일을 했다면, 오래가지 못했을 것이다. 왜냐하면 이 힘든 과정에 비교해볼 때 돌아오는 보상은 너무 작기 때문에, 투철한 교육적 철학이 없다면 이 길은 계속 가기가 힘들다.

나의 이런 교육철학은 매 순간 알게 모르게 제자들에게 전달이 된 것인지, 제자들은 참으로 나를 따르고 행복을 주는 존재들이었다. 지방 예고에 출강하는 어느 날이었다. 내 생일날이었는데, 학생들이 어떻게 알았는지 레슨실 문을 여는 순간 펑! 하고 폭죽이 터지고 풍선과 갖가지 축하의 플래카드가 한눈에 들어와 어리둥절했다. 제자들이 케이크에 생일축하 노래를 불러줄 때까지만 해도 마냥 감사한 마음뿐이었다.

그런데 노래가 끝나고 갑자기 짠! 하면서 준비해 놓은 선물을 펼

치는데 나도 모르게 눈물이 핑 돌았다. 레슨실 한구석에 잔칫상 같은 큰 상이 준비해져 있는 것이었다. 알록달록 덮어져 있던 보자기를 들어보니 미역국에 하얀 쌀밥, 갈비찜에 조기구이에 멸치볶음에 정말 구첩반상 이상이었다. 중요한 것은, 어느 학생은 미역국, 누구는 갈비찜, 누구는 호박 무침…… 이렇게 자기들끼리 의논하고 준비해서 이 상을 차렸다는 것이었다. 정말 내 엄마에게도 이런 '생일상'을 받아본 적이 없었다. 그래서 이날 내가 받은 '생일 밥상'을 평생 잊을 수가 없었고 그 감사하고 귀중했던 '순간'을 떠올리며 힘든 시간을 보낼 수 있었다. 그것은 다름 아닌 '보람'이라는 선물이었다.

나이테 같은 스승과 제자의 관계

수년 전에 제자로부터 심한 상처를 받은 적이 있다. 매우 아끼고 공을 들였던 제자였고, 하루 이틀도 아닌 수년에 걸쳐서 많은 것을 쏟아부었던 제자였기에 아픔과 충격이 매우 컸다. 세월이 가면 잊어지겠거니 했지만, 좀처럼 그 일에서 마음이 편안해지지 않았다. 평소 내가 힘들 때마다 조언해주시며 나를 위로해주시는 한 학부모님이 계시는데 나보다 나이가 많으시고 학교 선생님 출신이다. 어떻게 아셨는지 내게 전화가 왔다. "선생님, 요즘 많이 힘드시죠?" 하시는 말씀에 나도 모르게 참고 있었던 감정이 북받쳐올랐다.

"네, 제가 이 생활을 너무 오래한 것 같네요. 이제는 그만둘 때가 된 것 같아요. 보람이 정말 없어요. 보람이 없으니 에너지도 없고 더 이상 이 일을 하고 싶지가 않아요."

나오려는 눈물을 가까스로 참으며 말했다. 그 어머님은, "제자들이 아직은 선생님의 마음을 잘 몰라요. 그런데 세월이 한참 지나고 또 자신이 정말 힘들 때, 선생님 생각이 날 거예요. 자신의 잘못도요. 그전에는 자기가 다 잘난 줄 알고, 자기가 잘못한 걸 몰라요"라고 하신다. 나는 "그게 언제인데요? 세월이 지난다는 것이 언제쯤인데요?"라고 묻자 어머님 대답이 "아주 오래 걸려요. 십수 년, 아니 더 걸릴지도 몰라요" 하는 것이었다.

순간 '그 제자가 내 마음을 알아주길' 바라고 있었던 나 자신을 발견하게 되었다. 그런데 그렇게 오랜 세월이 지나야 한다니, 나는 그것을 기다리거나 '알아주길' 바라는 내 마음이 '어리석다'는 것을 깨달았다. 그 어머님 덕분에 나는 더 이상 학생들이 내 마음을 '알아주길' 바라는 마음을 비웠다. 그야말로 '알아주면' 감사하고 아니어도 할 수 없다. 아니 아니어도 괜찮다. 내가 '주는 것'만으로도 충분하고 정말 그 어머님 말씀처럼, 먼 훗날 스승의 마음을 10분의 1이라도 알아준다면 감사한 일 아니겠는가.

나는 스승과 제자의 관계가 나무의 '나이테'와 같다는 생각을 오래전부터 했었다. 나무의 줄기가 굵어지는 이유는 형성층에서 세포분열이 일어나기 때문이고, 계절에 따라서 이 세포분열의 속도가 달라진다고 한다. 봄, 여름에는 세포분열이 활발하여 세포의 부피가 크고 면적이 넓다. 반면 가을, 겨울에는 성장 속도가 저하되니 모양이 다를 수밖에 없는 것이다. 그래서 이런 '나이테'를 형성하게 된다. 나는 스승과 제자 관계도 이런 과정을 통하여 형성된다고 생각한다. 그래서 나이테는 세월과 함께 계속 변화하고 발전하므로, 스승과 제자 관계 또한 죽는 그날까지 나이테처럼 세월과 함께하는 것이다.

20년이 넘는 기간 동안 제자들이 자발적으로 발전시켜온 '최경숙 선생님 사은회'라는 공식적인 행사가 1년에 한 번씩 있다. 제목은 '사은회'지만, 클래스 선후배가 한자리에 모여 서로 얼굴을 보고 향후 여러 가지 활동을 도모하기도 하는 취지의 모임이다. 이 행사를 주관하는 선배 제자들은 언제부터인가 사은회 장소 입구에 나의 사진이 들어가 있는 배너를 크게 세워두었다. 그것이 전통처럼 되다 보니 해마다 행사 장소에 도착한 나는 올해는 어떤 사진, 어떤 문구일까 하고 그 배너를 매우 설레는 마음으로 기다리게 되었다.

올해도 어김없이 5월 15일 스승의 날을 기점으로 행사가 있었다. 멀리서부터 길거리에 세워둔 그 배너가 한눈에 들어왔다. 그날 그 배너의 문구를 보면서 느끼게 되었다. 그 학부모가 말씀하신 것처럼 그렇게 오래 걸리지 않을 수도 있겠다는 것을. 제자들이 스승의 마음을 알아주는 것이 그렇게 먼 것만은 아니라는 생각이 들었다. 그날 배너의 문구는 다음과 같았다.

'꽃보다 예뻤을 선생님의 청춘에 '저희'라는 꽃을 피워주셔서 감사합니다.'

그때는 안 되었지만, 지금은 되는 것

피아노 연습을 하다 보면, 아무리 연습을 해도 안 되는 부분이 있다. 아무리 피아노를 잘 치는 사람, 혹은 세계적인 피아니스트라 해도 그런 부분은 누구나 있기 마련이다. 어렸을 때는 따로 방법을 몰라서, 무작정 연습을 했다. 그러다 보니 그 곡에 대한 '트라우마'가 생기고, 나이를 먹은 뒤 그 곡의 특정 부분을 연주하면 미리 겁부터 나곤 한다. 이것은 나만의 이야기가 아니고 보통 모든 연주자의 공통된 얘기다. 오랜 시간 학생들을 지도하면서 '경험'을 통한 '연륜'이라는 선물이 주어지면서, 나는 어릴 때 겪었던 같은 실수로부터 벗어나거나 시행착오를 줄일 수 있게 되었다. 예를 들어서 오른손이 잘 안 되면 왼손으로 쳐보라고 한다(왼손잡이일 경우는 반대). 그것도 잘 안될 때는, 우스갯소리로 '발로 쳐보라'고 한다. 당연히 발로 칠 수는 없다. 그런 상상이라도 해봄으로써, '더 안 좋은 상황, 지금의 조건이 제일 좋다는 것'을 스스로 '뇌'에 입력시키게 하는 것이다.

이 방법은 생각보다 매우 효과가 뛰어나다. 오른손이 안 될 때 왼손으로 몇 번 쳐본 것뿐인데, 다시 오른손으로 치면 훨씬 잘 된다. 오른손은 한 번도 연습을 안 했음에도 불구하고 말이다. 어떨 땐 연습도 안 하고 머릿속으로 발로 친다든가 더 나쁜 조건을 상상만 해도 그 후 연주를 하면 훨씬 잘될 때가 많다. 눈에 블라인드 테스트하듯 수건으로 가리고 타이핑을 치거나 건반을 연습한 후 수건을 제거하면 훨씬 잘되는 것과 같은 이치다. 이것은 정말로 그것이 잘되는 것이 아니라, 원래의 것이 얼마나 좋은 것인가를 '더 나쁜 조건'을 통해서 알게 해주는, 일종의 뇌의 경험적 깨달음 같은 것이다.

살다 보면 이런 적이 매우 많다. 하지만 그것을 깨닫는 것은 세월이 한참이나 지나야 가능하다. 어렸을 때, 젊었을 때, 덜 성숙했을 때는 몰랐던 것이 혹은 안 보였던 것이 연륜이 주는 선물 때문에 느끼고 보이는 것이다. 이 교훈을 조금이라도 더 일찍 깨닫는 사람은 더 풍요로운 삶을 살아갈 수 있다. 나는 당신이 이 책을 통해서 하루라도 빨리 그것을 깨닫는다면 매우 '행운'이라고 말해주고 싶다.

그때는 안 보였지만, 지금은 보이는 것

얼마 전 <노팅 힐>이라는 영화가 재개봉을 했다. 원래 이 영화는 1999년에 제작되었고, 영화 마니아인 나는 그 즈음, 한국에서 개봉되었을 때 이 영화를 이미 관람했었다. 하지만 주말에 영화를 한 편 보고 싶은데 극장가에서는 내 취향의 영화가 딱히 없었다. 그때 불현듯 〈노팅 힐〉을 다시 한 번 보고 싶다는 생각이 들었다. '기억이 가물가물한데, 제목으로 봐서 영국의 언덕이 나올 것 같아. 아 그 전경을 다시 보고 싶어'라고 말이다.

하지만 그것은 핑계였다. 내심 나는 20년 전의 줄리아 로버츠를 통해 저렇게 젊고 예뻤던 여자도 나이가 들면 다 변한다는 것을 확인하며, 나의 나이 들어감을 위로받고 싶었는지도 모른다. 그 영화를 보면 20년 전의 내가 떠오를 것이고, '젊은 시절의 잔향'을 통해 현재를 반추해보고 싶었던 것이었다.

그런데 신기한 것을 발견했다. 줄리아 로버츠는 생각보다 관심이 가지 않았고, 남자 주인공인 휴 그랜트의 '여동생과 세 명의 친구들'이 계속 눈에 들어오고 가슴에 파묻혔다. 놀라웠다. 20년 전에는 그런 장면이 있었는지도 모르겠고, 그 배우들이 누구인지도 모르겠다. 그때는 그야말로 줄리아 로버츠의 예쁜 의상이나 그들의 로맨스만이 나의 관심사였을 것이다. 그래서인지 그 친구들의 장면은 정말이지 처음 보는 것 같았다. 스파이크라는 룸메이트 친구는 노숙자 같은 모습을 하고 사고뭉치지만, 진정으로 남자 주인공 윌리엄을 사랑한다. 또 바보 같고 주책스러운 여동생 허니, 사고로 휠체어를 타지만 밝고 긍정적으로 살아가는 친구 벨라와 그녀의 남편이자 윌리엄의 친구인 맥스. 이들은 진정으로 윌리엄을 걱정해주고 사랑하는 가족이자 친구들이었다.

젊었을 때는 주인공이 다인 줄 알았다. 조연이나 배경의 중요함을 몰랐다. 어릴 때는 남녀 간의 사랑이 전부인 줄 알았다. 더불어 사는 세상에, 주위의 모든 사람이 얼마나 중요한지를 몰랐다. 20년 전에는 안 보이던 '그들'이 지금은 보이는 것이었다. 그들은 진정으로 '사랑'이 무엇인지, '우정'이 무엇인지, 윌리엄이 살아가는 데 가장 소중한 것들을 일깨워주는 존재였다. 그것이 이제야 보이는 것이 참으로 감사하면서도 안타까웠다. 20년 전에도 저것을 볼 수 있었더라면, 느낄 수 있었더라면 하는 생각이 절실했다. 그래서 내 제자들에게도, 이 책을 펼쳐 든 당신에게도 꼭 알려주고 싶은 것이다. 지금 보이는 것이 다가 아니라는 것을.

비워야 새롭게 채워지는 것

잘못된 습관으로 인해 손가락이 자기 뜻대로 안 되어서 힘들어하는 학생들이 많다. 잘못된 것을 알지만 이미 버릇이 들어 있고 근육이 굳어 있기 때문에 좀처럼 고쳐지지 않는 것이다. 나는 그들의 이미 굳어진 '손'보다는 '마음'이나 '관념'을 먼저 고쳐주려 애쓴다. 즉 오래 묵은 잘못된 습관을 고치려면 다 비워내고 새롭게 채워야 하는 것임을 알려주고자 하는 것이다.

예전에 어느 부족이 있었는데 몇 년 동안 가뭄이 졌단다. 모든 부족 사람들이 가뭄에 병들어 죽어가는데 기적 같은 일이 일어났다. 지나가던 다른 부족의 수장이 이 마을의 사정을 딱하게 여겨서, 다음 날 지나가던 길에 자기 부족의 물을 줄 것이니 물을 받을 항아리를 준비하라고 했다. 그 말을 전해 들은 부족 사람들은 이제 살았다고 하면서 감사의 눈물을 흘렸고, 다음 날 다른 부족의 수장은 약속대로 물을 가져왔다. 물을 다 옮겨주고 더 주려는데 준비된 항아리가 더 이상 없었다. 물을 받던 부족장은 말했다.

"갑자기 항아리를 준비하느라고 이것밖에 준비를 못 했어요."

그러자 물을 주던 부족의 수장이 "저희는 더 많은 물을 줄 수 있는데 항아리가 없으니 할 수 없지요" 하고 떠났다.

여기서 우리는 항아리를 항상 미리 '준비해' 두어야 한다는 것을 깨달을 수 있다. 또한 기존의 항아리에 물이 고여 있으면, 물이 썩고 새로운 물을 받을 수가 없다는 것도 알 수 있다. 언제나 비워야만 새로운 물을 받을 수 있고 채울 수 있다는 것을 말이다. 친구, 가족, 동료 간의 관계도 마찬가지다. 기존에 가지고 있던 '감정'들을 비워야 새로운 관계가 형성된다. 어떤 사람에 대한 '선입견' 혹은 오래 묵은 감정을 그대로 가지고 있으면, 항아리에 물이 고여서 '썩은' 것처럼 새로운 물이 들어올 여지가 없는 것이다.

더불어 살아가려면 이런 인간관계가 필요하고 이 또한 젊었을 때는 잘 느끼지 못한 것들이다. 연륜이 생기고 세월이 주는 힘으로 비로소 몸소 느끼는 것이다. 그때는 안 되었지만 지금은 되는 것 중의 하나는, 마음을 비우는 것이다.

그늘이 되는 나무의 교훈

안도현 시인의 〈그 드물다는 굳고 정한 갈매나무라는 나무〉라는 시가 있다. "일생 동안 나무가 나무인 것은 무엇보다도 그늘을 가졌기 때문이라고 생각해본 적이 있다" 이렇게 시작하는 시인데, "아무것도 가지지 않은 듯 보이는 저 갈매나무가 엄동설한에도 저렇게 엄하기만 하고 가진 것 없는 아버지처럼 있는 이유도 그늘 때문이다"라는 내용이 있다.

겨울철 창가 틈새로 들어오는 한 줄기 햇살이 따뜻한 온기로 몸과 마음을 녹이듯, 이 시가 주는 교훈은 다 알고 있는 공기의 고마움을 스스로에게 일깨워준다. 우리는 부모님이, 가족이, 친구가, 남편이, 자식이 혹은 그 많은 인연들이 항상, 그냥, 늘, 언제나 그 자리에 그대로 있을 줄 안다. 당연히 존재하고 내게 그늘이 되어 영원히 그대로 있을 줄 아는 것이다. 그들이 내게 어떤 존재였는지, 얼마나 고마운 존재였는지, 그들이 드리워준 그늘이 내게 주는 의미가 어떤 것이었는지는 그들이 떠나거나 세월이 한참을 지나야, 그때서야 비로소 보이고 느껴지고 깨닫는다. 그때는 못 느꼈고 지금은 느끼는 것이다. 우리가 이것을 조금이라도 일찍 깨닫는다면 조금이라도 덜 놓치고 덜 후회하며 덜 가슴 아파할 수 있다.

이렇듯 현명한 삶의 지혜와 세상을 보는 혜안으로 통찰력을 키운다면, '그때는 안 되었지만 지금은 되는 것'이 '일찌감치 깨달아서 더 풍요로워졌던 것'으로 될 것이다.

내일을 향한 열정도 카르페 디엠!

시대는 급속도로 변하고 있다. 어느새 디지털 문화는 우리의 삶 속에 뿌리를 내렸으며 4차 산업혁명은 이 시대의 많은 것을 바꾸어 놓았다. 이런 변화하는 트렌드와 문화 양상은 우리 미래의 새로운 비전을 제시한다. 앞으로의 미래는 모든 분야가 '예술'과 접목하고 융합하는 세상이 되리라 생각한다.

우리는 이미 스티브 잡스의 혁신에서 '기술'과 '예술'이 조화하고 협력한다는 것을 경험했다. 디지털 시대의 본질적인 정신과 소재는 예술이 된다는 것이다. 기계문명이 발달해서 나오는 결과물은 감성을 바탕으로 하는 예술이 함께하지 않으면 미래의 고객을 설득할 수 없다는 것이다.

그러하기에 우리는 여태껏 집중했던 과학기술의 발전에만 시선을 두지 말고, 그것을 더욱 가치 있게 만들어줄 예술과 예술적 융합에 주목해야 할 때라고 생각한다. 또 그 예술적 접근에는 영원불멸한 본질적인 근본인 고전이 뒷받침되어야 한다는 것을 다시 한 번 역설하고 싶다.

또한 이 모든 것은 우리가 더불어 살아가는 사람들과의 따뜻한 사랑이 실현되지 않으면 무용지물이라는 것을 말하고 싶다. 문명의 발전이 가져다준 편리함도 인간애를 바탕에 두지 않고는 인류의 행복을 추구하기 힘들다는 것이다. 삭막하고 메마른 문명의 이기(利器)만을 좇고, 감동과 휴머니즘이 없는 성공만을 향해 달려가다가 뒤늦게 '덧없는 인생'임을 깨닫게 되는 우(愚)를 범하지는 말기를 바란다.

한편 라이프스타일 또한 불과 얼마 전까지만 해도 웰빙(well-being), 욜로(yolo)가 대세이던 시대였지만 최근래에는 워라밸(work-life balance)을 포함해 킨포크(kinfolk), 오캄(au calme), 휘게(hygge), 라곰(lagom)이 트렌드다. 또 몇 년 후면 어떻게 바뀔지 모른다. 이렇게 모든 기준과 가치가 변화무쌍하고 미래를 예측할 수 없는 것이 요즘 시대다.

하지만 그런 가운데서도 변하지 않는 것이 있다. 그것은, 더욱 기본에 충실해야 한다는 정신이다. 아무리 라이프스타일이 변한다고 해도 오늘 하루, 즉 '현재를 충실히 살아야 한다'는 동서고금의 진리는 영원불멸할 것이다.

열정으로 성공을 이끄는 삶이란 '오늘에 충실'이라는 실행이 없으면 불가능하다. 즉 '매 순간 충실히' 사는 기본 태도가 열정이 있는 삶 자체다. 즉 미래를 내다볼 수 있는 통찰력을 키우고, 비전을 향해 모든 것을 준비하는 열정은 그 무엇보다 '현재'에 충실한 사람만이 이루어낼 수 있다.

꿈을 꾼다고 해서, 열정을 가진다고 해서, 상상만 하고 그럴 것이라 계획만 잔뜩 하는 사람에게 미래는 있을 수가 없다. 내일을 위한 열정으로 성공을 이루고 싶다고 해서 '열정'에 집착한 나머지, 지금 이 순간을 놓치는 어리석음을 범하지는 말라는 뜻이다. '진정한 열정'의 결과는 바로 지금 순간에 충실하며 최선을 다하는 것으로 이루어진다.

열정, 나우!

작은 순간순간들의 '열정'이 모여서 성공이 이루어진다.

열정, 카르페 디엠!

지금 최선을 다해 현재에 충실하고 이 순간을 즐겨라!

이것이 열정으로 성공을 이룰 수 있는 지금 당장의 당신의 방법이다.

결국 당신은 이룰 수 있을 것이다. 당신이 원하는 것을!

Jacqurline Choi

재클린 최(최경숙)

6세 때부터 피아노를 시작한 저자는, 미국 시카고 The American Conservatory of Music에서 학사, 석사, 박사과정을 수료했고(장학금 수여), 오스트리아 잘츠부르크 모짜르테움 국립음대에서 International Study를 이수했다. 유럽과 미국, 국내에서 수차례 독주, 협연 등의 다양한 연주 활동을 해왔다. 귀국 후 동국대학교에서 20년 동안 외래교수를 역임, 전국의 많은 예고에 출강했으며 입시의 전당 〈뉴욕뮤지카 입시연구소〉를 설립해 수백 명의 제자를 배출했다.

현재 대학과 예고에 출강하며 후학을 양성하고 있다. 또한 예술인들의 '브랜딩 컨설팅'을 주업무로 하고 있으며 피아노 입시교육을 시스템화하여, 입시를 전문으로 가르치는 레스너들을 코칭하는 일을 하고 있다.

- **개인브랜딩 컨설팅** _ 음악인들의 개인브랜드 기획, 마케팅
- **자기계발 컨설팅** _ 열정, 잠재력 계발 프로그램
- **피아노 입시컨설팅** _ 대입, 대학원, 편입, 유학 입시컨설팅
- **피아노 입시전문레스너 아카데미과정** _ 입시를 성공적으로 이끄는 솔루션 제공과정
- **강연, 연주요청** _ '열정으로 판을 뒤집어라' 강연 요청 / 앙상블 연주요청
- **사업협약, 인터뷰, 칼럼기고 문의** _ 《클래식제이》 사업협약
- **출판기획, 음반제작** _ Art_iN 출판사
- **《클래식제이》**(클래식저널) **구독** _ classicjournal@naver.com

kakao_ nymusica
nymusica@naver.com
classicjournal@naver.com

Magazine Classic J
《클래식제이》 매거진

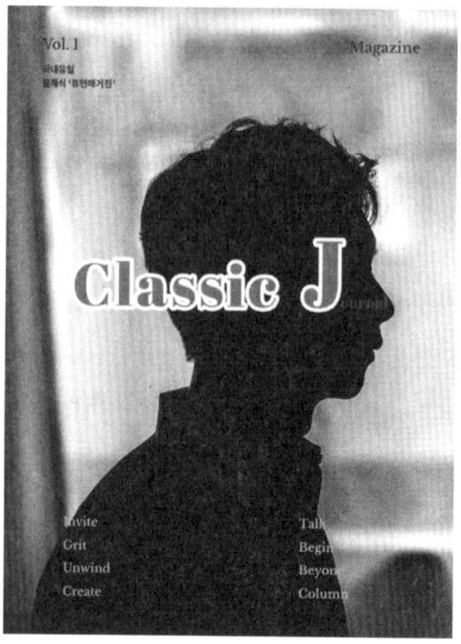

《클래식제이》는 한국 최초의 '광고 없는' 클래식 매거진입니다. 한국 유일의 '클래식 휴먼라이프 매거진'인 《클래식제이》는 클래식의 본질을 조명하고 클래식의 대중화를 향해 목소리를 냅니다. 또한 '예술'이 우리 삶에 스며들어 얼마나 많은 위안과 힐링이 되는지, 예술을 아는 삶과 모르는 삶이 다름을 이야기합니다.

한두 달이면 보고 없어지는 잡지가 아닌, 1년, 2년, 10년이 지나도 그 가치로부터 독자들과 함께 성장해가는 매거진을 지향하며 음악 전공자가 아니어도 누구나 다가갈 수 있고 더욱 클래식의 깊이를 알아갈 수 있게 만든 단행본 형식의 잡지입니다.

《클래식제이》를 통해 자신을 돌아보고 또 신선한 창조력을 일깨우며, 자연 속에서 에너지를 얻는 '삶의 쉼표'를 함께하는 힐링의 시간을 가져보는 것은 어떨지요.

Vol. 1

"그 누구도 그저 흘러가는 삶은 없어요. 모두들 사연이 있고 굴곡이 있죠. 그런 역경을 모두 이겨내고 살아온 우리들의 삶, 예술은 '우리네 삶 그 자체'입니다. 그래서 '예술'은 희망인 거죠. 우리의 마음을 대변하고 우리의 삶을 승화시키는 바로 그것입니다."

– 피아니스트, 클래식제이 발행인 재클린 최

"늘 question해야 해요. 도대체 우리는 왜 이렇게 살아가야 하는지, 그 답을 찾아가는 과정이죠."

– 한국이 낳은 세계적인 피아니스트 한동일

"음악이 주는 감정을 아는 삶과 모르는 삶은 큰 차이가 있다고 확신합니다. 본질을 흐트러뜨리지 않고 변화하는 세상에 맞추어, 새로운 문화에 두려워하지 말고 함께해야 하지 않을까요?"

– JTBC 드라마 〈밀회〉, 영화 〈그것만이 내 세상〉 오리지널 피아니스트 송영민

"제일 중요한 기본, 그 기본을 토대로 밸런스를 유지한다면 음악이 지닌 무한한 에너지로 우리의 인생도 스토리텔링을 할 수 있지 않을까요?"

– 서울대 교수, 바이올리니스트 이경선

"풀은 소리도 없이 어디에서 왔을까, 언제 이렇게 자랐을까? 자연 속에서 영감을 얻습니다."

– 대한민국 음악 역사를 함께해온 작곡의 거장 이영조

"바쁜 일상 속에서 잠시 숨을 고르고 안식과 위안 그리고 행복을 느끼게 해주는 그것, 바로 '음악의 특별함'입니다."

– 신세대 교수, 한양대 김진욱

"음악인들의 책장에 꽂혀 있는 '그들만의 리그'에 있는 잡지가 아니라, 일반인들의 이야기에도 귀 기울여주는 《클래식제이》에 감사를 드립니다."

– 클래식과 사랑에 빠진 한의사 정훈

"음악이 주는 힘으로 인해 살아가고 그 에너지를 대중에게 전하고 싶습니다."

– 열정을 넘어선, 끈기와 담대함으로 대중과 함께하는 〈음악 읽어 주는 남자〉 정한빈

"음악을 나누는 삶, 그 알 수 없는 미래에 많은 분과 동행하고 싶어요."

– 〈클래식이 알고 싶다〉 팟캐스트 진행자 안인모

"클래식의 새로운 가능성을 보여드리고 싶어요." – 또모

사고 싶은 컬러 팔리는 컬러

이호정 지음 | 16,000원

백 마디 말보다 강력한 컬러의 힘!
"나는 텍스트가 아니라 컬러로 말한다"

컬러는 우리도 모르는 사이 우리의 마음을 지배하고 행동을 변화시킨다. 그래서 컬러를 잘 활용하면 말보다 강한 영향력을 나타낼 수 있다. 이 책은 사고 싶어지고 잘 팔리는 컬러의 8가지 법칙을 다양한 사례 연구를 통해 검증한 내용을 담고 있다. 고객 분석에서부터 브랜딩, 제품, 비주얼 머천다이징, 디지털 그리고 컨셉팅과 프로모션까지 다양한 각도에서 컬러 활용 효과를 설명하여 통합적인 관점에서 컬러를 이해할 수 있다. 그리고 컬러라는 새로운 인사이트를 통해 지금껏 생각하지 못했던 색다른 해결책을 찾을 수 있도록 도와줄 것이다.

멋진 어른 여자

박미이 지음 | 13,800원

남들이 하는 대로 하지 않아도
멋진 어른 여자가 될 수 있다!

요즘 20대를 중심으로 소확행과 워라밸이 유행이다. 무라카미 하루키가 처음 말한 소확행, '내가 원하는 일을 하면서 즐겁게 사는 삶'이나 일과 삶의 균형을 중시하는 워라밸은 경쟁에 지친 현대인들에게 새로운 삶의 방식으로 자리 잡고 있다. 소확행, 워라밸의 삶을 꿈꾸는 20대에게 이 책은 좋아하는 일을 선택해 '나답게' 사는 방법을 소개한다. 내가 진짜 원하는 것을 찾는 법, 두려움 없이 그것을 선택하는 법, 좋아하는 일로 돈을 버는 법, 결정한 것을 후회하지 않고 꾸준히 해 나가는 법 등을 저자의 경험을 통해 쉽게 이해할 수 있도록 알려준다.